高麗의 後三國 統一過程 硏究

류영철

景仁文化社

책머리에

1983년 가을, 대학원에 진학하면서 학문의 길 初入에 들어섰다. 그 길로 들어섬이 공부하고자 하는 자세와 열정이 준비됨을 의미하는 것은 아니었다. 거기에 게으른 천성과 학문 외적인 부분에 대한 관심이 더하여졌으니, 공부에 대한 진척은 지지부진할 수밖에 없었다.

석사과정은 신라사를 택하여 李鍾旭 선생님의 가르침을 받았으나, 제때 학위논문을 준비하지 못한 게으름 속에 선생님은 서강대학교로 자리를 옮기셨다. 다행히 李樹健 선생님께서 논문의 지도를 맡아주셨으며, 부족한 글이지만 앞으로의 가능성에 대한 기대치에 무게중심을 두신 지도교수님과 심사위원들의 베품이 석사과정 마무리를 가능하게 하였다.

공부를 더 진행할 자질과 역량이 되는가에 대한 자문과 전공에 대한 고민으로 얼마간의 시간적 공백이 있은 후, 결국 1990년 3월 박사과정 진학을 선택하였다. 물론 고민이 치열하지 못하였기에 마음의 정리 또한 확고하지 못한 상태였다. 金潤坤 선생님의 가르침을 받게되면서 자연 공부 주제에 대한 관심도 고려시대로 옮겨지게 되었으며, 결국 박사학위논문의 주제를 고려시대 일본과의 관계를 살펴보는 것으로 정하였다.

전공분야에 대한 변화가 있은 만큼 우선 첫 작업은 기본사료를 정리하고 기존의 연구성과를 검토하는 일이었다. 그 과정에서 우리측 사료에는 확인되지 않으나 일본측 사료에는 나타나는 관련 기록의 존재를 확인하게 되었으며, 이는 일본측 사료에 대한 수집과 정리를 의미하는 것이었다. 먼저 畏友 尹海東兄의 도움으로 서울대학교 舊藏圖書에 포함되어 있던 고・중세 일본사료를 복사할 수 있었으며, 당시 일본에 유학중이던 朴晋雨 선생에게 부탁하여 부족한 사서와 관련논문을 보충해 나갔다.

그러나 곧 좌절을 경험하게 되었는데, 그 원인은 첫째로 고려와 일본간의 교류가 미미하였던 탓에 관련자료가 극히 적다는 것이며, 둘째는 그럼에도 불구하고 자료 하나를 찾기 위하여 읽고 검토해야 할 사료가 너무 방대하며, 한문과 일본어에 대한 소양부족은 지레 나를 지치게 만들었다는 것이다. 심지어 일본학자와 우리학자의 연구에 같이 인용된 사료를 원전 확인없이 필자의 논문에도 그대로 인용하였다가, 후에 원사료를 구하여 검토하는 과정에서 그 인용문이 없다는 것을 확인하는데 1주일을 꼬박 허비한 부끄러우면서도 씁쓸한 기억이 있다. 板本의 차이인지 아직 답을 구하지 못하였다. 셋째는 몇 권의 일본사학사를 보았음에도 일본사서에 대한 사학사적 정리가 제대로 이루어지지 못하였다. 결국 약 3년이라는 시간 속에 「'高麗牒狀不審條條'의 再檢討」(1994, 『한국중세사연구』창간호)라는 한편의 논문만 남기고 후일을 기약할 수밖에 없게 되었다.

이제 새로운 논문주제 선정이 다급하게 되었으며, 최소한의 준비도 없이 金潤坤 선생님의 가르침을 청하기에는 너무 면목이 없게 되었으며, 이는 후일 많은 꾸중을 자초한 불찰이 되었다. 그 즈

음『大邱市史』의 후삼국정립기 부분의 집필을 맡게 되었는데, 서
술을 준비하는 과정에서 기존 연구성과에 대한 새로운 이해와 기
본사료에 대한 재해석의 필요성을 확인할 수 있었다. 우선 주제에
대한 문제의식과 연구의 필요성에 대한 생각의 일단을 다듬어 金
潤坤 선생님의 긍정적 가르침을 접할 수 있었으며, 대구지역에서
있었던 公山戰鬪를 재검토하는 것을 출발로 하여 古昌戰鬪와 一
利川戰鬪, 그리고 曹物城戰鬪에 대한 분석작업을 진행하였다. 그
결과 후삼국정립기 고려와 후백제간의 관계를 쟁패과정을 중심으
로 정리할 수 있었으며, 미진한 글이나마 박사학위 취득이 가능했
던 것은 논문을 심사하신 선생님들께서 정리의 일관적 체계성에
약간의 점수를 보태신 것이 아닌가 외람되이 짐작해 본다. 그 후
각 장별로 약간의 수정과 보완을 거쳐 학회지에 발표할 기회를 가
졌으나, 보다 진척된 결과물이 되지 못하였다는 자괴감은 지울 수
없다.

　한 권의 책으로 활자화하려는 이 순간에도 그러한 자괴감에서
자유로울 수 없으며, 한 때 TV 드라마의 사극에서 관련 내용이 방
영될 즈음에 成册의 상념이 없지 않았으나, 당시는 부족하다는 마
음이 욕심스런 마음을 이길 수 있었다. 이제 와서 부족함을 무릅서
고 생각을 바꾼 것은 비판을 통한 叱正의 욕심과 아울러 이미 이루
어진 비판에 약간의 답을 담고자 하는 욕심이 있었기 때문이다.

　한 권의 책을 내어놓는 작업이 주는 책임과 고통을 이제 先學들

과 공유하게 되면서, 成册의 길을 열어주신 몇 분의 함자를 올림으로서 그 간의 은혜에 일분이나마 갚음하고자 한다. 필자의 게으른 천성과 부족한 자질을 아시면서도 끝내 내치지 않고 보듬어주셨던 金潤坤 선생님과 李樹健 선생님의 은혜는 필설로만 담기에는 부족함이 있다. 학부와 대학원과정에서 필자에게 가르침을 주셨던 故 鄭奭鍾・李鍾旭・金成俊・吳世昌・裵英淳・李炯佑・金貞淑 선생님께도 감사의 말씀드리며, 학위논문 작성시 세세한 부분까지 마음을 베풀어 주셨던 경북대학교의 李秉烋・崔貞煥 선생님의 가르침도 잊을 수 없다. 또한 金容晩・鄭震英・權大雄・朴洪甲・朴眪璇・金晧東・李樹煥・金昌謙 張弼基선배분과 한국중세사학회 여러 선생님들의 조언 역시 成册과정의 소중한 가르침이었음을 밝혀둔다.

끝으로 부족한 글을 활자화하는데 선뜻 동의해 주신 景仁文化社와 편집과 교정에 수고해 주신 편집부 여러분께 감사의 마음을 전한다.

2004년 11월

류영철

목 차

〈표 차 례〉

〈그림차례〉

序 論

　後三國時代는 新羅와 새로이 등장하는 後百濟 및 泰封, 그리고
태봉을 승계한 高麗가 병립하였던 시기였다. 新羅下代에 들어서면
서 元聖王系 후손들의 왕위계승을 둘러싼 잦은 政爭은 중앙정치
권력의 피폐화를 초래하였고, 그로 인한 地方統制力의 약화는 잦
은 饑饉과 결합되어 농민을 토지로부터 유리시키는 결과를 초래하
였다. 眞聖女王 3년(889) 정부의 貢賦독촉에 저항하여 농민들이 봉
기한 이래로 전국 각지에서 농민들의 反封建抗爭이 지속되었으며,
또한 토지에서 유리된 농민들 중에는 도적무리화하는 경향들이 나
타나게 되었다. 진성여왕 3년 元宗과 哀奴의 난 때에는 진압을 명
받은 중앙군이 패퇴하기도 하였으며, 진성여왕 10년에는 赤袴賊이
라 지칭되는 도적의 무리들이 경주 인근까지 위협하기도 하였다.
이들이 모두 붉은 바지를 입었다는 것은 그들이 규모화 되고 조직
화되었다는 것을 의미한다. 지방민들은 이러한 사회변화에 적응하
기 위한 자구책을 마련하여야 했으며, '豪族'으로 지칭되는 독자적
인 지방세력의 등장은 종래 중앙중심의 역사무대가 지방으로 확산
되는 결과를 낳았다. 甄萱에 의한 후백제의 건국과 弓裔에 의한 후
고구려의 건국이 바로 이러한 사회변화 과정에서 있게 되었다.
　이 시기를 연구하는 論者들은 대체로 고려 成宗代까지를 포괄

하는 '羅末麗初'라는 시대구분 용어의 틀 속에서 이 시기의 시대적 성격과 역사적 의미에 주목하여 왔다. 특히 '나말려초' 시기가 社會轉換期라는 데에 연구논자들의 대부분이 인식을 같이하고 있는 관계로, 그러한 전환기의 생성원인과 과정, 그리고 다음 시대와 어떠한 연계성을 가지고 적용되고 또한 발전되는가 하는 문제는 시대구분론과 결합되어 진작부터 관심의 대상이 되어왔다. 그리고 이러한 사회변동기의 시대적 성격과 관련하여서도 정치·경제·사상 등 다방면에 걸친 各論的 연구성과 또한 적잖게 축적되어 나말려초의 시대상을 이해하는데 많은 도움을 주고 있다.

羅末麗初의 사회변동기에 대한 연구는 대체로 1930년대 白南雲에 의한 經濟史的 측면에서의 소략한 언급에서 비롯되었다고 볼 수 있으며,[1] 백남운을 전후하여 신라인의 海上活動을 중심으로 한 연구가 부분적으로 이루어지기도 하였다.[2] 그러나 이후 1950년대 전반까지는 연구성과를 찾아보기 어려울 정도로 이 시기에 대한 연구가 침체되었으며, 1950년대 후반에 이르러 李基白, 金成俊, 韓㳓劤 등의 개별적 연구성과가 나오기 시작하였고,[3] 1960년대 金哲埈에 의하여 본격화되기 시작하였다. 김철준은 나말려초를 후삼국 시대로 설정하고, 이 시기 지배세력의 성격을 사회변동과 관련하

---

1) 白南雲, 1933,『朝鮮社會經濟史』, 改造社 ; 1937,『朝鮮封建社會經濟史 上』, 改造社.
2) 內藤雋輔, 1928,「新羅人の海上活動について」『岡山史學』 1 ; 今西龍, 1933,「慈覺大師入唐求法巡禮行記を讀んで」『新羅史硏究』; 金庠基, 1934,「古代의 貿易形態와 羅末의 海上發展에 就하여」『震檀學報』 1. 한편 이러한 신라하대의 해상활동에 대한 관심은 해방 이후에도 金庠基와 日野開三郎 등에 의해 지속되었다.
3) 李基白, 1957,「新羅私兵考」『新羅政治制度史硏究』; 李基白, 1958,「高麗太祖時의 鎭에 대하여」『震檀學報』 10 ; 金成俊, 1958·1959,「其人의 性格에 대한 고찰」上·下『震檀學報』 10·11 ; 韓㳓劤, 1959·1960,「古代國家 成長發展에 있어서의 對服屬民 政策」『歷史學報』 12·13.

여 검토하였으며,[4] 또한 이 시기의 성격과 관련하여서는 고대사회
에서 중세사회로 이행하는 전환기로 설정함으로써[5] 이후 나말려
초의 사회변동연구를 촉진하는 계기를 조성하였다.

　이후 '나말려초' 또는 '후삼국시대'라는 외형적 시대범위 속에서
변화되고 있는 사회발전의 動因을 규명하려는 일련의 노력이 정
치·경제·사회사상 등 다방면에서 진행되어 왔으며, 그 결과 근
년에 이르러서는 단행본으로 묶은 專論的 연구성과 또한 적잖게
축적되었다.

　우선 정치사적 측면에서 후삼국시대를 포괄적으로 정리한 경우
로는 文暻鉉의 연구가 있으며,[6] 趙仁成과 申虎澈에 의해 태봉과
후백제에 대한 종합적 검토가 이루어지기도 하였다.[7] 그리고 이
시기 지방세력의 존재양태와 관련하여서는 金甲童과 李純根, 鄭淸
柱 등에 의해서 주목되어 개별지역의 호족과 그 세력기반의 실체
가 어느 정도 해명되기도 하였다.[8] 한편 文人知識層의 동향과 관
련하여서는 全基雄의 연구가 주목되며,[9] 李樹健과 蔡雄錫은 土姓
分定의 의미와 관련하여 이 시기 지방사회 구조의 해명을 시도한

---

4) 金哲埈, 1964, 「後三國時代의 支配勢力의 性格에 대하여」『李相伯博
　　士回甲記念論叢』.
5) 金哲埈, 1968, 「羅末麗初 社會轉換과 中世知性」『創作과 批評』3-4.
6) 文暻鉉, 1986, 『高麗太祖의 後三國統一研究』, 영남대학교 박사학위논
　　문.
7) 趙仁成, 1991, 『泰封의 弓裔政權 研究』, 서강대학교 박사학위논문 ; 申
　　虎澈, 1993, 『後百濟 甄萱政權研究』, 一潮閣.
8) 金甲童, 1990, 『羅末麗初의 豪族과 社會變動 研究』, 고려대학교 민족
　　문화연구소 ; 李純根, 1992, 『新羅末 地方勢力의 構成에 관한 研究』,
　　서울대학교 박사학위논문 ; 鄭淸柱, 1996, 『新羅末高麗初 豪族研究』,
　　一潮閣. 한편 '豪族'에 대한 연구사적 검토는 신호철의 1994, 「後三國
　　時代 豪族聯合政治」『韓國史上의 政治形態』, 一潮閣 에서 정리된 바
　　있다.
9) 全基雄, 1996, 『羅末麗初의 政治社會와 文人知識層』, 혜안.

바 있다.[10] 한편 金潤坤은 고려의 郡縣制度가 大邑을 중심으로 성립되었음을 규명하는 과정에서 후삼국시대 지방제도의 성격을 살폈으며,[11] 具山祐와 尹京鎭에 의해 향촌사회의 내부구조에 대한 접근 또한 이루어졌다.[12] 이러한 전론적 연구성과는 그 동안 선행된 여러 연구자들의 개별적 연구들이 토대가 되었음은 물론이다.

한편 본 논문의 논지와 관련한 후삼국의 쟁패과정에 대한 연구로서는 震檀學會의 『韓國史』 중세편이나,[13] 金庠基의 『高麗時代史』등[14] 통사류에서 포괄적인 언급이 있었으며, 文暻鉉과 河炫綱에 이르러서 보다 적극적인 연구가 이루어지기 시작하였다.[15] 특히 본 논문의 경우 이들의 연구에 힘입은 바 적지 않으나 이들의 연구가 후삼국의 쟁패과정을 專論으로 다룬 것이 아니기 때문에 대체로 소략한 편이며, 견해 또한 달리하는 부분이 적지 않아 재검토하게 되었다. 개별전투를 다룬 연구성과로는 一利川戰鬪를 검토한 鄭暻鉉·김갑동·윤용혁의 연구와[16] 古昌戰鬪를 다룬 李炯佑와 權進良의 연구[17] 및 公山戰鬪를 다룬 柳永哲의 연구가[18] 있다.

---

10) 李樹健, 1984, 『韓國中世社會史硏究』, 一潮閣 ; 蔡雄錫, 1995, 『高麗時期 本貫制의 施行과 地方支配秩序』, 서울대학교 박사학위논문.
11) 金潤坤, 1983, 『高麗郡縣制度의 硏究』, 경북대학교 박사학위논문.
12) 具山祐, 1995, 『高麗前期 鄕村支配體制 硏究』, 부산대학교 박사학위논문 ; 尹京鎭, 2000, 『高麗 郡縣制의 構造와 運營』, 서울대학교 박사학위논문.
13) 震檀學會編, 1961, 「過渡期의 高麗」 『韓國史 - 中世』, 을유문화사.
14) 金庠基, 1961, 『高麗時代史』, 동국문화사.
15) 文暻鉉, 1988, 「後三國의 統一과 統一戰爭」 72~151쪽 및 河炫綱, 「後三國關係의 展開와 그 實態」 『韓國中世史硏究』, 一潮閣, 51~70쪽.
16) 鄭景鉉, 1988, 「高麗 太祖의 一利川 戰役」 『韓國史硏究』 68 ; 김갑동, 1994, 「고려 태조 왕건과 후백제 신검의 전투」 『박병국교수 정년기념논총』 ; 2002, 「후백제의 멸망과 견훤」 『한국사학보』 12 ; 윤용혁, 2004, 「936년 고려의 통일전쟁과 개태사」 『한국학보』 114.
17) 李炯佑, 1993, 「古昌地方을 둘러싼 麗濟兩國의 각축양상」 『嶠南史學』

일리천전투에 대한 연구성과는 후삼국시대 전체의 상황분석과 전투과정에 대해 필자와는 견해를 달리하거나 오해하고 있다고 여겨지는 부분들이 있으며, 권진량의 연구는 향토사에 대한 이해를 더하려는 수준이어서 주로 古昌戰鬪와 관련한 俗傳들을 援用하는데 참고가 되었다. 이형우의 연구는 필자와 크게 견해를 달리하고 있지는 않으나 고창전투만을 집중적으로 살핀 관계로 전투의 발생에 대한 시대적 배경과 전투 후의 영향 등에 대해서는 언급이 소략하거나 원론적인 측면이 있으며, 위치의 비정에 있어서도 약간의 이견이 있었다. 그러나 수차의 답사를 통한 연구성과였던 관계로 고창지역에서의 첫 격전지라 할 수 있는 猪首峰의 위치비정을 비롯한 당시 지형과 전투상황의 이해에 많은 참고가 되었다.

본 논문은 이러한 선행연구를 바탕으로 하여 후삼국시대의 쟁패과정을 전체적으로 조망해 보고자 한다. 그리고 일일이 제시하지 못한 연구성과는 서술과정에서 필요에 따라 언급하기로 한다.

한편 본 연구의 목적은 후삼국시대에 있어서 삼국간의 상호관계를 구체적으로 재구성해 보고 그 과정에서 고려와 후백제의 후삼국 통일정책을 살펴보는데 있다. 사료상에 보이는 삼국간의 관계는 대체로 신라와 고려는 우호적인 교류관계가 형성되고 있으며, 신라와 후백제 및 고려와 후백제의 관계는 우호적 성격보다는 후삼국의 정국을 주도하기 위한 쟁패가 그 주류를 이루고 있다. 그런데 신라의 경우 신라하대 특히 후백제와 태봉이 건국된 진성여왕 이후 국력이 극히 약화되어 삼국간의 관계에 있어서도 守勢的 입장에 처하였다. 따라서 후삼국의 상호관계도 자연적 태봉과 후백제 및 고려와 후백제간의 관계가 중심이 될 수밖에 없으며, 그 내

창간호 및 權進良, 1993, 「瓶山大捷考」 『安東文化硏究』 7.

18) 류영철, 1995, 「공산전투의 재검토」 『鄕土文化』 9·10, 향토문화연구회.

용도 상호간의 쟁패가 주류를 이루게 된다. 본 연구의 목차를 고려와 후백제간에 이루어졌던 특정 전투를 중심으로 구성하게 된 까닭이 여기에 있다. 또한 각 장마다 특정 전투가 일어나기 전의 시대상황과 일어나게 된 구체적 배경을 살펴보고, 또 전투의 결과를 계기로 하여 후삼국 상호간의 역학관계에 어떠한 변화가 나타나게 되었는가를 살펴보는 과정에서 후삼국통일까지의 시대상황에 力動性과 一貫性을 기할 수 있지 않을까 하는 의도에서도 그러한 선택을 하게 되었다.

이러한 연구를 진행함에 있어 가장 장애가 되는 것은 제한된 사료와 연구방법론상의 한계이며 특히 제한된 사료는 이 시기 연구자 모두가 안고 있는 현실적 문제이다. 주지하다시피 이 시기를 연구하는데 원용되는 기본 사료는 『三國史記』『三國遺事』『高麗史』『高麗史節要』 및 각종 金石文과 『高麗名賢集』 등에 실린 文集類가 그 전부라 할 수 있으며, 새로운 사료의 발굴을 통한 연구의 진척은 기대하기 어려운 상황이다. 따라서 영성한 사료 문제에 있어서는 올바른 시대상황의 이해라는 전제 위에 적극적인 재해석을 시도하는 것이 유일한 출구라 여겨진다. 그리고 비록 후대의 자료이기는 하나 연구의 성격상 각종 『地理志』의 활발한 원용이 필요한데, 이 경우 사료의 성격과 그 내용의 신빙여부에 대한 검증과 비판이 전제된다. 본 연구에서는 이상의 문헌자료에서 미흡한 부분은 현장답사를 통하여 보완하려 하였으며, 실제로 현장답사는 당시 전투분위기의 이해는 물론 검토가 필요한 위치의 비정에 많은 도움을 주었다.

한편 연구의 내용구성에 있어 우선 1장에서는 주로 태봉과 후백제간의 관계에 주목하였다. 본 연구가 고려와 후백제간의 상호관계를 주 대상으로 하고 있기 때문에 이 부분을 서론에서 간략히 정리할까 하는 고민도 없지 않았으나, 서론에서 다루기에는 분량이 많다는 판단과 태봉에서 고려로 이어지는 과정에서의 연계성 문제를 고려하여 독립된 장으로 다루었다. 다만 1장 1절의 후삼국의 정립배경과 과정에 대한 언급은 기존의 견해에 뚜렷한 이견이 있는 것은 아니나 논문체제 구성상 필요에 의하여 기존 견해를 중심으로 소략히 정리하였다.

2장부터는 고려와 후백제간의 관계를 다루었는데, 2장에서의 시기적 범위는 고려건국기부터 公山戰鬪가 일어나기 전까지를 그 대상으로 하였다. 여기에서는 고려 건국 후 양국간의 대외정책 기조와 그러한 정책의 변화양상을 살피고자 하였으며, 3장에서는 양국간의 초기관계가 변질한 이후 진행되는 전개양상을 후백제의 慶州侵攻과 公山戰鬪를 중심으로 살펴보고자 하였다. 그리고 4장에서는 고려가 공산전투에서 패한 이후 양국의 역학관계 변화양상을 古昌戰鬪의 발생과 관련하여 검토한 후, 고창전투 이후의 정국변화를 다루고자 하였으며, 5장에서는 후백제가 패망하게 된 배경을 후백제 내부의 정변과 아울러 검토한 후, 一利川戰鬪를 중심으로 고려의 후삼국 통일과정을 살펴보고자 하였다. 그리고 이러한 검토와 결부하여 고려와 후백제가 추구한 통일정책이 무엇이었던가에 대한 접근을 시도하고자 하였다.

본 연구가 지닌 한계와 미비한 점, 그리고 오류들은 先學들의 叱正과 앞으로 보다 심화된 연구를 통하여 수정 보완해 가고자 한다.

제1장

後百濟와 泰封의 관계

I. 後三國의 鼎立

　신라하대가 되면 元聖王系內의 혈족을 중심으로 한 왕위쟁탈전
이 전개되어[1] 중앙정치력이 약화되고 지방에 대한 통제력도 한계
를 가지게 되었다. 이러한 상황속에 나타난 한재와 기근은 농민들
의 경제적 처지를 더욱 열악하게 만들었으며, 농민들의 유망현상
이 점증되는 가운데 도적들의 봉기도 빈번해져 갔다. 이를 보다 구
체적으로 살펴보기 위하여 사료들을 예시해 보면 아래와 같다.

A－1. (惠恭王이) 나이가 어렸기 때문에 태후가 섭정을 하였는데, 政事가
　　　다스려지지 못하고 도적이 벌떼처럼 일어나 두루 막을 수가 없었
　　　다(『三國遺事』 紀異2, 景德王 忠談師 表訓大德).

　　2. (元聖王 4년) 가을에 나라의 서부지역에 가뭄이 들고 蝗蟲의 피해
　　　가 나자 도적이 많이 발생하였다. 왕이 사자를 보내어 이를 안무하
　　　였다(『三國史記』 卷10, 元聖王 4년).

　　3. 나라의 서부 변방지역에 큰 기근이 들고 도적이 봉기하자 군대를
　　　내어 이를 토평하였다(『三國史記』 卷10, 憲德王 7년 8월).

　　4. 草賊들이 널리 일어나므로 여러 州郡의 도독과 태수에게 명하여
　　　이들을 잡아들이게 하였다(『三國史記』 卷10, 憲德王 11년 3월).

　　5. 봄에 백성들이 굶주림을 이기지 못하여 자손들을 팔아서 살았다

---

1) 惠恭王대의 잇따른 반란사건에 이어 신라하대에 들어서면서 金敬信과
　金周元의 왕위쟁탈전, 哀莊王을 시해한 憲德王 김언승의 모반, 興德王
　사후 전개된 均貞과 悌隆(僖康王), 金明(閔哀王)과 均貞의 아들 祐徵
　(神武王) 사이의 왕위쟁탈전을 비롯하여 일길찬 弘弼의 반란(841년), 이
　찬 良順, 대아찬 興宗 등의 반란(847년), 이찬 金式과 大昕 등의 반란
　(849년), 이찬 允興 형제의 반란(866년), 이찬 金銳와 金鉉의 반란(868
　년), 이찬 近宗의 반란(874년), 일길찬 信弘의 반란(879년), 이찬 金蕘의
　반란(887년) 등이 연이어 나타났다.

(『三國史記』卷10, 憲德王 12년 봄).

6. 봄여름에 한재가 들어 赤地가 되었으므로 왕은 正殿을 피하고 식사를 감하였으며, 내외의 죄수를 大赦하였는데, 7월에 이르러 비가 왔다. 8월부터는 기근이 심하여 도적이 많이 일어났다. 10월에 왕은 사자를 파견하여 백성들을 위문하였다(『三國史記』卷10, 興德王 7년).

7. 신라가 말년에 쇠미하여지자 정치가 어지럽고 백성이 흩어졌다(『三國史記』卷50, 列傳10 궁예전).

8. 기강이 문란해지고 게다가 기근이 곁들여져 백성들이 유리하고 도적들이 벌떼같이 일어났다(『三國遺事』紀異2, 後百濟 甄萱).

9. 전국 각처에서 도적들이 일어나지 않은 곳이 없었다(『朝鮮金石總覽』上,「興寧寺澄曉大師寶印塔碑」).

10. 도적들이(惡中惡者) 없는 곳이 없었다(『韓國金石全文』古代編,「海印寺妙吉祥塔記」).

우리는 위의 사료들에서 신라하대 이후 지방민들의 보편적인 상황을 대체적으로 유추해 볼 수 있다. 끊임없이 이어지는 기근과 한재는 사료 A-6에서처럼 거의 1년 이상 계속되기도 하였으며, 사료 A-5에 보이는 것처럼 백성들이 자식을 노비로 팔아 생계를 이을 정도로 심각한 지경에 이르기도 하였고, 이들의 상당수는 토지에서 유리되어 도적무리화 하는 경향까지 나타나게 되었던 것이다.[2]

한편 당시의 농민들이 이처럼 열악한 경제적 처지에 놓이게 되었음에도 불구하고 소수 권력층에 의한 토지의 집중화 현상은 더욱 증대되어 갔다. 즉, 중앙집권력의 약화는 각 지방에 파견된 지방관의 통제에 한계를 가져왔으며, 祿邑을 매개로 한 귀족관료층의 토지와 民人에 대한 사적지배가 더욱 확대되어 갔던 것이다. 실

───────────────

2) 전덕재, 1994,「신라 하대의 농민항쟁」『한국사』4, 한길사.

제로 다음의 두 기록은 신라하대에 있어서 인사행정이 정실에 흐
르고 있음과 羅末麗初에 있어서 지방관들이 거의 제기능을 발휘하
지 못하고 있음을 보여주고 있어 비록 지루하지만 이해를 돕기 위
하여 적어 본다.

B－1. (憲德王) 14년에 … 忠恭角干이 上大等이 되어 政事堂에 앉아 내
　　외관들을 銓衡하다가 퇴근 뒤 병이 생겼다. … 祿眞이 들어가 말
　　하기를 … 큰 인재는 높은 직위에 두고, 작은 인재는 가벼운 소임
　　을 준다면, 안으로는 六官・百執事와 밖으로 方伯・連率・郡
　　守・縣令에 이르기까지 조정에는 빈 직위가 없고, 직위마다 부적
　　당한 사람이 없을 것이며, 상하의 질서가 정해지고 賢과 不肖가
　　갈릴 것입니다. 그런 후에야 王政이 이루어질 것입니다. 그런데 지
　　금은 그렇지 않습니다. 私에 의하여 公을 그르치며, 사람을 위하여
　　관직을 택하고, 사랑하면 비록 재목이 아니더라도 아주 높은 지위
　　에 앉히려 하고 미워하면 유능하더라도 구렁에 빠뜨리려 하니, 取
　　捨에 그 마음이 뒤섞이고 시비에 그 뜻이 어지럽게 되면, 비단 국
　　사가 혼탁해질 뿐만 아니라 그 일을 하는 사람 역시 수고롭고 병
　　들 것입니다. 만일 관직에서 청백하고, 일에 당하여 恭勤한다면 뇌
　　물의 문을 막고, 청탁의 폐단을 멀리하며 승진과 강등을 오직 그
　　사람의 어둠과 밝음으로써 하고, 주고 뺏는 것을 사랑과 미움으로
　　써 아니할 것이며, 저울처럼 하여 경중을 잘못하지 않고, 먹줄처럼
　　하여 曲直을 속이지 않을 것입니다(『三國史記』 卷45, 祿眞傳).
　2. 마땅히 공경장상으로 國祿을 먹는 사람들은 내가(왕건) 백성들을
　　사랑하기를 아들같이 여기고 있는 뜻을 잘 알아서 너희들 녹읍의
　　백성들을 불쌍히 여겨야 할 것이다. 만약 家臣의 무지한 무리들을
　　祿邑地에 보내면 오직 聚斂만을 힘쓰고 마음대로 빼앗아간들 너
　　희들이 어찌 능히 이를 알 수 있겠느냐. 비록 이를 안다 해도 금하
　　게 하지 않고 백성들 중에 論斥하는 자가 있는데도 관리가 私情에
　　끌려 斗護함으로써 원망과 비방하는 소리가 일어남이 주로 이에
　　말미암은 것이다(『高麗史』 卷2, 太祖 17년 5월 乙巳).

이처럼 지방관들이 제기능을 발휘하지 못하는 상황하에서 특권
귀족세력들은 그들의 정치력을 강화하기 위하여 더 많은 祿邑과

田莊을 확보하고자 하였던 것이며, 사원세력들에 의한 대토지 소유 또한 확대되어 갔다. 『新唐書』 新羅傳에 나오는 '宰相家에는 祿이 끊이지 않았다'는 기록과 879년에 智證大師가 12區의 田莊 500결 이상을 소유하였던 것이[3] 그 한 예가 될 것이다.

이처럼 귀족세력과 사원세력들에 의한 대토지 농장의 소유와 점탈은 농민들의 유망현상과 관련하여 국가재정의 파탄으로까지 치닫게 되었던 것이다. 眞聖女王 3년(889)에 '국내의 여러 州郡들이 貢賦를 바치지 아니하여 國庫가 텅텅 비고 국가의 用度가 궁핍하여졌다. 이에 왕은 사자를 보내어 貢賦를 독촉하였다'[4]는 표현은 이러한 당시의 상황을 반영해 주는 경우라 할 수 있다.

여기에다 앞서 언급한 흉년과 기근의 만연은 농민들의 항쟁으로 이어졌으며, 신라하대의 초기에는 소규모 단위로서 산발적인 항쟁을 보이던 것이 9세기 후반에 이르러서는 대규모의 조직화된 전면적 항쟁으로 나타나게 되었던 것이다. 894년 弓裔가 그의 무리 3,500여 명을 14隊로 편성하고 舍上으로 그 군대를 통솔하게 한 예와 甄萱의 농민군 병력이 5,000여 명에 달했다는 예는 당시 농민군의 규모와 조직을 보여 주는 예증이 될 것이다. 더우기 889년에 부세의 독촉으로 인해 전국 각지에서 도적이 봉기했을 때, 沙伐州(지금의 상주지역)에서 나타난 元宗과 哀奴의 반란의 경우,

> 沙伐州를 근거로 元宗과 哀奴가 반란을 일으키자 왕이 奈麻 令奇로 하여금 진압하게 하였으나, 영기는 賊壘를 바라보고 두려워 진공

---

3) 『朝鮮金石總覽』 上, 「智證大師寂照塔碑銘」. 이외에도 사원세력의 경제력과 관련한 예를 살펴보면, 孝昭王이 栢栗寺에 토지 1만 頃을 기진한 바 있으며, 哀莊王도 海印寺에 2,500결의 토지를 희사하는 등 귀족과 왕실세력에 의한 토지 기진사실이 발견된다. 심지어는 빈한한 백성들도 쇠솥이나 傭田을 사원에 시주하기까지 하였다.
4) 『三國史記』 卷11, 眞聖女王 3년조.

하지 못하였다. 村主 祐連은 力戰하였으나 戰死하였다(『三國史記』
卷11, 眞聖女王 3년).

라는 기록은 이들 농민군의 규모가 적지 않았을 것임과 아울러 그
盛勢 또한 정부군도 감히 대항하기 어려울 정도로 강성했음을 보
여준다. 또한 이처럼 농민군에 대한 정부군의 무기력한 대응모습
은 도적무리를 포함한 외부세력이 지방을 침탈하였을때, 그 지역
을 보호할 수 있는 수단이 自救에 의한 방책 밖에 없음을 보여준다
고도 할 수 있다. 이러한 정치기강의 해이와 기근, 국가와 귀족의
과도한 수탈에 견디지 못한 농민들의 유망 및 도적화 현상을 틈타
서 889년에는 이미 전라도지역을 기반으로 한 후백제가 건국이 되
고, 901년에는 태봉 또한 건국되어 신라와 더불어 삼국이 鼎立하게
되었다.

  尙州의 호족으로 성장한 阿慈介의 아들인 甄萱은 신라의 중앙
군으로 경주에 入京한 후, 서남해 防戍軍으로 나가 그곳에서 裨將
으로 출세하였으며, 그 후 신라정부에 반기를 들고 군사를 일으켜
武珍州를 점령한 후, 후백제를 건국하였음은 주지의 사실이다.[5]
후백제의 국가출발은 龍化 元年 己酉 즉 889년에 견훤이 '新羅西
南都統行全州刺史兼御史中丞上柱國漢南郡開國公'이라고 自署한
것에서 비롯되었다고 할 수 있다.[6] 그러나 이때에는 自署에서 '新
羅西南都統'이라 표현하고 있듯이 신라의 지방관 지위를 표방하고
있었으며, 그 후 아래의 사료에 보이는 것처럼, 孝恭王 4년(900)에

<hr>

5) 申虎澈, 1993, 『後百濟 甄萱政權 研究』, 一潮閣, 25쪽.
6) 『三國遺事』 紀異2, 後百濟 甄萱. 한편 같은 조의 말미에 "一云 景福元
   年 壬子"라고 하여 自署의 시기를 892년으로 파악한 견해도 소개되고
   있는데, 申虎澈은 후백제의 초기기록을 분석하는 과정에서 889년에 自
   署하였다는 기록이 타당한 것으로 파악한 바 있다(申虎澈, 위의 책, 一
   潮閣, 37~43쪽 참조).

光州에서 全州로 都邑을 옮긴 이후[7] 國號를 정하고 稱王을 하였으며, 設官分職을 함으로서 완전히 신라와는 구분되는 독립적인 국가체계를 갖추었던 것이다.

　　견훤이 서쪽으로 순행하여 完山州에 이르니, 주민들이 그를 맞아 위로하므로 견훤이 인심을 얻은 것을 기뻐하였다. 左右에 일러 말하기를 '… 지금 내가 完山에 都邑을 세우고 義慈王의 숙원을 풀어 주지 아니하겠는가'하고 드디어 '後百濟王'이라 칭하였으며, 곧 모든 官署를 설치하고 官職을 分定하였는데, 이때는 唐 光化 3년으로서 신라 孝恭王 4년이다(『三國史記』卷50, 甄萱傳).

한편 泰封을 건국한 弓裔는 신라의 眞骨貴族 출신으로서[8] 왕위

---

7) 甄萱이 全州로 遷都한 이유와 관련해서는 羅州의 지방세력들이 견훤의 지배력 강화에 대한 불만으로 離反함에 따른 光州의 背後地域이 취약성을 드러내었다는 측면과 百濟의 부흥이라는 정치적 명분을 내세워 신라정부에 불만을 가진 百濟系 流民의 흡수에 유리한 결과를 얻기 위해서였을 것으로 파악되고 있다(申虎澈, 앞의 책, 51쪽).

8) 궁예의 출자와 관련하여서는 『三國史記』卷50의 弓裔傳에 "(弓裔) 新羅人 姓金氏 考第四十七憲安王誼靖 母憲安王嬪御 失其姓名 或云四十八景文王膺廉之子"라 하여 憲安王 혹은 景文王의 아들로 표현하고 있다. 이 사료와 관련하여 申虎澈(1982,「弓裔의 政治的 性格－특히 佛敎와의 관계를 中心으로」『韓國學報』29, 33~36쪽)과 李貞信(1984,「弓裔政權의 成立과 變遷」『鄭在覺紀念 東洋學論叢』40~41쪽), 文暻鉉(앞의 논문, 14쪽) 등은 궁예를 경문왕의 아들로 보았으며, 鄭淸柱(1986,「弓裔와 豪族勢力」『全北史學』10, 2~7쪽)는 오히려 헌안왕의 아들로 보았다. 또한 洪淳昶(1982,「變革期의 政治와 宗敎－後三國時代를 中心으로」『人文硏究』, 영남대학교, 2, 227~228쪽)과 崔圭成(1987,「弓裔政權의 性格과 國號의 變更」『祥明女子大學論文集』19, 289~290쪽)은 위 사료의 내용을 조작된 설화로 파악하였고, 趙仁成(1991,『泰封의 弓裔政權 硏究』, 서강대학교 박사학위논문, 7~9쪽)은 이러한 후자의 견해에 동의하면서 궁예를 단지 진골귀족 출신으로 표현하는 것이 무난한 것으로 보았다. 필자는 趙仁成의 견해에 공감하는 입장이다.

쟁탈전의 와중에서 죽을 고비를 넘기고 世達寺의 승려가 되어 신
분을 숨기고 살았다.9) 그는 신라말 전국에서 도적들이 봉기하자
891년 竹州지역(충북 죽산)에서 일정한 세력을 형성하고 있었던 箕
萱의 부하장수로 투신하였으며,10) 기훤이 홀대하자 다음해인 892
년에는 北原지역의 梁吉에게 의탁하였다.11) 양길의 명으로 溟州지
역을 평정하러 간 궁예는 그곳에서 3천 5백의 무리를 모으는 등 독
자적인 세력을 형성하였고, 이를 기반으로 895년에 鐵原에서 後高
句麗를 세웠다.12)

비록 건국을 위한 세력기반의 형성과 稱王은13) 889년에 후백제
를 건국한 견훤에 뒤졌다고 하나 立都 및 設官分職을 통한 국가체
계의 정비는 이미 895년에 행해져 외형상 결코 후백제에 뒤졌다고
는 할 수 없으며, 특히 896년 王隆과 王建 부자의 귀부로 말미암아
동해안에서 서해안에 이르는 넓은 地境을 구축함으로서 그 국력
또한 후백제와 비교하여 결코 미약했다고는 볼 수 없을 것이다.

이들 양국의 건국에는 농민들과 초적의 무리들이 중요한 군사적
기반으로 활용되었으며, 또한 건국 명분의 하나로서 각각 백제·

---

9) 전덕재, 1994, 「신라하대의 농민항쟁」『한국사』 4, 한길사, 220~221쪽.
10)『三國史記』卷50, 弓裔傳.
11) 그런데『三國史記』의 弓裔傳에서는 궁예가 箕萱으로부터 梁吉에게로
   간 시기를 '唐昭宗景福元年' 즉 892년이라 하고 있고, 본기에서는 891
   년에 이미 양길의 명으로 溟州와 酒泉 등지를 공격하였다고 하여(『三
   國史記』卷11, 眞聖王 5년 10월조) 기록상 1년의 차이를 보이고 있다.
   그런데 열전의 경우는 기훤에 투신한 시기와 양길에게로 옮겨 간 시기
   를 당의 연호를 사용하여 구체적으로 표현하고 있으며, 본기의 경우 연
   대와 아울러 月까지 지적하고 있어 현재로서는 어느 표현이 맞는지 진
   위를 분명히 하기는 어렵다.
12) 후고구려의 건국과정에 대한 연구로서는 趙仁成의 1991,『弓裔의 泰封
   政權 研究』서강대학교 박사학위논문이 참고가 된다.
13) 궁예가 칭왕한 것은 901년이었다(『三國史記』卷12, 孝恭王 5년조).

고구려의 부흥과 신라의 타도를 내외에 천명하였던데서 알 수 있듯이 옛 고구려와 백제지역민들의 호응과 협조가 보탬이 되었다. 특히 이들 지역의 경우 原新羅地域에 비해 邊方守備나 조세·공물의 운반부담 가중으로 사회경제적 모순이 심하게 전가되어 있었던 탓에 反新羅感情이 팽배해 있었으며,[14) 이러한 지역상황은 결국 후백제와 태봉의 건국기반으로 활용되었다고 할 수 있다.

이처럼 9세기말에서 10세기초를 전후하여 후백제와 태봉이 건국됨으로서 이제는 기존의 신라와 아울러 삼국이 정립하는 상황을 맞이하게 되었던 것이다.

Ⅱ. 後百濟와 泰封의 관계

後百濟와 泰封(後高句麗)[15)은 건국 초기에는 내부적인 체제의 정비와 인근 영역의 확보에 주력하였던 관계로 직접적인 교류가 거의 이루어지지 않았으며, 양국이 국가체제를 안정적으로 정비한 시점인 903년에 후백제의 공격을 받은 良州지역을 구원하러 태봉이 왕건을 파견함으로써 양국간의 직접적인 교류관계가 형성되었다고 할 수 있다.[16) 그리고 그 교류관계가 양국간의 군사적 대치양

---

14) 전덕재, 앞의 논문, 222쪽.
15) 한편 895년 8월의 건국시에 後高句麗였던 國號는 904년에 摩震으로, 911년 1월에 泰封으로 변천하는데, 본 연구에서는 구분의 필요성이 없는 경우 高麗로 연결되는 마지막 국호였던 태봉으로 통일하여 사용키로 한다.
16) 물론 良州지역을 구원하러 왕건이 파견되어 온 것은 사료상 양국이 대립적 측면으로 묘사된 첫 경우이나, 이미 그보다 앞서 901년에 후백제

상으로 비롯되었다는 측면은 이후 양국관계의 형성이 결코 원만하지 못한 대립적 관계일 것임을 짐작케 해 준다.

한편 이 시기 신라는 신생국가인 후백제와 태봉의 국력신장을 수수방관할 수밖에 없을 정도로 국력이 크게 약화되어 있었으며, 궁예가 浮石寺에 봉안되어 있던 신라왕의 초상화를 칼로 찢고[17] 신라를 滅都라 칭하고서 신라에서 來附하는 자를 모두 죽이는 등의[18] 적대적 행동을 취하고, 후백제가 大耶城을 공격하는 등의 군사적 도발을 행할 때도 이미 이를 징치할 여력을 상실한 상태였다. 이러한 신라의 쇠약해진 국력은 고려에 의한 후삼국통일시까지 지속되었으며, 따라서 후삼국시대의 상호관계를 검토함에 있어서 신라의 경우는 능동적 입장에서 배제된 상태라 할 수 있다.

앞서 언급한 것처럼 후백제와 태봉과의 관계는 양국의 국가체계가 안정기조에 접어든 903년경에 비롯되며, 그 관계의 양상 역시 군사적 대결형태로 시작되어, 이후 태봉의 패망시까지 단 한차례도 원만한 관계를 형성하지 못한 채 대립 일변도의 과정을 겪게 된다. 우선 양국이 국가형성의 기반을 닦은 후, 양국이 군사적 대치를 하기까지의 과정을 다음의 도표를 통하여 간략히 살펴보기로 한다.

우선 다음의 표에서 보여지는 하나의 특징은 후백제의 경우 893년에서 897년까지 그 활동상황이 사료상 거의 나타나고 있지 않다는 점이다. 이는 아마도 『三國史記』 등의 사료가 고려를 건국한 왕건의 활동을 서술하는데 초점을 맞추다보니, 후백제의 경우 고려 건국의 모태가 되는 태봉에 대한 서술에 비해 상대적으로 소홀

가 공취하였던 나주지역을 903년에 왕건이 오히려 공격한 바 있어(『高麗史』 卷1, 世家 太祖 天復 3년조), 후백제와 태봉간의 대립적 이해관계는 그 전부터 형성되었다고 할 수 있다.
17) 『三國史記』 卷50, 弓裔傳 孝恭王 5년조.
18) 『三國史記』 卷50, 弓裔傳 孝恭王 9년조.

히 취급된 탓이 아닌가 여겨진다. 그래서 비록 사료상 확인이 되지는 않으나, 900년에 完山으로 도읍을 옮기고 국호를 정하는 등의 활동을 고려할 때, 899년까지의 사료상 공백기는 국가체제의 정비와 영토확장을 위한 꾸준한 노력이 경주되었던 시기였을 것이다.

한편 태봉을 건국한 궁예는 국가의 성립 이전인 893년에 이미 600명에 이르는 독자적인 군사력을 보유하였으며, 다음해인 894년에는 3,200명으로 확대된 병력을 14대로 나누고 金大黔·毛昕·張貴平·張一 등을 舍上으로 삼는 등[19] 비록 외형적으로는 梁吉의 幕下에 있었으나 실제에 있어서는 국가형성의 모태가 되는 독자적 세력기반 체계를 갖추었던 것이다. 이후 895년의 건국시점부터 901년에 칭왕을 하고 '高麗'라는 정식 국호를 마련하기까지의 과정 동안에 군사활동을 통하여 확보한 지역을 살펴보면, 895년 8월에 猪足(강원도 麟蹄)·牲川(강원도 狼川) 및 夫若(강원도 金化)·鐵圓(경기도 鐵原) 등 10여 군현, 896년 왕건의 귀부를 통한 松嶽지역과 僧嶺(경기도 朔寧)·臨江(경기도 長湍)지역, 897년의 仁物縣(경기도 豊德), 898년의 楊州(경기도 漢城)·見州(경기도 楊州), 浿西道 및 漢州(경기도 廣州)관내 30여 城과 900년의 菁州(충청도 淸州)·槐壤(충청도 槐山)·廣州·忠州·唐城(경기도 南陽) 등지였다. 이는 경기도와 강원도 일대를 장악한 후 충청도지역까지 그 활동영역을 넓혀갔음을 보여주는데, 특히 왕건의 귀부 이후 그를 활용한 영토확장책이 활발히 전개되었음을 다음 <표 1>을 통해서 확인할 수 있다.

이처럼 泰封이 충청도지역까지 영토를 확장하고 정식으로 국가의 개창을 내외에 선포할 시점에 이르러 후백제의 大耶城 침공이 있게 된다. 대야성은 후백제가 경상도지역으로 진출하기 위한 길

---

19) 『三國遺事』 卷50, 弓裔 列傳.

〈표 1〉 後百濟와 泰封의 건국과정

연대	후백제		태봉	
	내 용	전 거	내 용	전 거
891	甄萱, 서남해 防戍軍 裨將으로 반란 일으킴	유사 견	궁예, 箕萱에 투신	사기 궁
892	견훤, 武珍州 습격, 自署	사기 본	궁예, 梁吉에 투신	사기 궁
893			궁예, 阿瑟羅에서 자칭 將軍	사기 본
894			궁예, 入溟州, 3,500을 14대로	
895			궁예. 猪足·牲川 공취, 夫若·鐵原 등 10여 군현 공략, 후고구려 건국	사기 본 사기 궁
896			왕건, 궁예에 귀부, 勃禦塹城 성주가 됨, 궁예, 僧嶺·臨江 2현 공취	고
897			仁物縣 귀부, 양길, 궁예공격 실패	사기 궁
898			송악 수리, 왕건 爲精騎大監, 楊州·見州 공격, 浿西道·漢州관내 30여 성 공취. 송악에 都邑	사기 본 고
899			양길, 궁예공격 패주	사기 본
900	完山에 立都, 자칭 후백제왕, 設官分職, 吳越에 遣使, 오월왕 보빙하고 檢校大保 加受	사기 견	國原·菁州·槐壤의 淸吉·莘萱 등 귀부, 왕건이 廣·忠·靑 3주와 唐城·槐壤 평정, 아찬이 됨	사기 본 고 사기 궁
901	大耶城 공격 실패, 錦城 남쪽 및 인근 10여군 공취	사기 견	궁예, 칭왕,	사기 본
903	良州 공격		왕건, 錦城郡 및 인근 10여군을 공취, 錦城을 나주로, 양주 구원	고 사기 궁

* 전거에 있어서 '사기 본'은 『三國史記』 본기, '사기 견'은 『三國史記』 견훤전, '사기 궁'은 『三國史記』 궁예전, '유사 견'은 『三國遺事』 후백제 견훤, '고'는 『高麗史』 태조세가이다.

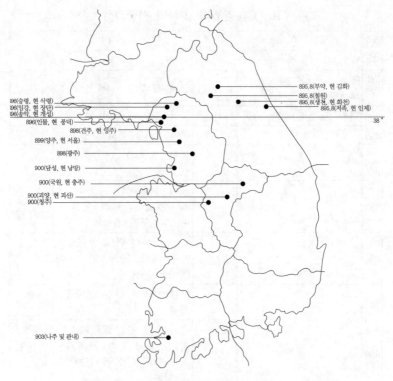

895.8(부약, 현 김화)
895.8(철원)
895.8(생천, 현 화천)
895.8(저족, 현 인제)

196(승령, 현 삭령)
196(임강, 현 장단)
196(송악, 현 개성)
896(인물, 현 풍덕)
898(건주, 현 영주)
899(양주, 현 서울)
898(광주)
900(답성, 현 남빵)
900(국원, 현 충주)
900(괴양, 현 괴산)
900(청주)

903(나주 및 관내)

38

〈圖 1〉 泰封 건국초기 확보지역

목에 위치해 있는 요충지로서 후백제의 이러한 군사행동은 곧 안정적인 국가체계의 정비가 이루어졌다는 전제위에 가능한 것이었으며, 태봉의 세력확장 기간은 후백제의 경우에 있어서도 마찬가지였을 것임을 말해준다. 후백제의 첫 대야성공격은 실패로 돌아갔지만 경상도진출을 시도했다는 측면에서 향후 후백제의 군사활동 방향을 예견케 해준다.

이제 양국의 대립적 관계를 아래의 사료에 나타난 삼국의 역학구도를 중심으로 살펴보기로 한다.

C-1. 8월에 後百濟王 甄萱이 大耶城을 치다가 항복하지 않으므로 군사를 錦城 남쪽으로 옮겨 沿海部落을 습격하여 약탈하여 가지고 갔다(『三國史記』卷12, 孝恭王 5년 8월).

2. 3월에 (왕건은) 수군을 거느리고 서해로부터 光州지경에 이르러 錦城郡을 공격하여 이를 함락시키고 10여개의 군현을 공취하였다. 아울러 錦城을 羅州로 고쳤으며, 군사를 나누어 이곳을 지키게 한 후 귀환하였다(『高麗史』卷1, 世家 太祖 天福 3년 3월).

3. 이해에 良州帥 金忍訓이 위급함을 고하니 궁예가 태조로 하여금 가서 구하게 하였다(위와 같은 조).

4. 궁예가 百官을 신라의 제도에 의거하여 설치하고(細註;제정한 바 官號는 비록 신라제도와 같으나 殿制는 다른 것이 있다) 國號를 摩震이라 하였으며, 연호를 武泰라 건원하였다. 이때 浿江道의 10 여 州郡이 궁예에게 항복하였다(『三國史記』卷12, 孝恭王 8년).

5. 8월에 궁예가 병사를 움직여 우리(신라)의 邊邑을 침탈하여 竹嶺의 동북에 이르렀다. 왕이 듣고 彊域이 날로 줄어듦을 근심하였다. 그러나 막을 힘이 능히 없어 여러 城主들에게 명하여 신중하여 출전치 말고 성을 굳게 지키라고 하였다(『三國史記』卷12, 孝恭王 9년 8월).

6. 궁예가 태조에게 명하여 精騎將軍 黔式 등과 함께 3천병력을 거느리고 尙州 沙火津을 공격케 하였는데, 견훤과 여러 차례 싸워 이를 이겼다. 궁예는 토지는 날로 넓어지고 兵力과 馬匹이 점차 강해짐에 따라 신라를 倂呑할 의도로 신라를 滅都라고 불렀으며, 신라로부터 항복해 오는 자들을 모두 誅殺하였다(『高麗史』卷1, 世家 太祖 天祐 3년 丙寅).

7. 一善郡 남쪽의 10여성이 견훤의 공취한 바 되었다(『三國史記』卷12, 孝恭王 11년).

8 양나라 開平 3년 己巳에 태조는 궁예가 날로 포학해지는 것을 보고 다시 지방에 뜻을 두었는데, 마침 궁예가 羅州가 우려되어 태조로 하여금 가서 이를 지킬 것을 명하고 관계를 높여 韓粲 海軍大將軍으로 하였다. … 태조가 光州 鹽海縣에 머물다가 견훤이 吳越로 보내는 배를 노획하여 돌아오니 궁예가 심히 기뻐하고 우대하여 포상을 더하였다. 또한 태조로 하여금 貞州에서 전함을 수리하여 閼粲 宗希와 金言을 부장으로 하여 병력 2천 5백을 거느리고 光州 珍島郡을

치게 하여 함락시켰다. 다시 皐夷島로 진격하니 성안 사람들이 軍勢가 엄정한 것을 보고 싸우지 않고 항복하였다. 羅州 浦口에 이르니 견훤이 직접 군사를 거느리고 戰艦들을 배열하였는데, 木浦에서 德眞浦까지 首尾가 相衝하고 수륙으로 縱橫하여 兵勢가 심히 盛하였다. 여러 장수들이 이를 근심하니 태조가 이르기를 '근심하지 말라. 군사가 이기는 것은 단결에 있지 그 숫자에 있지 않다'고 하였다. 이에 진군하여 급히 공격하니 적선들이 조금 퇴각하였다. 바람을 타서 불을 놓으니 불에 타고 물에 빠져 죽은 자가 태반이었고 斬獲된 자가 5백여 명이었으며, 견훤은 작은 배를 타고 달아났다. 처음에 나주 관내 여러 郡들이 우리와 떨어져 있고 적병이 길을 막아 서로 응원할 수 없었기 때문에 자못 동요하고 있었는데, 이에 이르러 견훤의 정예병력을 꺾었기 때문에 민심이 모두 안정되었다. 이때에 와서 三韓의 태반을 궁예가 차지하게 되었다. (태조가) 드디어 광주 西南界 潘南縣 포구에 이르러 賊境에 첩자를 놓았다. 이때에 壓海縣에는 能昌이라는 賊帥가 있었는데, 海島에서 起身하였기 때문에 水戰을 잘하여 號를 水獺이라 하였다. (그가) 葛草島의 小賊들과 결탁하여 태조가 이르기를 기다려 그를 맞아 해하고자 하였다. … 태조는 그를 잡아서 궁예에게 보냈더니 … 이에 군중들이 보는데서 능창을 죽였다(『高麗史』卷1, 世家 太祖 開平 3년).

9. 견훤이 몸소 步騎 3천명을 거느리고 羅州城을 포위하였는데 10일이 경과하도록 포위를 풀지 않았다. 궁예가 수군을 보내어 이를 습격하니 견훤이 군대를 끌고 퇴각하였다(『三國史記』卷12, 孝恭王 14년).

10. (乾化) 4년 甲戌에 … (태조는) 貞州 포구로 가서 전함 70여척을 수리하여 병사 2천명을 싣고 가서 나주에 이르렀다. (후)백제와 해상의 草賊들은 태조가 다시 이른 것을 알고 모두가 두려워하여 감히 준동치 못하였다. … 궁예는 드디어 보병장군 康瑄詰·黑湘·金材瑗 등을 태조의 부장으로 삼았다. 태조는 백여 척의 배를 더 건조하였는데, … 태조는 군사 삼천여 명을 거느리고 군량을 싣고 나주로 갔다. 이 해에 남방에 기근이 들어 각지에서 도적이 일어나고 수졸들은 모두 콩이 반이나 섞인 식사를 하였다. 태조가 마음을 다하여 구휼하니 이에 의지하여 모두 살 수 있었다(『高麗史』卷1, 世家 太祖 乾化 4년 甲戌).

11. 8월에 견훤이 大耶城을 공격하였으나 이기지 못하였다(『三國史記』卷12, 神德王 5년 8월).

위의 사료들은 고려의 건국 이전까지 태봉과 후백제의 군사활동 상황을 표현한 것인데, 이 중『高麗史』와『高麗史節要』에서 인용한 사료는 왕건의 즉위 이전의 사실을 언급하였던 관계로 그 시기가 명확하지 않은 경우도 있으며, 혹 시기를 표현하더라도 唐이나 後梁 등 중국의 연호를 사용함으로서 여타 사료와 연결하여 전후 사정을 살피는데는 곤란한 점이 있다. 따라서 서술의 편의상 위 사료들을 <표>로서 재정리해 보기로 한다.

〈표 2〉後百濟와 泰封의 초기 군사활동 상황

시기	후 백 제	태 봉
901. 8.	大耶城 공격, 실패 후 錦城남쪽 연해부락 약탈	
903. 3		錦城郡과 10여개 군현 공취, 금성을 羅州로 개명, 良州 구원 요청, 구원
904.		浿江지역 귀부
905. 8.		竹嶺 동북까지 진출
906.	尙州 沙火鎭에서 태봉에 패함	尙州 沙火鎭 공취, 신라를 滅都라 칭함
907.	一善郡 남쪽 10여성 공취	
909.	서해안에서 태봉에 패배	羅州를 중심으로 한 서해안지역 확보, 能昌 제거
910.	羅州 공격 실패	羅州 구원
914.		羅州 안돈
916. 8.	大耶城 공격 실패	

<표 2>를 살펴보면 우선 후백제가 901년에 대야성을 공격하고 있음을 볼 수 있다(사료 C-1). 이는 시기적으로 후백제가 完山에

都邑을 정하고 設官分職한 바로 이듬해라는 측면에서 관심이 간
다. 즉 견훤이 武珍州에서 擧兵을 했던 시점부터 고려한다면 10년
간의 시간이 경과하였기 때문에 거병을 할 수 있는 능력은 축적되
어 있었을 것이다. 그리고 武珍州에서 거병하여 完山州에 立都하
였다는 것은 전남북지역의 상당부분을 그 세력권 안에 두었던 것
으로 보아도 좋을 것이다. 그리고 국가체제의 정비 직후 거병을 하
여 大耶城을 공격하였다는 것은 후백제 초기의 대외정책이 상당히
공격적이었을 것임을 보여주고 있다. 특히 대야성은 전라남도지역
에서 경상도지역으로 진출하기 위한 요충지였던 관계로 후백제의
첫 공격대상이 대야성이었다는 것은 전라도지역의 확보 후 경상도
지역으로의 세력확장을 꾀하였다는 측면과 아울러 신라를 공격의
대상으로 선택하였음을 말해 준다.

　건국 초기부터 후백제가 취한 이러한 신라에 대한 대립적 강경
책은 이후 양국간의 관계를 경색되게 하였으며, 이는 사료상 후백
제와 신라가 사신이나 국서를 교환한 예가 전혀 없었음에서도 짐
작해 볼 수 있다. 그리고 당시 대야성이 신라의 행정력과 어느 정
도의 결속력을 유지하고 있었는지 그 존재양태가 불분명하지만 후
백제가 그 공격에 실패하였다는 것은, 후백제의 군사력이 아직은
성숙되지 못했을 가능성과 도읍인 全州에서 거리가 멀고 대야성의
수비력을 과소평가하여 파견 병력의 규모가 적었을 가능성 및 대
야성의 지리적 중요성과 관련하여 이 지역에 대한 방비가 엄밀했
을 가능성 등이 상존해 있다.

　한편 태봉 역시 901년에 궁예가 칭왕하고 '高麗'라는 국호를 정
하는 등의 체제정비 후 곧 군사활동에 돌입하였다. 이미 900년에
충청도까지 세력기반을 넓혔던 궁예는 먼저 錦城郡을 그 첫 공략
대상으로 선택하였는데(사료 C-2), 이는 우선 896년에 궁예에 귀

부하여 그의 막하에서 활발한 군사활동을 전개한 王建과 그로 표
징되는 松嶽地域의 해상활동 기반이 있었기 때문에 가능한 선택으
로 보아진다.[20] 즉, 왕건 先代의 송악지역을 중심으로 한 해상활동
은 서남해안의 錦城(나주지역)과도 이미 일정한 거래 및 연결관계
를 유지하고 있었을 가능성이 크며, 궁예가 신라를 '滅都'라 칭하
는 등 신라에 대한 강한 적대감을 가지고 있었으면서도 신라권역
인 경상도지역으로의 진출에 앞서 전라도지역을 첫 공략대상으로
택한 것은 그 지역의 확보에 자신감이 내재되어 있었기 때문일 것
이다. 또한 이러한 선택 즉, 후백제의 세력권 또는 그 세력권에 인
접한 지역을 공격대상으로 하였다는 것은 후백제와의 초기관계를
태봉 스스로가 대립적 구도로 이끈 결과이며, 어쩌면 후에 고려와
후백제간의 관계에 이르기까지 서로 兩立이 불가능하다는 판단이
이 시기의 시대적 상황과 결부하여 형성되었을 수도 있다.

또한 錦城을 공략한 후 이 지역을 羅州로 개칭하였는데, 이처럼
지역명이나 邑格에 변화를 가져왔다는 것은 곧 태봉이 이 지역에
대한 일종의 통치권을 행사한 것으로 이해될 수 있다. 통치권의 행
사란 것이 행정력이 미칠 수 있는 자기 영역을 대상으로 한다는 점
을 전제할 때, 이러한 개칭은 곧 태봉이 나주지역을 태봉의 영역으
로 간주하였음을 의미하며, 앞서 <표 1>에 보이는 다른 지역의 공
략 및 歸附時 그러한 地名 또는 邑格의 변화를 가져온 예가 없었

---

20) 王建의 海上活動과 관련하여서는 朴漢卨의 1965, 「王建世系의 貿易活動
   에 對하여-그들의 出身究明을 中心으로」『史叢』10이 참고가 된다. 그
   는 泰封의 초기 수군활동을 왕건이 담당하였음을 지적하면서 그 근거로
   서 수군활동의 이점을 궁예에게 강조한 것과 수군을 총지휘한 것, 병선
   을 수리한 것 등 모두가 왕건 자신이 한 일이었으며, 兵船의 수리장소인
   貞州가 왕건의 丈人인 柳天弓의 무역중심지로서 왕건의 근거지로 볼 수
   있다는 점 등을 예로 들고 있다(같은 논문 283~284쪽 참조).

다는 점을 전제할 때, 이 나주지역은 왕건의 송악지역과 해상활동
을 통한 교류관계가 이미 그 전부터 형성되어 있었을 것으로 이해
되며, 그 교류의 성격 또한 호혜적인 것이었을 것으로 생각된다.
그렇기 때문에 태봉과는 지리적으로 상당히 격해 있고 또 후백제
와 인접해 있음에도 불구하고 오랜 기간 관리가 가능하였을 것으
로 여겨진다.

한편 文暻鉉은 이러한 사료 C-2에 보이는 903년 3월의 羅州공
략 기사와 관련하여 이는 당시 정세로 보아 불가능하다는 측면에
서 이를『高麗史』편찬시의 오류로 보았다.[21] 즉, 그는 '孝恭王 7
년 나주 점령후 7년간이나 무사하다가 孝恭王 13·14년 양년 갑자
기 치열한 나주 공방전이 전개되는『高麗史』의 기록은 전후가 합
리성을 결한다.『三國史記』와『高麗史』의 기록을 예의 검토할 때,
『高麗史』의 기록은 사리에 맞지 않으며『三國史記』의 기록이 보
다 타당성이 있고, 신빙할 기록이라 여겨진다'고 하면서 금성이 궁
예에 투항한 시기를 '궁예의 수군이 진도와 皐夷島를 항복받고 西
南을 제패할 때'인 909년으로 보았다.[22]

그런데 우선 文暻鉉교수 스스로도 '王建家가 禮成江에서 서해
의 해상세력으로 무역업에 종사했다고 보이므로, 이들 서해상의
諸海上 세력들과는 성히 교역을 하여 상당한 친분과 인연이 있었
을 가능성을 배제할 수는 없겠다'라는 표현을 통하여[23] 인정한 바
와 같이, 송악지역과 나주지역의 사전의 호혜적 관계형성은 일단
전제해도 좋을 듯 하다. 다음으로는 후백제의 경우 비록 그 세력근
거지와 영역이 전라도지역을 중심으로 하고 있으며, 이 지역의 상

---

21) 文暻鉉, 1986,『高麗太祖의 後三國統一研究』, 109~112쪽 참조.
22) 위의 註와 같음.
23) 文暻鉉, 위의 논문, 111쪽.

당부분을 확보했다고 여겨지나, 국초라는 측면과 관련하여 아직 그 행정력이 미치지 못하는 지역 또한 상존해 있었으며, 이 시기 후백제의 수도가 전주지역이라는 점을 상기할 때, 목포를 포함한 전라남도 남단의 나주권역은 이로부터 상당한 거리를 격한 곳에 위치해 있다고 할 수 있다. 또한 위의 사료 C−1에서 901년 후백제가 大耶城에 대한 공격을 실패한 후, 錦城의 남쪽 沿邊部落을 약탈하였다고 했는데, 자신의 세력권을 스스로 침공하여 약탈했을리는 없다고 할 때, 이 시기 금성지역은 후백제의 세력권이 아니었다고 할 수 있다.

나아가서 오히려 약탈의 대상이 되었다고 하는 측면에서 이 지역의 성향은 후백제에 대립적이었을 가능성을 내포하고 있으며,[24] 張保皐의 淸海鎭設置를 통한 해상활동에서도 알 수 있듯이, 다른 내륙지역과는 차별되는 이 지역 나름의 경제적 기반과 문화적 기반이 그러한 결과를 가져왔을 수도 있다.[25] 그리고 앞서 언급했듯이 이미 충청도지역까지 진출한 태봉의 입장에서 해상을 이용한

----

24) 한편 申虎澈과 鄭淸柱 역시 이 시기 후백제와 나주지역의 관계를 대립적 구도로 파악하고 있으며, 신호철은 나아가서 전주로의 천도원인도 이에서 구하고 있다(申虎澈, 1993, 『後百濟 甄萱政權硏究』 48~51쪽 및 鄭淸柱, 「新羅末·高麗初의 羅州豪族」『全北史學』 14, 19쪽 참조).
25) 文秀鎭은 羅州地域과 甄萱과의 갈등관계를 자유로운 해상무역을 원하는 입장과 과거 신라의 神將으로서 그들의 활동을 막아야 하는 견훤의 입장이 충돌한 것으로 이해하였다(文秀鎭, 1987, 「高麗建國期의 羅州勢力」『成大史林』 4, 16쪽 참조). 그러나 견훤이 신라의 비장으로 있으면서 수행한 임무가 나주지역의 입장에서는 불만스런 것이었다 할지라도 이러한 개별적 감정을 兩者의 대립원인으로 파악하는데는 찬성할 수 없으며, 오히려 후백제 건국후의 정책방향이 나주지역의 해상활동에 장애적 요소로 기능하게 된 측면이나, 혹은 채 확보하지 못한 나주지역에 대한 후백제의 공격적 정책선택이 그러한 대립구도를 가져왔을 것으로 파악하는 것이 보다 설득력이 있을 것으로 사료된다.

전라도지역으로의 남하는 용이한 일이었을 것이며, 이는 그 후의
활동 즉, 사료 C-8·9·10에서도 확인이 된다. 그런데 태봉의 水軍
이 해상을 통해 남하한다고 전제할 때, 그 확보의 우선대상이 되는
지역은 후백제의 수도에 가깝고 또한 후백제의 행정력에 의해 장
악되었을 가능성이 큰 전라북도의 해안지역 보다는 후백제의 후방
에 위치해 있으면서도 그 행정통제력에서 逸脫해있을 가능성이 큰
나주지역이 될 것임은 자연스런 해석이다.

그리고 사료 C-2의 903년 3월에 나주경략 후 이곳에 수비병력
을 두었다고 한 것과,[26] 사료 C-8의 909년에 '궁예가 羅州가 우려
되어 태조로 하여금 가서 이를 지킬 것을 명하고 官階를 높여 韓
粲 海軍大將軍으로 하였다'고[27] 한 표현은 나주지역이 일정기간
태봉에 의해 관리되었을 가능성을 짐작케 한다.

또한 사료 C-8에서는 태봉의 皐夷島와 珍島 정벌사실 이전에
왕건이 한찬 해군대장군이 되어 나주로 간 것으로 기록되어 있어,
고이도와 진도의 정벌시 나주가 태봉에 귀부했을것이라는 문경현
교수의 견해를 따른다면, 이 기록 역시도『高麗史』편찬시의 오류
로 치부되어야 할 것이다. 그런데 903년의 나주 공략 후[28] 909년까
지 이 지역에 있어서의 상황변화를 사료상 인지할 수 없음은 하나
의 의문이다. 다만 상정해 볼 수 있는 가능성은, 첫째로 이 나주지
역이 후백제의 세력권에 인접한 후방이기는 하나 수도인 전주와는

---

26) 단순히 "나주를 공략하였다"는 표현에서 그치지 않고 "分軍戍之"라 하
   여 수비병력을 두었다고 한 사료의 구체적 표현 또한 이 사료가 誤記
   일 것이라는 文暻鉉의 견해에 대한 동의를 망설이게 한다.
27) " …適裔以羅州爲憂 遂令太祖往鎭之 進階爲韓粲海軍大將軍"
28) 한편 나주에 대한 공략이 사실은 무력에 의한 점령이라기 보다는 자진
   귀부의 성격이 강함은 문경현에 의해 지적된 바 있다(文暻鉉, 앞의 논
   문, 111쪽 참조).

적잖은 거리를 격해 있으며, 태봉이 나주를 확보했다 하나 관리와 수비를 위한 소수의 병력만이 파견되어 있어 후백제에 직접적 위협이 되지 않았다는 측면에서 상당기간 保合勢를 유지하였을 가능성이 있다. 둘째로는 사료 C-5·6·7의 경우에서 확인되듯이, 905년에서 907년까지는 후백제와 태봉의 활동양상이 경상도지역에 집중되고 있어, 이러한 시기에 나주지역은 양국의 관심대상에서 우선순위에 있지 못하였을 가능성이다. 이러한 측면은 계속된 사료 검토의 과정에서 보완될 수 있을 것이다.

사료 C-3은 사료 C-2에 계속된 내용으로서 良州帥 金忍訓이 구원을 요청했을 때, 태봉이 병력을 파견하여 이를 구원한 내용이다. 이 사료에서 주목되는 것은 현재의 경상남도 지역 동남단에 위치한 양산지역에서 지리적으로 신라와 후백제를 격한 태봉에 구원을 요청하였다는 점과 급히 구원을 요청한 사안이 무엇이었을까 하는 점이다. 우선 태봉에 구원을 요청하고 이에 답하여 왕건이 파견된 것으로 보아 당시 良州에서 요청한 사항은 군사적 응원이었을 것으로 짐작이 된다. 그러한 추론이 가능하다면 이는 양주지역에 대한 외부세력의 침공을 의미하는데, 그 침공 주체는 우선 구원병력을 요청 받은 태봉은 물론 신라 또한 그 대상에서 제외될 것이다. 신라의 경우 후삼국의 쟁패기에 타 지역으로 병력을 파견하여 먼저 공격을 행한 경우는 없으며, 쇠약해진 국력 또한 그러한 활동을 가로막고 있다. 따라서 그 대상범위는 후백제나 인근의 草賊 등으로 생각해 볼 수 있겠는데, 그 중에서도 심증이 가는 것은 후백제라 할 수 있다.

우선 후백제는 앞의 사료 C-1의 大耶城 공격에서 나타난 바와 같이 경상도지역으로의 진출을 이미 시도하고 있었으며, 사료 C-6·7의 검토과정에서 재론되겠지만 그 후의 활동양상 또한 경상도지역에 집중되고 있기 때문이다. 그리고 구원요청의 대상에 태봉이 선택되었다는 사실도 그러한 추론에 심증적 보탬을 주고 있다.

한편 태봉의 구원병력이 온 경로와 관련하여 金甲童은 우선 良州를 지금의 梁山일대만 가리키는 것은 아닐 것으로 보고 金忍訓의 활동 근거지를 大邱일대로 추론한 다음, 開城－서울－利川－鎭川－淸州－報恩－尙州－大邱의 陸路를 통한 移動經路를 제시한 바 있다.[29] 김갑동은 이동경로를 육로로 미리 상정해 둔 까닭에 김인훈의 활동근거지를 대구인근으로까지 비정한 듯 한데, 이 두 지역을 연계시키기에는 거리상으로 지나치게 격해 있어 도저히 수긍키 어렵다. 역시 대구의 남쪽으로 거리상 梁山과 비슷한 곳에 위치해 있는 蔚山이나 金海, 그리고 進禮의 경우 朴允雄이나 蘇律熙, 金仁匡 등의 독자적 호족세력이 확인되며, 이들의 세력근거지 또한 新鶴城이나 金官城 등 그 지역에 비정되고 있는 점과 관련하여[30] '良州帥'의 세력근거지를 密陽과 淸道지역을 뛰어 넘어 대구지역까지 연결시킨 것은 지나친 비약이라 여겨진다.

그리고 이동경로 또한 해상을 통하였을 것으로 보는 것이 자연스러울 것이다. 즉 육로의 경우 위의 사료 C－5에서 확인이 되듯이 905년 8월에 이르러서야 竹嶺동북까지 진출한 태봉의 입장에서 903년에 이미 그 남쪽지역인 梁山 또는 김갑동의 견해에서처럼 대구까지 진출할 수 있었다는 것은 상정키 어려우며, 앞서 살펴 본 바와 같이 903년 3월에 태봉이 나주지역을 확보했던 사실을 상기

---

29) 金甲童, 1990,『羅末麗初의 豪族과 社會變動 硏究』, 34～35쪽 참조.

30) 이들 지역의 호족과 관련하여서는 崔炳憲의 1978,「新羅末 金海地方의 豪族勢力과 禪宗」(『韓國史論』4, 서울대학교)과 최병헌의 견해를 재검토 한 金相潡의 1994,「新羅末 舊加耶圈의 豪族勢力」(한림대학교 석사학위논문). 그리고 具山祐의 1992,「羅末麗初의 蔚山地域과 朴允雄－霍所의 기원과 관련하여」(『韓國文化硏究』5)가 참고 된다.

할 때, 남해안을 통한 양산지역으로의 진행은 당시 왕건을 중심으로 한 태봉의 해군활동과 결부하여 쉽게 유추해 볼 수 있는 구도로 생각된다.

사료 C-4는 904년에 浿江地域이 태봉에 귀부하였음을 전하고 있다. 패강지역의 귀부가 이루어진 시기는 태봉이 百官을 설치하고 국호와 연호를 摩震과 武泰로 개칭한 직후였다.

이는 왕건의 귀부이후 활발한 군사활동을 통하여 단 한번의 패전도 없이 꾸준한 영토확장을 진행하여 온 상황에서 국가의 체제 또한 안정궤도에 이르렀던 시점이기도 하였다. 이러한 국가의 안정기조는 인근 지역의 입장에서는 대세가 정해진 상황으로 인식되었을 것이며, 강성해진 국가를 상대로 대립적 구도를 형성한다는 것은 그 지역의 장래에도 부정적인 영향을 미칠 것이라는 판단이 섰을 것이다.

903년의 羅州지역 확보와 904년의 浿江지역의 확보로 서해안의 海上權을 주도하게 된 태봉은 본격적인 內陸 經略을 시도하게 되는데, 그것이 사료 C-5와 C-6에서 확인되는 竹嶺路를 통한 경상도 지역으로의 진출이다. 사료 C-5에서는 905년 8월에 태봉의 군사활동이 경상북도의 접경지까지 확대되었음을 보여주는데, 이는 이 시기 후백제의 대외정책이 對新羅로 전환되었음을 의미한다. 이러한 정책의 전환은 나주지역과 패강지역의 확보를 통한 서해안지역의 안정과 후백제의 경상도지역 진출에 따른 대응이 복합적으로 작용하였다고 여겨지며, 더구나 出自와 관련한[31] 궁예 자신의 신라에 대한 개인적 감정까지 내재해 있었던 것으로 추론된다. 또한 주목되는 것은 竹嶺 동북으로의 진출이 있기 1개월 전인 905년 7월에 淸州人戶 1천을 鐵原으로 옮기고 도읍지 또한 송악에서 철원으로

---

31) 궁예의 출자와 관련한 견해에 대해서는 앞 절의 註8) 참조.

다시 옮긴 사실인데,[32] 松嶽에서 鐵原으로의 移都는 곧 송악지역을 중심으로 한 수군활동에서 철원지역을 중심으로 한 육군활동으로 그 무게중심이 자연스럽게 이동하였을 가능성을 보여준다.[33]

앞의 사료 C-5에서 태봉 군사가 죽령의 동북에까지 이르렀을 때, 신라가 강역이 줄어듦을 근심하면서도 막을 힘이 없어 성주들에게 나가 싸우지 말 것을 명한 것은 태봉의 경상도지역 진출이 별다른 저항을 받지 않은 성공적인 것임을 짐작케 한다.

그리고서 이듬해에는 이를 기반으로 경상도의 내륙 깊숙히 진출하여 군사활동을 전개하고 있음을 사료 C-6에 확인할 수 있다. 즉, 사료 C-6에서는 상주의 沙火津에서 후백제군과 수차례의 전투가 있었음과 그 전투에서 태봉이 승리하였음, 그리고 신라를 '滅都'라 칭하고 항복해오는 신라인을 모두 죽일 정도로 신라에 대한 적대적 강경책을 택하였음을 그 내용으로 하고 있다. 한편 이 사료에서 후백제와 상주의 사화진에서 여러 차례 접전이 있었다는 것은 당시 후백제가 경상도의 내륙까지 군사활동을 확대하고 있었으며, 역시 이 지역으로의 진출을 시도한 태봉과의 접경지역이 상주 부근이었음을 보여준다.[34]

---

32) 『三國史記』卷50, 弓裔傳 孝恭王 8년 7월조.

33) 이러한 松嶽에서 鐵圓으로의 再遷都는 신라권역에 대한 공세의 강화 목적과 아울러 어쩌면 수군활동을 통한 왕건의 지나친 성장을 일정선에서 억제하려는 의도가 내포되어 있었을 개연성도 있다.

34) 이때 경상도 진출로와 관련해서 태봉의 경우는 본문의 사료 C-5에 나타난 것처럼 죽령이 그 진출로였을 것으로 짐작이 되는데, 후백제의 경우는 大耶城을 확보하고 경상북도지역으로 북상하였는지, 아니면 秋風嶺路를 이용하였는지는 자세하지 않다. 이는 본문의 <표 2>에 보이듯이 사료상 대야성에 대한 후백제의 공격이 901년 8월과 916년 8월의 두 차례만 나타나고 있는데, 16년간이라는 시기적 공백으로 미루어 그 사이에 대야성이 후백제에 의해 일시적으로 攻取된 사실이 사료상 누락되었을 가능성을 배제할 수 없기 때문이기도 하다.

그런데 이 전투에서 승리한 태봉이 '滅都'라 칭하면서까지 적대시 한 신라를 보다 강력히 압박한 흔적은 잘 보이지 않는다. 즉, 상주지역에서의 승리 후 신라의 도성인 경주쪽으로 보다 가까이 군사활동을 확대하지 못한 까닭이 무엇일까 하는 점이 관심의 일단이다. 관련하여 상정해 볼 수 있는 가능성은 우선 태봉의 병력이 그 규모면에서 경주를 침공할 정도로 이르지 못했을 것이라는 측면이다. 비록 후백제와 싸워 이겼다고는 하나 후백제의 경우 역시 파견병력이었던 관계로 그 규모가 크지 않았을 수 있으며, 또한 여러번에 걸쳐 이겼다는 것으로 보아 당시 전투내용이 소규모의 국지전일 가능성을 보여주고 있다. 따라서 태봉의 입장에서 신라의 경주까지는 공략할만한 여력이 부족했을 개연성이 있다. 다음은 신라를 적대시 한 궁예가 직접 참여한 전투가 아니라 왕건이 군사를 지휘하였던 관계로 이 시기 對신라정책이 궁예의 의도와는 달리 진행되었을 가능성이다. 왕건이 고려를 건국한 후 취했던 신라에 대한 친화책은[35] 고려를 건국한 후의 정책적 고려에 의해 선택된 것이 아니라 이미 그 이전에 형성되었을 수 있으며, 그 원인이 왕건의 개인적 성향과도 무관하지 않을 수 있다. 이러한 전제가 가능하다면, 후에 왕건이 궁예에게 복명할때는 어떠한 변명이 있었을지는 알 수 없으나 왕건 자신의 선택에 의해 신라에 대한 태봉의 강경노선이 정체되었을 가능성이 있다.

그리고 이후 태봉의 활동에서도 나타나듯이 그 공격의 대상이 수군활동을 통한 전라도 해안지역으로 복귀하고 있음은 905년과 906년에 걸쳐 형성되었던 신라중심의 대외정책이 다시 후백제를 대상으로 변모하였음을 보여주는데, 이러한 정책의 변화에는 당시

---

35) 다음의 장들에서 상론되겠지만 고려 건국 후의 군사활동을 살펴보면 신라를 공격대상으로 삼은 예를 발견할 수 없다.

태봉의 군사활동을 선두에서 도맡았던 왕건의 견해가 반영되었을
가능성이 있다.

한편 후백제의 경우 尙州 沙火津에서 태봉에 패한 후에도 여전
히 경상도의 내륙진출을 모색하고 있음을 사료 C-7에서 확인할
수 있다. 후백제가 907년에 一善郡 이남의 10여성을 공취하였다는
것이 그것인데, 이러한 활동의 근저에는 상대적으로 태봉에 비해
열세에 처하게 된 현실상황을 타개하기 위해서는 상대적으로 취약
한 신라 권역을 선점하여 경영하는 것이 이후 정국운영에 유리하
게 작용할 것이라는 판단이 있었을 것이다.

그러나 이러한 후백제의 경상도지역에 대한 관심은 909년에서
914년에 걸친 태봉의 서남해안 경영에 따라 그 진도가 지지부진하
였을 것으로 여겨진다. 즉, 사료 C-8·9·10은 태봉과 후백제의 후
반기 상호관계 양상을 전하고 있는데, 그 내용이 나주를 중심으로
한 서남해안지역에 집중되고 있으며, 견훤의 직접 참전은 곧 경상
도지역의 진출을 유보해야 할 만큼 이 지역의 사정이 다급해졌음
을 의미한다.

먼저 사료 C-8에서는 909년에 견훤이 거느린 후백제의 수군이
왕건이 지휘한 태봉의 수군에게 패하였음을 전하고 있다. 그런데
사료의 내용 중 "(王建이) 羅州 浦口에 이르니 甄萱이 직접 군사를
거느리고 전함들을 배열하였는데, 木浦에서 德眞浦까지 首尾가 相
衝하고 水陸으로 縱橫하여 兵勢가 심히 盛하였다"는 표현은 어느
정도의 과장이 내포되어 있겠으나 당시 후백제의 수군이 규모면에
서 만만치 않았음을 보여 주며, 이는 태봉의 나주 경략을 방관할 수
없었던 후백제의 입장에서 수군의 육성에 상당한 노력을 경주하였
을 것임을 의미한다. 그리고 엄청난 규모의 수군과 船團을 이끌고
견훤이 직접 출전하였다는 것은 곧 필승의 의지를 표출한 것으로

서, 태봉의 서남해안 장악이 후백제에 직접적 위해가 된다는 현실 인식과 아울러 이 기회를 통하여 태봉의 수군을 격파함으로서 태봉과 나주지역간의 연결로 차단은 물론 이후 서남해안지역에 대한 운영의 주도권을 확보하고자 하는 고민이 담긴 선택이었다고 여겨진다. 그러나 이 전투에서 후백제가 패하였고, 또한 壓海縣을 중심으로 한 독자적 해상활동을 하던 能昌 마저 생포됨으로써 이후 서남해안 지역의 주도권은 태봉에 의해 계속 유지되어 갔던 것이다.

압해현은 木浦의 포구로 들어가기 위한 길목에 위치해 있는 섬으로서 해로를 통하여 나주지역을 가기 위해서는 반드시 거쳐야 할 곳이다. 능창이 이 압해도에 언제부터 웅거해 있었는지는 알 수 없으나 葛草島의 小賊들과 결탁하는 등 이 지역의 海上群盜들과 연대하여 일정한 세력을 형성하고 있었던 것은 사실이라 하겠다. 어쩌면 사료 C-8에서 "양나라 開平 3년 己巳에 태조는 궁예가 날로 포학해지는 것을 보고 다시 지방에 뜻을 두었는데, 마침 궁예가 나주가 우려되어 태조로 하여금 가서 이를 지킬 것을 명하고 관계를 높여 韓粲 海軍大將軍으로 하였다"는 표현에서 궁예가 나주를 우려했던 바는 바로 능창의 존재 때문이 아닌가 여겨지기도 한다. 특히 왕건이 潘南縣 포구에서 첩자를 놓아 적정을 탐지했다는 표현과 후에 능창을 사로잡은 후 그를 곧바로 처단하지 않고 굳이 궁예에게까지 압송한 사실, 그리고 궁예가 능창을 책하면서 "海賊들은 너를 추대하여 괴수라 하였으나 이제 포로가 되었으니 어찌 신묘한 계책이 아니겠느냐"고[36] 하고 그를 여러 사람들이 보는 앞에서 처형하였다는 사실 등이 그러한 추론을 뒷받침해 주고 있다.

사료 C-9에서는 910년에 후백제가 나주지역을 공격하였다가

---

36) 『高麗史』 卷1, 太祖 開平 3년조.

실패한 사실을 전하고 있다. 1년전 해상에서 크게 패한 견훤이 나
주지역을 공격하였다는 사실은 후백제의 세력권에 접해 있는 나주
지역의 확보가 그만큼 긴요하였기 때문일 것이며, 이러한 나주지
역의 지리적 중요성은 태봉의 구원병력 파견이 곧바로 이어졌다는
측면에서도 알 수 있듯이 태봉의 입장에서도 마찬가지였다. 그리
고 후백제가 3천의 병력을 가지고 10여일이나 포위하여 공격하였
음에도 승리하지 못했다는 것은 그만큼 羅州城의 저항이 강고했다
는 것을 의미하며, 해상에서 패한 후, 陸戰을 통한 나주지역의 확
보 노력도 실패함으로 이후 오랜 기간 후백제는 서남해안의 경영
정책을 포기하고 경상도진출을 통한 신라권역으로의 세력확대로
그 정책을 전환하게 된 것 같다.

　즉, 후백제가 나주성을 공격한 이듬해인 912년 德眞浦에서 양국이
한차례 더 조우하였음을 기록된 이후,[37] 아래의 사료에 보이듯이,

　　　(태조 18년 4월) 왕이 諸將에게 말하기를 "나주의 40여 郡이 우리의
　　울타리가 되어 오랫동안 복종하고 있었는데, 근년에 후백제에 침략되
　　어 6년동안 해로가 통하지 않으니, 누가 능히 나를 위해 이곳을 鎭撫
　　하겠는가"하니 공경들이 庾黔弼을 천거하였다. … 庾黔弼을 都統大
　　將軍에 임명하여 예성강까지 전송하고 어선을 주어 보내었다. 庾黔弼
　　이 나주를 경략하고 돌아오니 왕이 또 예성강까지 행차하여 맞아 위
　　로하였다(『高麗史節要』卷1, 太祖 18년 4월).

　태조 18년(935년)의 6년전인 929년을 전후한 시기에 후백제에 의
해 일정기간 점거되기 이전까지 근 18년간 나주지역을 중심으로
한 서남해안지역에서 고려와 태봉이 대립한 기록은 찾아볼 수 없
다. 이는 후백제가 경상도지역으로의 진출로 그 대외정책의 방향
을 전환하였고, 태봉과 이를 승계한 고려 또한 이에 대응하였기 때

───────────
37)『三國史記』卷50, 甄萱傳 神德王 원년조.

문으로 생각된다. 따라서 서남해안지역은 901년의 태봉의 나주공
략 이후, 912년까지는 후백제의 공격을 받기도 하였으나 914년 4월
에 왕건이 나주에 가서 이 지역을 구휼하는 등 대체로 930년까지
는 태봉과 이를 승계한 고려의 세력권에 포함되어 있었다고 정리
해 볼 수 있겠으며, 후백제의 대외정책 전환의 한 편린을 916년 4
월의 대야성 공격 시도에서 찾아 볼 수 있다.

사료 C-11에 보이듯이 후백제의 대야성 공격을 통한 경상도지
역으로의 재진출 모색은 일단 실패로 돌아갔는데, 이후 918년의 태
봉 패망시까지 양국간의 상호관계는 사료상 공백으로 남는다. 그
원인과 관련하여 상정해 볼 수 있는 가능성은 우선 후백제의 입장
에서는 서남해안의 주도권을 상실하고 대야성의 공략을 통한 경상
도진출 마저 실패함에 따라 대외 팽창정책이 한계에 부딪친 때문
으로 보여지며, 태봉의 입장에서는 915년에 弓裔가 부인 康氏와
두아들을 죽이게 되고,[38] 왕건 역시 신변을 보호하기 위해 나주로
가는 등[39] 내부적인 분열상이 심화되던 시기였다는 측면이다.

이상에서 살펴 본 후백제와 태봉간의 상호관계를 다음과 같이
정리해 볼 수 있을 것 같다. 우선은 양국이 건국초기부터 군사적
대결양상으로 치달아 사료상의 공백이나 여타 사정에 의한 일시적
소강국면은 상정해 볼 수 있으나 태봉의 패망시까지 철저하게 대
립적 구도를 형성하였다는 점을 지적할 수 있다. 이러한 대립적 구
도의 형성원인은 아마도 양국이 건국할 즈음에 기존의 국가인 신
라는 이미 쇠퇴하여, 이들의 성장을 견제할 여건이 되지 못하였던
관계로 후백제와 태봉의 국가초기 정책기조가 '對外的 膨脹'으로
설정된 때문이 아닌가 한다.

---

38) 『三國史記』 卷50, 弓裔傳 神德王 4년조.
39) 『高麗史節要』 卷1, 太祖 원년조.

다음으로 양국의 구체적 관계는 상호간에 先攻과 應戰의 양상으로 진행되었으며, 대체로 네시기로 구분하여 살펴 볼 수 있다.

먼저 1기는 건국초에서 903년까지로 이 시기는 태봉에 의한 서남해안의 진출기라 할 수 있는데, 이는 896년 왕건의 귀부이후 그로 표징되는 해상세력의 호응이 가져다 준 결과로 보아 무리가 없을 것이다.

다음의 2기는 905년에서 907년까지로 태봉이 서남해안지역의 확보와 浿江지역의 귀부 등 대내외적인 안정기조 위에서 신라권역인 경상도로 진출한 시기라 할 수 있으며, 이미 경상도지역으로 진출해 있었던 것으로 보이는 후백제와 尙州지역을 중심으로 쟁패하게 되는데, 이는 신라권역인 경상도지역으로의 진출을 모색하였던 서로간의 정책기조가 상충하였던 결과라 할 수 있다.

그리고 3기는 909년에서 914년까지로 서남해안을 중심으로 한 양국의 쟁패기라 할 수 있는데, 이는 태봉의 서남해안지역에 대한 적극경영책에 위협을 느낀 후백제가 이에 응전함으로써 나타난 결과라 할 수 있다. 그리고 4기는 915년에서 태봉의 패망기까지인데, 이 시기는 양국의 대외진출이 쇠퇴하였던 시기였다. 후백제는 서남해안의 경영 주도권을 태봉에 빼앗기게 됨에 따라 그 정책기조도 다시 경상도로의 진출을 모색하는 형태로 바꾸었으나 결과적으로 실패하였으며, 태봉은 궁예의 지나친 권력 전횡으로 내부분열이 심화되어 국가가 고려로 바뀌게 되는 과도기에 처해 있었던 시기였다.

끝으로 주목되는 것은 후백제와 태봉이 군사적인 대립을 하였을 때 모두 태봉의 승리로 돌아갔으며, 육전과 수전을 막론하고 그 승리의 대부분이 왕건의 지휘하에 이루어졌다는 측면이다.

이는 태봉이 후백제와의 쟁패과정에 절대적인 우위를 확보함에 있어 왕건의 능력과 아울러 그로 표징되는 송악지역 등을 중심으로 한 해상세력의 인적·물적토대40)가 중요한 기반으로 기능하였음을 웅변해 준다고 할 수 있다.

---

40) 한편 본문의 사료 C-8과 C-10에서 확인되듯이 왕건이 나주지역으로 출정할 때 병선의 수리 등에 이용되었던 水軍基地였던 貞州는 왕건의 妻鄕이었다. 즉, 왕건의 첫째 왕후인 神惠王后 柳氏는 貞州인 柳天弓의 딸이었으며, 유천궁은 그 지역사람들이 '長者'라 칭할 만큼 많은 富를 축적한 호족이었다(『高麗史』 卷88, 后妃傳 1). 정주의 지리적 위치 漢江·臨津江·禮成江이 합류하는 장소로서 서해로 나아가는 출구이자 전략상 요충지였다. 따라서 류천궁이 부를 축적하게 된 기반은 왕건의 집안과 마찬가지로 해상활동을 통한 중계무역이었을 것으로 여겨진다. 그리고 당시 류천궁의 재력은 많은 병력의 供饋를 해결하는데도 후원되었을 것으로 보인다.

제2장

高麗건국초기 後百濟와의 관계

Ⅰ. 高麗건국초기 체제의 정비과정과 통일정책

王建은 918년 6월 14일 洪儒·裵玄慶·申崇謙·卜智謙 등의 추대를 받아 궁예를 내쫓은 후,[1] 다음날인 6월 15일에 布政殿에서 즉위하였으며, 국호를 고려라 하고 연호를 天授라 하였다.[2] 그리고 즉위 다음날인 6월 16일에는 백성들을 慰撫하는 詔書를 내림으로서[3] 政事에 임하였는데, 그 후 사료상 그의 매일의 일이 기록되고 있을 정도로 국가체제의 정비에 진력하게 된다. 빈번히 내린 조서들이 그 예인데, 이를 도표화해 보면 아래와 같다.

〈표 3〉 高麗건국초기 조서의 반포상황[4]

시 기	내 용
918.6.14	弓裔 逐出
918.6.15	王建 卽位, 高麗 建國
918.6.16	詔書를 내려 百姓慰撫
918.6.20	詔書를 내려 金行濤를 廣評侍中에 임명하는 등 官職과 官員을 分定
918.6.24	詔書를 내려 內奉郎中 能梵을 審穀使로 하여 비축된 穀食을 파악토록 함
918.6.27	詔書를 내려 泰封의 제도를 다시 신라의 제도로 환원시킴
918.8.09	勅諭로서 각지에 親善使節을 파견케 함
918.8.11	詔書를 내려 경제적 사정으로 奴婢가 된 자를 救濟, 開國功臣册錄

---

1) 『高麗史節要』 卷1, 太祖 元年 6월 을묘조.
2) 『高麗史』 卷1, 太祖 元年 6월 병진조.
3) 『高麗史』 卷1, 太祖 元年 6월 정사조.
4) 時期欄의 날자는 原史料에 干支로 표현되어 있는 것을 震檀學會 『韓國史』 年表의 朔閏表에 의거 산정한 것이다.

이처럼 고려건국 후 일정기간은 관직의 분정과 태봉때의 제도 정비 등 국가의 내실을 다지고, 백성들의 노역을 가벼이 하는 등 민심의 안정에 주력하였다. 또한 과거 궁예를 추종했던 세력이나 왕건의 즉위에 불만을 가진 세력들에 대한 숙청작업도 이 시기에 이루어졌다.

A-1. 馬軍將軍 桓宣吉이 逆謀를 꾸미다가 죽었다(『高麗史』卷1, 太祖 元年 6월 庚申).
  2. 蘇判 宗偘은 어려서부터 승려가 되어 간사한 일을 행하기에 힘쓰고, 內軍將軍 狄鉄는 어려서 남의 집 하인으로서 간사한 말로 아첨을 잘 함으로써 다 궁예의 총애를 받았으며, 讒訴하기를 좋아하여 선량한 사람들을 謀害한 것이 많으므로 이들을 죽였다(『高麗史』卷1, 太祖 元年 6월 壬戌).
  3. 馬軍大將軍 伊昕巖이 謀叛하였기에 棄市하였다(『高麗史』卷1, 太祖 원년 6월 己巳).

위의 사료들이 그 예인데, 사료 A-1)에 보이는 桓宣吉의 모반 사건은 6월 19일에 있었던 것으로 고려를 건국한 지 겨우 5일째 되는 날이었으며, 특히 환선길은 그의 아우 香湜과 더불어 고려의 개국에 공을 세웠던 공신이었고, 왕건의 심복으로서 馬軍將軍이 되어 대궐을 숙위하던 입장이었다.[5] 따라서 이 환선길의 모반사건은 아래의 사료에 언급된 것처럼 성공의 개연성이 컷으며, 어쩌면 고려의 개국초기에 있어서 최대의 고비였다고 여겨진다.

하루는 태조가 대전에 좌정하고 學士 몇 사람과 더불어 국정을 논의하고 있었는데, 宣吉이 병기를 든 그 무리 50여인과 더불어 東廂으로부터 內廷으로 돌입하여 곧바로 大殿을 범하려 하였으나, … 桓宣吉은 태조의 음성과 안색이 태연한 것을 보고 복병이 있는 것으로 의심하여

─────────────

5) 『高麗史』卷127, 桓宣吉傳. "桓宣吉與其弟香寔俱事太祖有翊戴功 太祖拜桓宣吉爲馬軍將軍 委以腹心 常令率精銳宿衛"

그 무리와 함께 밖으로 달아났으므로 衛士들이 추격하여 毬庭에서 모두 잡아 죽였다. 향식이 뒤에 이르렀으나 일이 실패한 것을 알고 역시 달아났으나 추격병이 이를 죽였다(『高麗史』卷127, 桓宣吉傳).

이러한 桓宣吉의 모반사건이 실패로 돌아간 것을 계기로 왕건은 그 내부의 결속에 훨씬 더 많은 신경을 썼을 것이며, 혹 환선길과 같은 마음을 품고 있었던 신료들도 그 일을 행사하기에 여건이 불리해져 갔을 것이다. 그래서 이후 사료상 국초부터 왕건의 幕下에 있었던 자로서 왕건에 반기를 든 경우를 확인할 수 없다는 측면도 환선길의 모반사건이 개국의 초기에 나타났고, 또한 이것이 무난히 수습된 결과로 볼 수도 있을 것이다.

이 환선길의 모반사건에서 겨우 위기를 넘긴 왕건은 차후 발생할지도 모를 모반사건을 미연에 방지하기 위해 개경에 있던 궁예의 추종세력을 제거해 갔던 것으로 보인다. 그 예가 사료 A-2)에 보이는 宗侃과 狄鈝의 경우이다. 우선 사료상에는 이들이 제거된 이유와 관련하여 奸詐·阿諂·謀害 등 개인의 성격과 결부된 사항을 摘記하고 아울러 이들이 궁예의 총애를 받았던 것으로 기술하고 있다. 단지 그들의 평소 좋지 못한 행실이 문제라면 그들을 관직에서 내치는 정도의 처벌이 보다 합리적이었을 것으로 여겨지며, 그들이 반역 또는 반역모의를 한 사실이 없는 상황에서[6] 그 처벌이 죽음에 이를 정도였다면, 그 처벌원인이 궁예와의 관계에서

---

6) 宗侃과 狄鈝가 반역이나 반역모의를 행한 흔적을 단지 사료상 확인할 수 없다는 측면만으로 이들이 그러한 행동을 하지 않았다고 단정할 수는 없다. 그러나 그들의 제거 원인을 굳이 성품과 관련한 개인적 비리에서 찾은 점과 개국초 모반사건의 경우 『高麗史』 등에서 왕건의 심복이라 할 수 있는 伊昕巖의 경우나, 왕건의 즉위를 반대하는 桓宣吉의 경우 등을 가리지 않고 모두 기술하고 있는 점으로 미루어 이들 종간과 적부의 경우 반역이나 반역모의를 행사하지 않았던 것으로 보았다.

비롯된 것임은 자명하다 하겠다. 따라서 宗侃과 狄夫의 제거는 곧 개경내에 있는 궁예의 잔존세력을 정리하자는 의도에서 나타난 결과로 여겨지며, 이는 왕건의 즉위에 불만을 가진 세력이 존재해 있음을 의미한다. 또한 그들에 대한 대응이 회유가 아닌 숙청의 형태로 나타난 것은 그 세력이 만만치 않아 이를 방치할 경우 후에 화근이 될 소지가 있음과 아울러 桓宣吉의 모반사건이 있은지 이틀 후에 그 작업이 이루어진 것과 결부하여 환선길의 모반사건이 하나의 교훈으로 작용했을 것으로 생각된다.

사료 A-3은 伊昕巖의 모반사건을 언급하고 있는데, 그는 태봉의 말년에 熊州를 습격하여 점령하고 있다가 왕건의 즉위 소식을 듣고 스스로 開京에 올라와 역모를 추진하였으나 실패한 바 있다.[7] 이흔암이 궁예정권때에 웅주를 수비하고 있었으며, 그 관직이 馬軍大將軍인 것으로 미루어 궁예의 총애를 받았던 심복으로 여겨진다. 개경에 남아있던 궁예의 추종세력은 종간과 적부의 예에서 처럼 숙청이나 회유 등의 방법을 통해 정리되었을 것이나 외지에 나가있던 궁예의 추종세력들의 정리는 장기간에 걸쳐 진행될 수밖에 없었는데, 이흔암의 경우는 그 스스로 개경에 찾아 들어와 모반을 추진하다 실패한 경우로 여겨진다.

이처럼 고려 건국초기에 국가체제를 정비하면서 그 적대세력을 제거하는 일련의 과정들이 나타나는데, 다행히 이들의 제거에 성공함으로써 초기의 안정기조를 다지게 된다. 그러나 외지에 있는 궁예의 추종세력 내지는 왕건의 즉위를 반대하는 세력은 여전히 잔존하고 있었으며, 그 예를 청주지역을 통해 확인할 수 있다.

청주지역은 신라와 후백제 지역으로 진출하기 위한 교두보로서 900년에 궁예의 명을 받은 왕건에 의해 점령된 이래[8] 고려의 건국

---

7)『高麗史』卷127, 伊昕巖傳.

초까지 그 세력권에 포함되어 있었다고 여겨진다. 이미 태봉때인 904년 7월에는 1천의 淸州人戶를 鐵原으로 徙民시키는 등[9] 이 지역의 관리에 대한 관심은 꾸준히 지속되어 왔다. 그러나 궁예가 축출되고 왕건에 의해 고려가 건국되는 과도기의 과정에서 그동안 태봉의 지배에 의한 중압감을 탈피하고자 한 것으로 여겨진다. 다음의 기록을 통하여 고려 개국초의 청주지역의 동향을 살펴보기로 한다.

---

8)『三國史記』卷50, 弓裔傳. "(光化) 三年庚申 又命太祖伐廣州・忠州・唐城・靑州(細註;或云靑川)・槐壤等皆平之 以功授阿湌之職" 한편『三國史記』본기에서는 "(孝恭王) 四年 冬十月國原・菁州・槐壤賊帥淸吉・莘萱等 擧城投於弓裔"(『三國史記』卷12, 孝恭王 4년 10월) 라고 하여 이 지역들이 왕건에 의해 점령된 것이 아니라 자진하여 귀부하였을 개연성 또한 보여주고 있다.

9)『三國史記』卷50, 弓裔傳 孝恭王 8년 7월조. 이때의 徙民의 이유와 관련하여서는 청주지역의 人戶가 많았기 때문이라는 견해와 (河炫綱, 1969,「高麗太祖와 開城」『李弘稙回甲紀念論叢』, 138쪽), 王都의 문화적 수준을 고려하여 小京으로서의 문화적 전통을 유지하고 있었던 淸州人을 유치한 것으로 보는 견해(金光洙, 1972,「羅末麗初의 地方學校問題」『韓國史研究』7, 121쪽), 小京人을 사민시켜 王京人으로 승격시켜 줌으로써 지역신분의 상승을 약속하였다는 견해 (朴敬子, 1986,「淸州豪族의 吏族化」『원우논총』4, 212쪽), 그리고 이 지역에 대한 회유와 감시를 위한 집단 인질로 보는 견해가 (金甲童, 1990,『羅末麗初의 豪族과 社會變動 硏究』, 29~31쪽) 있으며, 鄭淸柱는 김갑동의 견해와 관련하여 청주는 무력으로 정복된 것이 아니라 스스로 투항해왔기 때문에 궁예의 세력이었을 것이라는 점과, 변방지역이 아닌 國都로 사민한 점을 예를 들어 철원을 국도로 건설하여 그곳에 그의 주요한 세력을 부식시킴으로서 전제왕권을 확립하고자 하였다는 견해를 (鄭淸柱, 1996,『新羅末高麗初 豪族研究』, 83쪽) 피력한 바 있다. 그런데 우선 청주지역이 스스로 歸附하였다고는 하나 이 지역은 그 후의 예에서 알 수 있듯이 후백제와의 접경지대에 위치하여 그 입장의 변화가 항상 우려되는 곳으로서, 궁예 스스로도 이를 경계하였음을 본문의 사료 B-2에서도 확인할 수 있다. 또한 이듬해에 鐵原으로 다시 都邑을 옮긴 사실과 관련하여 宮闕과 樓臺 등을 짓는데 필요한 노동력을 확보할 목적을 전제한다면 金甲童의 견해가 보다 타당하다고 여겨진다.

B-1. … 淸州人 阿志泰는 본래 아첨하고 간사하더니 궁예가 참소함을 좋아하는 것을 보고 같은 州人인 笠全·辛方·寬舒 등을 참소하였다. 有司가 이를 推鞫하여 수년동안 해결치 못하였는데, 태조가 곧 진위를 가려내어 지태가 伏辜하거늘 여러 사람들이 마음으로 칭찬하고 기뻐하였다(『高麗史』卷1, 世家 太祖 乾化 3년).

2. 왕이 韓粲 聰逸에게 말하기를 "前主가 참소를 믿어 사람 죽이기를 좋아하였는데, 경의 고향 淸州는 땅이 기름지고 사람들에 호걸이 많으므로 변란을 일으킬까 두려워하여 그들을 다 죽이려 하였다. 이에 郡人 尹全·愛堅 등 80여인을 불러다가 모두 죄가 없는데도 칼을 씌워 끌려가는 도중에 있으니 경은 빨리 가서 田里로 돌려보내라"하였다(『高麗史』卷1, 太祖 원년 6월 戊午).

3. 태조가 즉위함에 청주인들은 變詐가 많으므로 일찍 대비하지 않으면 후회할 것이라 하고 이에 州人 能達·明吉·文植 등을 보내어 가서 엿보게 하였다. 능달이 돌아와 奏하기를 "저들은 다른 뜻이 없으므로 족히 믿을 수 있습니다"고 하였다. 오직 문식과 명길은 가만히 金勤謙·寬駿에게 일러 말하기를 "능달은 비록 다른 뜻이 없다고 奏하였으나 新穀이 익으면 아마도 變이 있을 것입니다"고 하였다. 堅金이 副將 連翌·興鉉과 더불어 와서 뵙거늘 태조가 각기 馬·綾·帛을 차등있게 주었다. 견금 등이 上言하기를 "臣等은 어리석은 충성을 다하여 두마음이 없기를 바랍니다. 다만 本州人이 勤謙·寬駿·金言規 등 서울에 있는 자와 더불어 마음이 같지 않으니 이 數人을 제거하면 가히 근심이 없을 것입니다"고 하였다. 태조가 말하기를 "朕의 마음은 殺戮을 그치는데 있어 죄 있는 자라도 오히려 용서코자 하거늘 하물며 이 數人은 힘을 다하여 扶衛한 공이 있는데, 한 州를 얻고자 하여 忠賢을 죽임은 朕의 하지 못함이라"하였다. 견금 등이 부끄럽고 두려워서 물러갔는데, 근겸·언규 등이 이를 듣고 奏하기를 "前日에 능달이 돌아와 말하기를 다른 일이 없으리라 하였으나 臣等은 실로 그렇지 않다고 생각합니다. 이제 견금 등이 말한 바를 들으면 다른 일이 없다는 것을 보장할 수 없으니 청컨데 이들을 머물게 하여 變을 觀望하소서"하거늘 태조가 이를 廳從하였다. 이런 후에 견금 등에게 일러 말하기를 "지금은 비록 너희들의 말을 좇지 않으나 깊이 너희들의 충성을 가상히 여기니 빨리 돌아가서 衆心을 안정시키라"하였다. 견금 등이 말하기를 "臣等

이 충직한 마음을 드러내어 문득 利害를 진술하고자 하였는데 반역의 무리가 誣譖함에도 죄를 주지 않으니 은혜가 막대하옵니다. 깊이 마음을 드러내어 국가에 보답하겠나이다. 그러나 한 州의 사람이라도 각기 마음이 다른지라 만약 화가 비롯되면 제어하기 어려울까 두렵습니다. 청컨데 관군을 보내어 성원하소서" 하였다. 태조가 옳게 여기고 馬軍將軍 洪儒·庾黔弼 등을 보내어 병사 천오백을 거느리고 鎭州에 머무르게 하였다. 얼마 지나지않아 道安郡에서 奏하기를 "청주가 몰래 백제와 더불어 통호하여 장차 叛하려 합니다"하니 태조가 또 馬軍將軍 能植을 보내 병사를 거느리고 鎭撫케 하였다. 이로 말미암아 叛하지 못하였다(『高麗史』卷92, 王順式附 堅金傳).

4. 徇軍吏 林春吉은 州人 裵恩規, 季川人 康吉·阿次, 昧谷人 景琮과 더불어 모반하여 청주로 도망하여 돌아가고자 함을 智謙이 아뢰었다. 태조가 사람을 시켜 잡아 심문하니 다 自服하므로 禁錮케 하였는데 오직 恩規는 謀事가 漏泄됨을 알고 곧 도망하였다. 이에 그 黨을 다 베고자 하는데 청주인 玄律이 말하기를 "景琮의 妹는 昧谷城主 龔直의 妻요 그 성이 심히 견고하여 쳐서 빼앗기가 어렵고 또 賊境과 인접하였으니 공직이 반드시 叛할 것입니다. 용서하여 회유함만 같지 못합니다"하는지라 태조가 이를 따르고자 하였다. 馬軍大將軍 廉湘이 나와 말하기를 "臣이 듣건데 景琮은 일찍이 馬軍 箕達에게 말하기를 昧의 幼子가 지금 京師에 있어 그 離散함을 생각하면 마음 상함을 이기지 못하겠는데, 하물며 時事가 어지러움을 보니 만날 날을 기약할 수 없다. 마땅히 틈을 엿보아 갈 것이라 하더니 景琮의 謀事가 이제 과연 證驗되었습니다"하므로 태조가 크게 깨닫고 이를 誅殺하였다(『高麗史』卷127, 桓宣吉附 林春吉傳).

5. 淸州帥 波珍湌 陳瑄이 그 동생 宣長과 더불어 모반하다가 伏誅되었다(『高麗史』卷1, 太祖 元年 10월 辛酉).

위의 사료들은 태봉때부터 고려 개국시까지 청주지역과 관련한 기록들이다. 우선 사료 B-1의 乾化 3년은 913년으로서 청주지역이 태봉에 복속된지 13년, 徙民이 있은지 9년이 지난 후의 일을 기록한 것이다. 청주지역은 904년 7월에 1천호가 철원으로 사민 된

후, 그들 중에는 중앙정계로 출사하게 된 자들이 있었는데,[10] 이때
淸州人 阿志泰가 同鄕인 笠全·辛方·寬舒 등을 참소하였다는
것은 청주지역 출신간의 갈등관계가 표출된 것이라 할 수 있다.[11]
참소의 내용이나 갈등관계의 양상에 대해서는 잘알 수 없으나 궁
예의 총애 획득과 청주지역에 대한 권력우위 확보를 목적으로 한
것이 아닌가 추론된다. 다른 지역에서는 찾아보기 어려운 이러한
청주지역인들의 갈등관계는 아래에서 살펴보듯이 고려의 건국후
에도 지속되고 있어 주목이 되는데, 이는 후삼국이 정립하고 있는
상황에서 청주지역이 차지하는 지리적 위치의 중요성과 관련한 태
봉 또는 고려의 대청주지역 통제책이 가져다 준 결과로 여겨진다.
특히 아지태가 그와 입장이나 견해를 달리하는 여타의 많은 관료

---

10) 阿志泰를 포함하여 본문의 사료 B−1 以下에 보이는 韓粲 總一이나
   林春吉 등이 그 예가 될 것이다.
11) 한편 이들을 궁예와 왕건의 지지세력간의 갈등으로 보는 견해와 (申虎
   澈, 1982,「弓裔의 政治的 性格」『韓國學報』29, 48쪽), 이러한 申虎澈
   의 견해에 대해 笠全·辛方·寬舒 등이 왕건의 지지세력으로 볼 근거
   가 없다는 측면에서 오히려 이들을 반정부세력으로 분류한 후, 태조가
   청주인들을 회유하기 위해 취한 행동으로 보는 견해가 있다(金甲童, 앞
   의 책, 36~37쪽). 필자는 申虎澈에 대한 金甲童의 비판에는 동의하는
   입장이나 이를 청주인의 회유책으로 보는 견해에는 수긍하기 어렵다.
   우선 이때 왕건의 판단이 청주인의 회유를 목적으로 한 것이라면 그것
   은 실패한 선택이었을 것이다. 이는 후에 살펴 볼 청주인의 동향에서도
   확인이 된다. 그리고 왕건이 阿志泰의 讒訴事件에 眞僞를 가렸다고 했
   는데, 이는 事案의 진위에 중점을 둔 표현으로 보아야 하며, 아지태의
   참소가 거짓이 아닐 경우에도 笠全과 辛方 등의 입장을 지지했을 것이
   라고는 판단되지 않는다. 또한 단순히 청주인을 회유할 목적이라면 궁
   예의 총애를 받으면서 보다 나은 조건에 있었을 아지태의 입장을 지지
   하는 것이 유리했을 개연성 또한 배제할 수 없다. 따라서 본문의 사료
   는 태조가 청주인의 갈등과 관련된 難題를 해결함으로써 여러 衆人들
   의 신망을 얻게 되는 사안을 예를 든 것이며, 앞서의 두 견해는 지나친
   의미 부여로 여겨진다.

들을 두고서 굳이 同鄕人들을 그 참소의 대상으로 삼았다는 것은
사료 B-3의 예에서도 확인되듯이 이 시기 청주지역의 통제 방안
이 그 지역출신자들을 활용하는 형태로 이루어졌음을 시사해 주
며, 이러한 정책이 청주출신자들 간의 갈등관계를 야기시킨 것이
아닌가 한다.

사료 B-2에서는 태봉과 고려의 청주지역에 대한 그러한 고민
의 일단이 잘 표출되어 있다. 즉, 이 사료는 우선 청주지역이 후백
제와 경계를 가까이하고 있는 관계로 궁예 스스로가 이 지역에 대
한 경계를 게을리하지 않았음을 보여주며, 904년에 행해진 사민정
책도 같은 맥락에서 이해된다. 왕건 또한 이 지역의 안정이 고려의
건국초기 정국에 적지 않은 영향을 미칠 것임을 인지하고 있었으
며, 궁예에 의해 귀양가는 도중에 있었던 청주인들을 다시 고향으
로 방면케 한 것은 궁예의 실정에 대한 비판을 곁들여 청주지역의
민심을 고려로 회유케 하려는 강한 의지가 내포된 것이라 할 수 있
다. 특히 이 조치가 고려가 건국된지 이틀밖에 지나지 않은 6월 17
일에 이루어졌다는 점은 고려가 당시 이 지역의 중요성에 대해 가
지고 있는 인식도의 가늠이 될 것이다. 즉, 우선은 안정되지 못한
건국의 초기에 伊昕巖 모반사건의 예에서처럼 이 지역이 고려를
적대시할 경우 안게 될 부담과 항상 후백제를 경계해야 하는 입장
에서 후백제와 인접한 전방기지인 이 지역의 상실이 가져다 줄 여
파를 고려할 때, 이 지역에 대한 회유 외에는 다른 선택이 없었을
것이다.

이와 더불어 관심이 가는 것은 904년에 淸州人戶 1천호를 徙民
한 사실과 관련하여 궁예의 태봉정권과 고려의 개국 초기에 이 청
주지역이 중앙에 일정한 세력기반을 형성하고 있음을 유추해 볼
수 있다. 왕건의 세력기반은 송악을 비롯한 패서지역의 해상세력

이 중심이며, 그 외에는 대체로 개인적 능력으로 출사한 자들이 주류를 이루고 있었다. 그런데 청주지역의 1千人戶가 집단으로 철원이라는 일정지역에 이주해 왔으며, 그 후 이들 중에는 중앙정계로 출사하여 중용된 자들이 있었고, 또한 고향인 청주지역과 간단없는 연결선을 유지해 왔다는 측면에서 그 세력이 고려의 중앙정부 내에서도 결코 소홀히 할 수 없는 규모로 성장했을 개연성이 있다. 어쩌면 중앙정부의 입장에서는 이러한 청주세력의 지나친 비대를 견제하기 위한 고민에서 이들 상호간의 갈등관계 야기를 통한 힘의 분산을 획책했을 개연성 또한 충분히 내재해 있다고 여겨진다.

다음의 사료 B-3은 고려초에 있어서 청주인들의 동향을 파악하는데 많은 도움을 주는 자료로서, 태조 왕건 스스로가 청주지역이 모반할 개연성이 크다고 보는 입장에서 이 지역의 동태에 대해 많은 주의를 기울이고 있음을 보여준다. 또한 堅金이 고려 태조를 배알한 것은 918년 7월 25일로서,[12] 能達·明吉·文植 등에게 청주지역을 탐지하고 보고케 한 것은 이보다 훨씬 전의 일이 되는데,[13] 이는 6월 중순의 개국 후 이 시점에 이르기까지 내실을 정비하는 일을 제외한 대외문제는 청주지역에 모든 신경이 집중되어 있음을 느끼게 해준다. 그리고 이러한 관심은 청주지역이 모반한다는 구체적 징후가 없었음에도 堅金의 요청에 따라 洪儒와 庾黔弼을 鎭州(충북 진천지역)에 파견하여 만일에 대비케 하였으며, 청

---

12) 『高麗史』 卷1, 太祖 元年 7월 병신조. "青州 領軍將軍堅金 來見"
13) 그런데 태조가 파악하고자 하는 사안에 대해서 보고되는 내용은 항상 두가지로 극명하게 나뉘어지고 있다. 이는 청주지역을 확보한 태봉때 부터 이 지역에 대한 관리를 그 지역출신자들과의 연계속에 진행해왔던 측면과 사민을 통한 1천호의 강제적 離散이 가져다 준 불 만, 이 지역 출신자들로서 관직에 등용된 자들 간의 갈등, 개경에 있는 자와 현지 지역민과의 입장 차이 등이 복잡하게 얽혀 있는 상황이 표출된 것이라 할 수 있다.

주가 후백제와 통호하여 장차 모반할 것이라는 보고를 접하고서는 곧 병력을 파견하는 등 그 대응 또한 적극적인 방향으로 진행되게 하였다. 이러한 관심과 노력에도 불구하고 이 지역은 여전히 고려의 근심으로 존재하였으며, 918년 9월과 10월에 연이어 청주지역을 기반으로 한 徇軍吏 林春吉의 모반사건과(사료 B-4) 淸州帥 波珍湌 陳瑄과 그 동생 宣長의 모반사건이(사료 B-5) 나타나게 되었다. 임춘길의 모반사건은 중앙에서 일어난 것이기는 하나, 아래의 사료에 보이는 것처럼 청주와 인근지역을 세력기반으로 하여 발생한 것이었으며, 林春吉 등의 모반사건이 진압되고 玄律이 청주출신이라는 이유로 人事上의 불이익을 받은 것이 빌미로 작용하였는지는 확실하지 않으나,

> 靑州人 玄律로 徇軍郞中을 삼으니 馬軍將軍 玄慶과 崇謙이 "지난번에 임춘길이 반역을 꾀한 것은 徇軍吏가 되어 병권을 맡고 청주를 후원으로 믿었기 때문인데, 이제 현률을 순군낭중으로 삼으니 臣等은 의아하게 여깁니다"고 하니 왕이 "옳다"하여 곧 (玄律에게) 兵部郞中으로 고쳐 제수하였다(『高麗史節要』卷1, 太祖 元年 9월).

바로 다음달에 진선과 선장의 모반사건이 잇다르게 되었다.

한편 태조 2년 정월에 수도를 철원에서 다시 왕건의 본거지인 송악으로 옮기게 되는데, 임춘길의 모반 전에 있었던 熊州와 運州 등 10여주현이 후백제로 귀부해 간[14] 사실과 청주지역을 기반으로 중앙과 지방에서의 계속된 모반사건은 이러한 移都의 시기를 재촉하는 요인으로 기능하였을 것으로 생각된다. 그리고서 결국 태조는 청주에 직접 순행하고 축성을 하게 되는데, 이러한 태조의 선택

---

14) 『高麗史』卷1, 太祖 元年 8월 癸亥條. "癸亥以熊運等 十餘州縣 叛附百濟"

은 그 후 이 지역에서의 모반사건이 잘 표출되지 않는 것으로 미루
어 임시 미봉적이나마 청주지역에 대한 고충의 일단을 해소하는데
기여한 것으로 판단된다.

　　清州가 順逆을 분명히 하지 못하고 訛言이 자주 일어나므로 친히
　　巡幸하여 慰撫하고 命하여 이곳에 城을 쌓게 하였다(『高麗史』卷1,
　　太祖 2년 8월 癸卯).

　이처럼 고려 개국초의 상황은 크게 민심의 안돈과 국가제도의
정비, 반대세력의 회유 및 숙청, 그리고 청주지역에 대한 정리 등
으로 나누어 볼 수 있으며, 이러한 문제들이 어느 정도 정리되어
가는 과정에서 비로소 후백제 또는 신라와의 관계가 본격화되기
시작하였다.

　고려의 대외정책은 건국한 해인 918년 8월부터 비롯되었다고 할
수 있다. 즉, 아래의 사료는 고려가 건국직후 각지에 사절을 파견
하였음을 보여주는데,

　　ⓒ 8월 己酉에 群臣들에게 諭示하기를 "朕은 여러 道의 도적들이 짐
　　이 처음 즉위함을 듣고 혹시 틈을 타서 변방의 근심이 될까 염려하
　　여 사자를 보내어 幣帛을 후하게 하고 言辭를 낮추어 화호의 뜻을
　　보였더니, 과연 귀부하는 자가 많았으나 후백제의 견훤만은 홀로
　　교빙하지 않는다"고 하였다(『高麗史』卷1, 太祖 2년 8월 己酉).

　이때에는 아마 태봉이 멸망하고 새로이 고려라는 국가가 건국되
었음을 공식적으로 통지하는 성격이었을 것이다. 이러한 사절파견
의 목적은 새로운 국가의 창건사실 통지와 아울러 왕건 스스로가
우려하였듯이 태봉에서 고려로 전환되는 과도기에 발생할 수 있는
변란의 소지를 없애고자하는 의도가 내포되어 있었을 것이며, 그

내용은 아마 궁예의 실정에 따른 왕조교체의 불가피성을 강조하는 명분론과 왕조의 교체 작업이 원만히 이루어져 국가가 안정기조에 들어섰음을 고지하는 현실론으로 이루어졌을 것이다. 또한 '重幣卑辭'의 예를 갖추어 '惠和之意'를 보였다 함은 친선관계의 유지를 희망하는 고려의 대외정책 기조의 일단을 표방한 것으로 보여진다. 또한 이러한 사절 파견의 결과로서 귀부하는 자가 많았으나 후백제만은 교빙에 부정적이었다고 하였는데, 귀부자가 많았다는 사실로 미루어 사절을 파견한 지역은 후백제와 신라, 그리고 후백제와 신라의 행정력이 미치는 지역을 제외한 전 지역이 그 대상이었을 것으로 생각된다. 또 후백제만 홀로 교빙에 부정적이었다는 표현으로 미루어 신라의 경우는 고려의 '惠和之意'를 수용하는 입장이었음을 짐작케 하는데, 이는 아마도 신라 자체의 국력의 쇠약과 과거 태봉이 신라의 권역을 적극 공략했던데서 오는 불안감을 어느 정도 해소할 수 있을 것이라는 기대감, 그리고 계속 압박해 들어오는 후백제를 견제하기 위해서는 고려의 협조만이 해결책이라는 측면이 작용한 것으로 여겨진다. 그래서 신라는 920년에 고려에 사절을 파견하여 양국이 서로 교빙하는 의식을 치루었으며,[15] 이후 고려와의 관계가 원만히 유지되는 가운데서 후백제의 공격에 대한 보호막을 고려에 기대하게 되었다.

한편 후백제는 고려로부터 화친을 원하는 요청을 통보 받고서 앞으로의 대고려정책에 많은 고민을 한 것으로 생각된다. 위 사료에서 후백제만이 홀로 교빙에 응하지 않았다고 하였으나 왕건의 그러한 諭示가 있은 며칠 후에 견훤은 왕건의 즉위를 축하하는 사절을 보내었던 것이다.

---

15) 『高麗史』 卷1, 太祖 3년 정월조.

견훤이 一吉湌 閔郃을 보내어 즉위를 축하하였다. (왕건은) 廣評侍
郎 韓申一 등에게 명하여 甘彌縣에 가서 맞아들이게 하였으며, 閔郃
이 온 후에는 厚禮로서 접대하여 보내었다(『高麗史』 卷1, 太祖 元年
8월 辛亥).

왕건의 기대보다 늦긴 하였으나 일단 축하사절을 보내었다는 것
은 의례적인 답례로만 여겨지지는 않는다. 뒤에 보다 상술되겠지
만 후백제의 대외정책 우선순위는 쇠약한 신라의 권역으로 진출하
는 것이었기 때문에, 고려와의 대립적 입장을 유지하는 것이 현실
적으로 바람직하지 않다는 판단을 했을 것이다. 이러한 판단에 따
른 후백제의 축하사절 파견은 고려의 입장에서도 원하던 바였다는
것을 후백제 사신에 대한 극진한 대우에서도 확인할 수 있다. 그
결과 양국은 920년 10월까지16) 일정기간 원만한 우호관계를 유지
하며, 서로간의 내실을 충실히 할 수 있는 시간적 여유를 가지게
되었던 것이다.

고려의 건국부터 920년 10월까지의 약 2년여에 걸친 화친기간
동안 후백제의 활동상황은 잘 확인이 되지 않는다.17) 그러나 고려
의 경우 사료상 많은 변화들을 확인할 수 있는데 이를 도표화해 보
면 아래와 같다.

---

16) 이는 견훤이 신라권역을 침공하였을 때, 신라가 고려에 구원을 요청하
고 고려가 이에 응함에 따라 후백제와 고려간에 불화가 시작된 시점이
다(『高麗史』 卷1, 太祖 3년 10월조).

17) 다만 태봉에서 고려로의 왕조교체 과정에서 후백제 또한 일정정도 이익
을 보게 된 것은 틀림없는 사실이라 하겠다. 즉 태봉정권시 불리했던 전
세가 소강상태에 접어들었으며, 918년 8월 23일에는 熊州와 運州 등 10
여 주현이 귀부해 온 것이다(『高麗史』 卷1, 태조 元年 8월 계해조). 이들
의 歸附가 왕건의 고려 개창에 불만을 가졌기 때문이던, 또는 과거 태봉
의 세력권에 있으면서 받았을 불이익을 왕조교체의 과도기에 표출한 형
태이던 간에 후백제의 입장에서는 상당히 고무적인 현상이었다.

〈표 4〉 918년 8월~920년 10월의 변화상황

순번	시 기	내 용
1	918.8. 10.	北方 鶻巖城城主 尹瑄 歸附
2	918.8. 11.	國庫로 奴婢贖良, 조세 3년간 감면, 開國功臣冊錄, 甄萱의 祝賀使節 환대
3	918.8. 23.	熊州 運州 등 10여州縣 후백제에 歸附, 金行濤를 보내어 이에 대비
4	918.9. 15.	徇軍吏 林春吉 모반
5	918.9. 23.	具鎭을 羅州에 파견
6	918.9. 24.	尙州의 阿字蓋 歸附
7	918.9. 26.	平壤을 大都護府로, 王式廉과 列評 파견
8	918. 10. 21.	淸州의 陳瑄과 宣長 모반
9	918. 11.	八關會 開催, 이후 常例化
10	919.1.	松嶽(開州)으로 천도, 3省 6部 9寺의 官府 정비
11	919.3.	도성안에 法王寺 王輪寺 등 10寺 창건
12	919.3. 23.	先代 四祖를 追尊
13	919.8.9.	청주 순행 및 축성, 烏山城을 禮山縣으로, 流民 安集
14	919.9. 19.	吳越國 文士 酋彦規 歸附
15	919. 10.	平壤 築城
16	920.1.	신라 사신 來聘, 康州將軍 閏雄 歸附
17	920.3.	庾黔弼 보내어 鶻巖鎭 축성 및 수비
18	920.9. 13.	견훤이 孔雀扇과 智異山 竹箭 선물, 咸從·安北 축성
19	920. 10.	견훤이 大良郡과 仇史郡 침공, 신라 구원요청, 고려 구원

위의 표에서 나타난 현상들을 몇 가지 유형별로 나누어 정리해
볼 수 있는데, 그 첫째는 호족들의 歸附이다(1, 6, 16).

이러한 호족의 귀부현상은 앞서 왕건 스스로가 표현하였듯이 건
국초기부터 '重幣卑辭'로서 각지의 호족들에게 화친의 뜻을 표한
결과가 결실을 보게된 것으로서, 화친에 있었던 고려 국초의 대외
정책의 결실이기도 하다.[18] 우선 918년 8월에 귀부해 온 鶻巖城 城

---

18) 위의 <표 4>에서는 비록 920년 10월을 시기적 하한선으로 하여 살펴
   보았으나, 이후 많은 호족들이 고려의 '惠和之意'에 동참하고 있음을
   확인할 수 있으며, 이에 대해서는 다음 장에서 구체적으로 살펴보기로
   한다.

主 尹瑄의 경우는,

> 尹瑄은 鹽州사람으로 위인이 침착, 용감하고 병법에 정통하였다.
> 처음에 궁예가 거리낌없이 사람을 죽이니, 화가 자기에게 미칠 것을
> 염려하여 그 黨을 이끌고 北邊으로 달아나서 무리를 모집하였더니 2
> 천여 명에 이르렀다. 鶻巖城을 근거로 黑水의 蕃衆을 불러들여 오랫
> 동안 邊郡에 해를 끼쳤는데, 태조가 즉위함에 이르러 무리를 이끌고
> 來附하여 오니 변경이 안정되었다(『高麗史』 卷92, 王順式 附 尹瑄傳).

라고 하여 鹽州 출신으로 태봉에 臣屬하여 있다가 궁예로부터 있
을 핍박을 우려하여 북변으로 도망한 후, 고려의 건국과 더불어 다
시 돌아온 경우인데, 그의 귀부로 말미암아 변경이 안정되었다 함
은 곧 그의 귀부가 고려의 북방정책 수행에 기여한 바가 적지 않았
음을 의미한다.

다음은 918년 9월의 阿字蓋의 귀부이다. 아자개는 한문표기상
『三國史記』의 견훤열전에는 '阿慈介'로, 또 『三國遺事』의 후백제
견훤조에는 '阿慈个'로, 그리고 『高麗史』 세가에는 '阿字蓋'로 각
기 달리 표현되고 있으나 대체로 同音異字의 동일인으로 보고 있
다. 그런데 이 아자개가 견훤의 父라는 『三國史記』와 『三國遺事』
의 표현에[19] 대해서는 그가 고려에 귀부한 사실과 관련하여 의문
이 제기된 바 있으나,[20] 근년의 연구성과들은 阿慈蓋가 견훤의 父

---

19) 『三國史記』 卷50, 甄萱傳. "甄萱 尙州加恩縣人也 本姓李 後以甄爲氏
   父阿慈介以農自活 後起家位將軍";『三國遺事』 卷2, 後百濟 甄萱條.
   "三國史本傳云 甄萱 尙州加恩縣人也 咸通八年丁亥生 本姓李 後以甄
   爲氏 父阿慈个以農自活 … 李磾家記云 眞興大王妃思刀 諡曰 白䏁夫
   人 第三子仇輪公之子波珍干善品之子角干酉珍 妻王咬巴里生子角干
   元善 是爲阿慈个也 慈之第一妻上院夫人 第二妻南院夫人 生五子一女
   其長子是尙父萱 二子將軍能哀 三子將軍龍盖 四子寶盖 五子將軍小盖
   一女大主刀金"
20) 安鼎福, 『東史綱目』 附卷上, 考異 阿慈盖조와 金庠基, 1974, 「甄萱의

일 가능성에 타당성을 두고서 그 귀부원인을 분석하는데 치중하는 경향이다.[21] 필자 역시 그러한 경향의 범주에 있으나, 다만 귀부원인과 관련하여서는 약간의 異論을 가지고 있다. 아자개를 견훤의 아버지로 상정하였을 때, 그의 고려 귀부는 현재의 관점에서 상당히 이례적인 것이라 할 수 있다. 이와 관련하여 우선 상정할 수 있는 가능성은 귀부의 성격문제이다. 즉, 이는 고려 또는 후백제에 귀부한 호족들을 모두 臣屬한 것으로 이해하는 것이 합당한가 하는 문제인데, 귀부의 개념을 귀부자인 호족과 귀부 대상인 후삼국의 건국세력이 각기 자신의 지배령역을 보존·확장하기 위한 相補的인 목적에서[22] 이루어졌다고 할 때, 일방적인 군신관계가 형성되기 위해서는 절대적인 힘의 우열이 전제되어야 한다. 그런데 아자개가 귀부한 918년 9월은 고려가 건국한 지 겨우 3개월이 경과한 시점이며, 앞서 태봉정권에 의한 상주지역 진출 또한 906년으로서 이미 12년이나 경과한 시점이었다. 이러한 시기에 이루어진 상주지역의 갑작스런 귀부를 고려에 신속한 것으로 이해하기에는 무리가 있다고 여겨진다.[23] 여기에서 주목되는 것이 앞서 언급한 바

家鄕에 對하여」 『東方史論叢』, 197~203쪽.

21) 文暻鉉의 경우는 甄萱의 나이를 분석하여 이를 기준으로 阿慈蓋가 70이 넘은 高齡일 것으로 추산한 후, 자신의 세력기반과 권익을 보장받을 수 있는 선택을 하였을 가능성과 父子間에 뜻이 달랐을 가능성을 상정하고 있으며, (文暻鉉, 앞의 논문, 47쪽) 신호철은 親新羅的인 아자개와 反新羅的인 견훤간의 정치적 입장 차이를 전제한 후, 고려의 적극적인 포섭이 그러한 결과를 빚었다고 보았다(申虎澈, 앞의 책, 20~23쪽).

22) 申虎澈, 1995, 「신라말 고려초 歸附豪族의 정치적 성격」 『忠北史學』 8, 12쪽. 다만 그가 이러한 개념정의에 계속하여 "귀부자는 君에 대한 충성을 귀부대상은 귀부자의 독자적 지배권을 인정하는 조건하에서 일정한 형식과 절차를 거쳐 군신관계를 맺는 정치적 행위"라고 규정한 측면과 관련하여서는 '충성'과 '군신관계'라는 의미의 폭넓은 적용이 요구된다고 여겨진다.

와 같이 '惠和之意'로 표현되는 고려초기의 대외정책 방향이다. 고
려는 이러한 정책방향과 관련하여 전국 각지의 호족에게 화친의
의사를 알린 바가 있으며, 후백제 또한 뒤늦게나마 사신을 파견하
여 고려의 그러한 의사를 받아들인 바 있었다. 이는 곧 외형적으로
나마 후백제와 고려가 서로 화친의 상태에 있었음을 의미하며, 혹
아자개가 후백제왕의 아버지로서 후백제의 입장에 경도되어 있다
하더라도 이러한 시점에서 후백제와 화친하고 있는 고려와 향후
호혜적 관계유지를 위하여 통호를 하는 것은 가능하다고 생각된
다.[24]

---

23) 文暻鉉 또한 阿字盖의 고려 귀부를 친선과 축하와 보호관계 이상의 다
　 른 뜻은 없었다고 보았다(文暻鉉, 앞의 논문, 121쪽 참조).
24) 阿字盖가 견훤의 아버지로서 후백제와의 관계가 소원하지는 않았을 것
　 이라는, 나아가서 일상적인 부자관계가 유지되면서 후백제와 호혜적
　 입장이었을 것이라는 가능성과 관련하여 다음의 立論을 제시해 볼 수
　 있다. 우선 906년 태봉의 상주지역 진출시 태봉과 쟁패했던 대상은 후
　 백제였는데, 후백제가 이 지역을 침공하였다는 기록이 없는 것으로 미
　 루어 아버지가 근거지로 삼고 있으며 적대적이 아니었던 상주지역까지
　 자연스럽게 진출해 있었을 가능성이 있다. 그리고 927년 후백제가 경
　 주를 침공하기 전 상주지역을 먼저 공략한 사실 등, 이후 후백제의 상
　 주지역에 대한 적대적 행동과 관련하여서는 아자개의 나이와 관련한
　 다음의 추론을 해볼 수 있다. 견훤은 咸通 8년 즉 867년에 태어났으므
　 로 아자개가 고려에 귀부했다고 하는 918년에는 52세의 나이가 되며,
　 그럴 경우 아버지인 아자개의 나이는 최소한 70세의 고령으로 상정된
　 다. 따라서 견훤이 927년 상주지역의 近品城을 공략할 때 아자개의 나
　 이는 최소한 80세가 된다. 이러한 고령의 나이로 여전히 상주지역의 호
　 족으로 존재했을 가능성을 배제할 수는 없으나, 오히려 아자개가 사망
　 한 후 상주지역의 세력동향에 변화가 있었을 가능성, 즉 고려의 지지입
　 장으로 바뀌었을 가능성 또한 배제할 수 없다. 또한 927년 9월 후백제
　 의 근품성 공격이 있기 4개월 전인 927년 3월에 이미 고려에 의해 근품
　 성이 함락된 바 있어 아자개가 당시 살아 있었다 하더라도 고려의 근
　 품성 함락과정에서 아자개의 지위가 실각되었을 가능성도 있다. 이러
　 한 추론이 가능하다면, 종래 아자개의 상주지역과 후백제를 대립적 구

그리고 아자개의 귀부원인을 후백제와 고려가 일정기간 화친을 유지하던 시점에서 고려의 '惠和之意'에 동참한 것에서 찾았던 것처럼, 앞서 尹瑄의 경우 또한 궁예의 壓政을 피해서 북변으로 도망하였다가 태조의 화친책에 순응하였을 것으로 생각된다.

다음으로 康州지역의 경우 비록 고려와 거리상으로 많이 격해있으나 아직 후백제의 세력이 이에 이르지 못하였고, 또한 나주지역을 포함한 인근 해상활동 지역들이 이미 고려에 안정적으로 확보되어 있었다는 측면과 관련하여, 고려에 협조하는 것이 이 지역의 안정적 발전과 해상활동에 도움이 될 것이라는 판단이 있었던 것이 아닌가 한다.

다음으로 앞의 <표 4>에서 주목되는 것은 충청도 지역의 동향과 관련된 부분이다(3, 4, 8, 13). 우선 918년 8월 23일에 熊州와 運州 등이 후백제에 귀부하였으며, 앞에서 이미 살폈듯이 청주지역과 그 지역출신자들의 모반이 지속되었다. 이 충청도지역은 지리적으로 고려와 후백제의 세력권이 교차하는 일종의 완충지대로서 이후 경상도지역에서의 양국의 대립을 제외하고서는 모든 전투가 이곳에 집중되고 있었던 곳이었다. 또한 경상도지역으로의 진출을 위해서도 이 지역은 요긴하였다. 따라서 고려나 후백제 모두의 입장에서 이 지역의 확보는 결코 소홀히 할 수 없는 상황이었다.

918년 8월에 웅주와 운주 등을 비롯한 10여 州縣이 후백제에 귀부하였다는 것은, 이들 지역의 성향이 왕건의 즉위에 대하여 부정적이었거나 최소한 태봉에서 고려로 전환되는 과도기에 후백제에 귀부하는 것이 그들 지역을 위한 보다 나은 선택으로 판단하였을 것이다. 하여튼 新王朝를 개창한 지 겨우 두 달이 경과한 시점에서 접한 이러한 사태는 고려의 입장에서는 결코 간과할 수 없는 상황

___
도로만 파악해 왔던 견해들은 再考의 여지가 있다고 생각된다.

이었으며, 그 즉각적인 반응이 金行濤의 牙州 파견으로 나타났다.

> 熊州와 運州 등 10여 주현이 모반하여 (후)백제에 붙으니 前侍中 金行濤에 명하여 東南道招討使知牙州諸軍事로 하였다(『高麗史』 卷 1, 太祖 元年 8월 癸亥).

前侍中 金行濤를 東南道招討使知牙州諸軍事로 삼은 것으로 보아 김행도를 아주지역에 파견하였던 것으로 해석이 되는데, 후백제에 귀부한 지역을 직접 징치하지 못하고 웅주(公州지역)과 운주(洪城지역)의 바로 위에 위치한 아주(牙山지역)로 보낸 것은 우선 건국 초기에 정치권력이 안정되지 못하였던 관계로 군사력을 이곳에 결집시킬 수 없는 상황으로 이해된다. 그러나 이 지역의 중요성 특히 홍성지역의 상실로 인해 혹 서해안을 통한 나주지역과의 연결로가 차단될 가능성이 존재하였던 관계로 김행도의 아주지역 파견은 당시의 시대상황 속에서 그나마의 최선책이었을 것으로 보인다. 또한 이 지역이 후백제의 공격에 의해서가 아니라 자진 귀부형태를 취하였고, 고려 역시 적극적인 반응을 보였기 때문에 후백제의 더 이상의 세력확장은 우선 차단되었던 것 같으며, 그로부터 20일 후인 9월 13일에 具鎭을 羅州로 파견한 것으로[25] 미루어 나주지역으로의 연결로도 유지되었던 것으로 생각된다.

그리고 청주지역과 관련한 모반사건은 앞서 이미 살핀 바 있는데, 이 지역은 개국초기부터 고려가 위무에 노력을 경주하였던 곳이나 태봉정권에서의 이 지역에 대한 사민정책이후 형성된 갈등은 꾸준히 내재하고 있었으며, 918년 9월 15일 청주의 지역적 기반과 연계한 林春吉의 모반에 이어 그 한달 후에는 陳瑄의 모반사건이 잇다르게 되었다. 고려 개국초기에 나타난, 그리고 다른 지역에서

---

25) 『高麗史』 卷1, 太祖 元年 9월 癸巳條.

는 잘 찾아지지 않는 이러한 청주지역의 모반현상은 앞서 904년에
시행되었던 一千戶口에 이르는 청주지역민의 철원으로의 강제적
이주로 인해 형성된 청주지역민의 민심이 태봉과 이를 계승한 고
려에 반발하는 형태로 표출된 것으로 이해된다. 다만 청주지역이
후백제와의 연결은 꾀한 바 있으나 웅주나 운주 등의 경우처럼 직
접 후백제에 귀부하지 않은 것은 우선은 웅주나 운주지역이 자진
귀부하였듯이 아직 후백제의 세력이 청주지역을 보호 또는 관리할
정도까지는 이르지 못하였을 것이므로 후백제로의 귀부는 불안한
선택이었을 가능성이 있다. 그리고 玄律처럼 청주지역의 사민 이
후 태봉에 出仕·立身하여 고려에 충성하는 경우도 있었을 것이
며,26) 따라서 앞의 사료 B-3에서 확인되듯이 통일된 여론의 형성
이 불가능하였을 것이다. 또한 철원지역의 청주인과 현지의 청주
민 및 여타의 동조자를 규합하면 모반이 성공할 수 있을 것이라는
판단도 없지는 않았을 여겨진다.27)

왕건은 919년 정월에 도읍을 다시 송악으로 옮기고 3省 6部의
관부를 정비하는 등 새로운 정치분위기의 형성과 내부정비를 이룬
후, 아래 사료에 보이는 것처럼 그 해 8월 9일에 직접 淸州에 巡幸
하여 築城을 命하게 된다.

   청주가 順逆을 분명히 하지 못하고 訛言이 자주 일어나므로 친히 행
   차하여 위무하고 성을 쌓게 하였다(『高麗史節要』卷1, 太祖 2년 8월).

---

26) 『高麗史節要』卷1, 太祖 元年 9월조.
27) 어쩌면 陳瑄의 모반이 있은지 2개월만에 다시 松嶽으로 천도하게 된
    이유 중의 하나에 이러한 철원지역의 청주인에 대한 견제가 내포되었
    을 개연성도 배제할 수는 없을 것이다. 이러한 개연성은 청주인 玄律을
    徇軍郞中으로 삼고자 하였을 때, 林春吉의 모반사건이 청주를 후원으
    로 믿었던 때문이란 이유를 들어 裵玄慶과 申崇謙이 그의 敍用을 반대
    한 사실에서도 유추해 볼 수 있다.

이처럼 왕건이 직접 순행하여 축성을 한 이후 청주지역의 모반 징후는 더 이상 찾아지지 않는다. 이는 아마도 청주지역 출신 또는 청주의 호족들 중 왕건의 고려정부에 대항하는 입장들이 林春吉, 陳瑄의 모반사건 과정에서 상당부분 정리되었을 것이며, 왕건의 위무 또한 어느 정도 효과를 본 것으로 판단된다. 그리고는 烏山城을 禮山縣으로 고쳐 유민을 안집시킴으로서[28] 청주에서 예산으로 이어지는 고려 세력권 하한선의 안정을 꾀하였다.

다음으로 앞의 <표 4>에서 살필 수 있는 것은 팔관회를 개최하여 이후 상례화하고 송악으로 천도한 후에는 그 곳에 法王寺를 비롯한 10寺를 창건하는 등 태조의 불교에 대한 관심과 아울러 북방정책의 강화이다.

태조는 개경에 도읍을 정한 후 10寺를 위시하여 26개의 사찰을 도성 내외에 창건하였으며, 이들 사원들을 각종의 불교행사와 각종파의 근거지로 삼았다. 또한 개경주변에 고승들을 초치하여 주지케함으로서 이들의 포섭에도 많은 노력을 경주하였으며, 특히 통일전쟁 중에 중요한 전략거점 사원에 대한 회유에도 진력하였다. 醴泉의 龍門寺,[29] 金山의 直指寺,[30] 密陽의 奉聖寺,[31] 陜川의 海印寺[32] 등의 사적에는 태조가 이들 사원으로부터 전략적인 지원을 받고 그 보답으로 경제적인 지원과 공인을 하였음을 기록하고 있다.[33]

---

28) 『高麗史節要』卷1, 太祖 2년 8월조.
29) 「龍門寺重修碑」『朝鮮金石總覽』上, 408~409쪽.
30) 趙宗著, 「直指寺 事蹟碑」『朝鮮金石總覽』下, 960쪽.
31) 『三國遺事』卷5, 寶壤梨木條.
32) 「伽倻山 海印寺 古蹟」『海印寺事蹟』.
33) 韓基汶, 1983, 「高麗太祖의 佛敎政策」『大丘史學』22. 한편 견훤 또한 佛子로서 불교에 대해서는 긍정적 입장이었는데, 이는 견훤을 지원하던 사상계의 후견인이 靜眞大師 兢讓이었다는 측면과(추만호, 1992,

그리고 松嶽으로의 천도와 官府의 정비, 그리고 청주지역의 안
정 등 내부정비가 어느 정도 일단락 된 가운데서 태조가 관심을 두
었던 것은 북방지역이었다. 이미 918년 9월에 平壤을 정비하여 大
都護府로 삼고 그의 從弟인 王式廉을 파견한 바 있었던 왕건은 이
듬해 10원에 평양과 龍岡縣에 축성을 하였으며,34) 918년 8월 鶻巖
城을 근거로 활동하던 尹瑄의 귀부 이후 오히려 北狄의 침략 대상
이 된35) 골암성에 庾黔弼을 파견하여 안정시킨 후, 咸從과 安北에

『나말려초 선종사상사 연구』, 이론과실천, 144~145쪽) 다음의 「光陽
玉龍寺 洞眞大師塔碑文」에서 확인할 수 있다. "대사는 대봉새는 반드
시 南溟에서 변하고, 학은 모름지기 東海로 돌아가는 것과 같이 華夏
에서의 구법을 마치고 桑津으로 돌아갈 것을 결심하였다. 마침 본국으
로 돌아오는 배를 만나 天祐 18년 여름 전주 臨陂郡에 도착하였으나,
전쟁으로 인하여, 거리에 거의 사람들이 다니지 못할 정도의 위험한 시
기였다. 그 당시 州尊인 도통 太傅甄萱은 군대를 통솔하여 만민이 보
호하는 방벽의 堰城이었다. 태부는 본시 선행을 쌓아 장군의 집안에 태
어났으니 바야흐로 웅대한 뜻을 펴기 시작하였다. 비록 일단은 대사를
체포하였다가 석방하려는 계획을 세우고 스님의 慈顏으로 접근하였으
나, 존경하는 마음만 더욱 돈독해졌다. 그리하여 찬탄하되 '우리 스님
을 만나기는 비록 늦었지만 弟子가 됨을 어찌 늦추겠는가'하면서 모시
는 태도가 정성스러우며, 존경하는 마음 또한 돈독하여 전주의 남쪽 南
福禪院에 주석하도록 초청하였다. 대사가 말하되 '새들도 장차 쉬려고
하면 나무를 선택함이거늘, 난들 어찌 匏瓜처럼 매달려만 있으리오'라
했다. 그리고 白鷄山 玉龍寺로 갔다. 과연 그곳은 편안히 수도할 수 있
는 淸齊이며, 또한 조용히 참선하기에 알맞은 성지였다. 구름은 溪上에
덮혀있고, 돌을 베고 누워 흐르는 시냇물은 양치질하기에 적합한 곳이
었다. 그러나 드디어 태부의 초청을 받아들여 그 곳으로 이주하기로 하
였으니, 실로 펫목은 이미 歸塘에 버렸고, 구슬은 다시 舊浦로 되돌아
갔다 하겠다"(『朝鮮金石總覽』上, 189~194쪽). 따라서 불교를 가지고
왕건과 견훤의 대립적 구도를 정리하기는 어려우며, 다만 『海印寺古蹟
記』에 보이는 南嶽과 北嶽의 대립처럼 불교계 내에서는 당시 고려와
후백제를 따로이 지지하는 대립구도가 형성되어 있었음을 짐작할 수
있다.

34) 『高麗史節要』卷1, 太祖 2년 10월조.

도 성을 쌓는 등 북방의 방비에 주력하였다.

이상에서 고려의 개국 후부터 후백제와의 첫 군사적인 조우가 이루어지는 920년 10월까지 고려의 체제정비 과정을 중심으로 살펴보았다. 즉, 고려는 개국 후 취한 '惠和之意'를 담은 화친정책으로서 각지에 산재해 있는 호족들의 귀부를 유도하였으며, 또한 태봉의 추종세력과 청주지역을 기방으로 한 모반세력을 회유 또는 진압하고, 그의 出自地이자 세력기반인 송악으로 천도하여 관제를 정비하는 등 내부의 체제정비에 주력하였다. 또한 이러한 내부적 안정기조가 형성된 919년 10월부터는 평양을 비롯한 북방지역의 안정에 관심을 기울였는데, 축성을 통한 이 지역의 방비에 주력하여 일정한 성과를 거둠으로써 초기 국가체제의 정비에 내외적으로 성공을 거두게 되었던 것이다.

한편 이처럼 고려가 국가체제 정비에 진력하는 동안 후백제 또한 비록 사료적 뒷받침은 여의치 않으나 체제내부의 정비는 물론 충청도 일부지역이 귀부해 오는 등 대외적으로도 그 세력확장에 많은 성과를 거두었을 것으로 생각된다. 후백제는 고려와의 관계에 있어서도 918년 8월 11일에 왕건의 즉위를 축하하는 사절을 파견한 이후, 고려와의 군사적 충돌은 가급적 자제하였으며, 920년 9월 13일에는 阿粲 功達을 보내어 지리산 竹箭과 孔雀扇을 선물하는 등 표면적으로는 우호적인 화친의 모습을 표방하였다.[36]

---

35) 尹瑄의 귀부이후 "北界鶻巖鎭 數爲北狄所侵"(『高麗史節要』卷1, 太祖 3년 3월조)라 하여 鶻巖城은 오히려 北狄의 침략이 빈번하였는데, 이는 윤선이 원래 鹽州사람으로 태봉정권에 仕宦하였던 관계로 귀부 후, 鶻巖城을 떠나 조정에 참여했을 가능성을 보여 준다.

36) 다만 본문의 사료 B-3의 내용 중 道安郡이 보고한 후백제와 청주지역의 연결문제는, 후백제의 고려에 대한 화친책이 경상도의 신라권역을 도모하기 위한 책략에서 나온 假飾일 가능성을 보여 준다. 그러나 청주지역의 모반시 후백제가 개입된 흔적이 찾아지지 않는다는 측면에서

이러한 속에서 후백제의 大良郡과 仇史郡에 대한 침공이 있게 되며, 신라의 구원요청에 고려가 응함으로서 고려 건국 후 후백제 와의 첫 군사적 대립이 비롯되게 된다. 즉,

겨울 10월에 견훤이 신라를 침공하여 大良·仇史 2郡을 침공하여 취하고서는 進禮郡으로 나아갔다. 신라가 阿粲 金律을 보내어 援兵 을 구하니 왕이 군사를 보내어 이를 구하게 하였다. 견훤이 이를 듣고 는 퇴각하였는데, 비로소 우리와 틈이 생겼다(『高麗史』卷1, 太祖 3년 10월).

라고 한 것이 그것인데, 후백제가 9월 13일에 고려에 선물을 보내 고서 곧 10월에 경상도지역으로 군사행동을 하였던 것으로 미루어 9월의 선물은 후백제의 경상도진출에 대한 고려의 양해를 구하거 나 방심을 유도하여 구원병의 파견을 미연에 방지할 정치적 의도 가 내포된 것으로 보여진다. 그러나 이러한 후백제의 기대와는 달 리 고려는 신라의 구원요청에 즉각 응하였으며, 견훤은 이 소식을 접하고서는 곧 회군하였던 것이다.[37]

그런데 후백제의 군사행동과 고려의 그에 대한 대응으로 양국이 틈이 생겼다는 위의 내용에도 불구하고 주목되는 것은 견훤이 고 려와의 접전을 시도하지 않고 곧 회군하였다는 사실이며, 또한 고 려의 경우도 925년 8월 庾黔弼을 보내어 燕山鎭을 공격하기까지 후백제의 군사행동에 대한 대응을 제외하고서는 후백제 또는 신라 를 선제공격 한 사실이 없다는 것이다. 이는 태조의 일관된 화의정

청주의 일방 요청에 후백제가 여러 가지 이유에서 同調를 자제하거나 거부하였을 가능성 또한 배제할 수 없다.
37) 이 시기 후백제가 陜川지역으로 비정되는 大良郡과 昌原지역으로 비 정되는 仇史郡으로 진출한 의미와 관련하여서는 서술의 편의상 다음 장에서 언급될 것이다.

책의 일단이 유지되고 있음과 아울러 후백제도 여전히 그 대상에 포함되어 있음을 보여준다.[38]

이제 양국이 불화한 계기가 되었다는 시점부터 고려의 후백제에 대한 화친의 노력이 지속되었다고 판단되는 시점까지 양국의 상호 관계와 세력확장 과정을 아래의 <표 5>로서 정리해 보기로 한다.

앞에서 920년 10월 견훤이 大良郡과 仇史郡을 함락시키고, 進禮 郡까지 진출한 후 고려의 구원병이 온다는 소식을 접하자 곧 퇴각 하였음을 언급하였다. 그리고 앞의 사료에 보이듯이 이를 계기로 양국간에 불화하게 되었다고 하였다. 그런데 다음의 <표 5>를 살 펴보면 920년 10월의 사건을 계기로 양국이 불화하게 되었음에도 불구하고 924년 7월 후백제의 曹物城 공격시까지 양국이 군사적으 로 대립하였다는 징후는 보이지 않는다. 더구나 고려의 경우 개국 후 925년 10월 이전까지 근 7년간 후백제를 대상으로 선제공격을 한 징후는 찾아지지 않는다. 즉, 920년 10월 進禮지역으로 구원병 을 파견하였던 왕건은 후백제와의 관계가 경색되었음에도 불구하 고 곧 北界地域으로의 순행길에 올랐으며, 이후 924년 후백제가 曹物郡을 공격하였을 때, 원병을 파견한 조치를 제외하고서는 후 백제에 대한 공세적 입장을 취하지 않았던 것이다. 이는 왕건이 국 초부터 표방하였던 화친정책이 후백제를 대상으로도 계속되고 있 음을 의미한다고 여겨진다.

한편 후백제 또한 고려의 원병이 온다는 소식을 접한 직후 군사 적 대결 없이 곧바로 회군을 하였는데, 이는 大耶城 등을 공격하기 한달 전인 920년 9월에 고려에 선물을 보낸 사실과 관련하여 고려

---

38) 이러한 입장은 왕건이 925년 曹物城戰鬪 후, 사신을 교환하며 견훤을 尙父라 칭하고, 軍營에까지 招致하여 논의할 기회를 가지려 하였다는 점에서도 확인해 볼 수 있다.

의 태도를 살펴보기 위한 의도로 파악되며, 고려의 즉각적 대응이
이루어짐으로써 고려의 대외정책의 방향을 확인하게 되었던 것으
로 여겨진다. 따라서 신라의 구원요청을 수락하면서 단순한 중재
가 아닌 적극적 군사개입 형태로 대응한 고려의 태도와 관련하여
후백제의 입장에서는 그 국력이 고려마저 제압할 수 있는 상황이
아니고서는 신라권역인 경상도지역으로의 진출이 여의치 않다는
판단을 한 것이 아닌가 여겨진다. 이러한 추론은 후백제 또한 920
년 10월 大耶城 등을 향한 군사행동 이후 924년 7월의 曹物城 공
격시까지 근 4년간이나 신라 또는 고려를 대상으로 한 군사행동을
전혀 하지 않았다는 데서 확인이 된다.

후백제의 이러한 판단은 고려에도 認知되었을 가능성이 크다.
즉, 후백제의 신라권역에 대한 군사적 행동이 있었음에도 불구하
고, 고려 또는 신라가 향후 재발할 수 있는 유사사태에 대한 대비
책을 마련한다든지, 또는 군사적 보복을 한다든지 하는 형태의 분
위기는 확인이 되지 않으며, 실제로도 근 4년 동안에 걸쳐 후백제
의 재차 공격과 같은 우려할 만한 사태가 나타나지 않았던 것이다.
오히려 고려는 이 기간 동안 후백제와의 관계에 관심을 두기보다
는 북방의 개척과 안정에 더욱 주력하였음을 다음의 <표 5>를 통
하여 살펴볼 수 있다.

후백제와의 대립의 공백기라 할 수 있는[39] 920년 10월부터 924
년 7월까지의 상황을 다음 <표 5>를 통해서 보면, 우선 크게 두
가지로 대별해 볼 수 있겠다. 그 하나는 북방의 개척과 같이 고려
가 주체적으로 추진한 일이며, 다른 하나는 귀부세력을 수용한 것

---

39) 920년 10월의 大耶城 공격과 이에 대한 고려의 군사적 대응을 제외한
   다면 고려의 건국이후 후백제와 군사적 대립이 전혀 없었다. 따라서 이
   시기는 양국간의 화친이 크게 훼손되지 않았다는 측면과 관련하여 '대
   립의 공백기'라 표현하는 것이 부적절할 수도 있겠다.

〈표 5〉 920년 10월～925년 10월의 진행상황[40)]

시 기	내　　　용
920.10.	견훤의 大良·仇史 침공, 進禮로 진격, 고려 구원, 후백제 퇴각
920.	왕건 北界 순행
921.2.7.	黑水酋長 高子羅 등 170명 고려에 向附
921.2.15.	達姑狄 171명 신라침공 시도, 堅權이 격퇴, 신라가 하례
921.4.29.	黑水靺鞨의 阿於開 등 2백명 고려에 向附
921.9.17.	郎中 撰行을 변방에 파견하여 백성 위무
921.10.15.	五冠山에 大興寺 창건, 利言을 스승으로
921.10.20.	평양 순행
921.12.10.	태자 책봉
921.	후백제의 宮昌·明權 來投
921.	雲南縣에 축성
922.2.	契丹이 駱駝와 毛氈 보냄
922.4.	宮城 서북쪽에 日月寺 창건
922.6.8.	下枝縣의 元逢 귀부
922.7.20.	溟州將軍 順式이 아들을 보내 귀부
922.11.5.	眞寶城主 洪術이 귀부를 청함
922.	大丞 質英·行波 등의 一家와 군현의 양가 자제를 서경에 사민
922.	서경에 행차하여 새로운 관료를 두고 在城을 축조
922.	阿善城(平南 咸從) 백성의 거주지를 정함
923.3.10.	元逢에게 元尹을 주고, 下枝縣을 順州로
923.3.27.	命旨城將軍의 成達이 아우인 伊達·端林 등과 귀부
923.6.20.	吳越國 文士인 朴嚴 귀부
923.8.1.	碧珍將軍 良文이 甥 圭奐을 보내어 귀부, 규환을 元尹에
923.11.8.	眞寶城主 洪術이 아들 王立을 보내 갑옷 30벌 바침. 王立을 元尹에

40) <표 5>는『高麗史』와『高麗史節要』를 중심으로 작성하였다. 『三國史記』의 경우 본기에서는 새로이 추가할 내용이 없으며, 甄萱列傳에서도 920년의 大耶城 공격 이후, 924년 須彌康을 파견하여 재차 대야성을 공격하게 된 시점까지 공백으로 남아 있다. 또한『三國遺事』의 後百濟 甄萱條도 사정은 마찬가지다. 따라서 <표 5>는 고려의 활동을 중심으로 작성될 수밖에 없었다는 한계를 언급해 둔다.

924.7.	견훤이 아들 須彌康과 良劒을 보내 曹物郡 공격, 장군 哀宣·王忠으로 구원, 哀宣 전사, 완고한 저항으로 須彌强 등 퇴각.
924.8.	견훤이 絶影島 驄馬를 왕건에 선물
924.9.	신라 景明王 薨, 사신 파견하여 조문
924.	外帝釋院·九曜堂·神衆院 창건
925.3.	西京 행차
925.9.6.	渤海의 將軍 申德 등 오백명 귀순
925.9.10.	渤海의 관료와 백성 1백호 귀순
925.9.24.	買曹城將軍 能玄이 使者를 보내 귀부를 청함
925.10.10.	高鬱府將軍 能文이 귀부, 경주와 가깝다하여 위로 후 돌려보냄
925.10.	征西大將軍 庚黔弼로 燕山鎭을 쳐서 吉奐을 죽이고, 任存郡을 쳐서 3천여명을 사로잡음

과 같이 수동적 입장에서 받아들이게 된 일이다. 왕건은 그 스스로
가 평양을 비롯한 북계지역에 순행을 빈번히 하였으며, 또한 변경
지역에 축성을 함으로써 거란을 비롯한 北狄들의 침입에 적극적으
로 대비하였던 것이다.[41] 이러한 북방의 개척과 정비는 남쪽으로
후백제와의 관계가 안정기조를 이루고 있었기 때문에 가능하였으
며, 또한 이러한 북방의 안정은 黑水靺鞨과 契丹 등 北狄들의 귀
부와 아울러 당시 거란의 침입을 받은 발해 유민들의 向附가 가능
하게 된 배경이 되었던 것이다.

또한 이 시기에 주목되는 현상은 각지에 산재해 있는 호족들의

---

41) 이 기간 동안에 고려의 군사행동은 한차례 확인이 되는데, 그것은 達姑
狄 171명이 신라를 치려고 登州(咸鏡南道 安邊지역)를 통과할 때, 장군
堅權을 파견하여 이를 격파한 경우이다(『高麗史』卷1, 太祖 4년 2월
壬申條). 松嶽과 지리적으로 상당히 격해 있는 安邊지역까지 병력을
파견하였다는 것은 신라에 대한 보호의 의미도 있겠으나, 한편으로는
北狄들에 의한 침탈을 坐視하지 않겠다는 북방지역에 대한 관심과 의
지가 내포되어 있는 행동이라고도 여겨진다.

귀부이다. 이미 고려 태조가 '惠和之意'를 처음 표방하였을 때, 적 잖은 호족들이 귀부하였음을 짐작할 수 있으며,[42] 앞서 언급한 尹 瑄, 阿字盖, 閨雄 등의 귀부와 아울러 이 시기에 이르러서는 922년 2월 下枝縣의 元逢을 비롯하여 이듬해 8월 碧珍郡의 良文에 이르 기까지 2년 동안 호족들의 집중적인 귀부가 이루어졌다.[43] 이러한

---

42) 본문 사료 C에서 "사자를 보내어 幣帛을 후하게 하고 言辭를 낮추어 和好의 뜻을 보였더니, 과연 귀부하는 자가 많았으나 홀로 견훤만은 교빙하지 않는다"고 한 표현에서 그러한 대세를 짐작해 볼 수 있다.

43) 한편 下枝縣장군인 元逢이 고려에 귀부한 시기에 대해서『三國史記』 는 景明王 6년(922)정월로,『高麗史』및『高麗史節要』에서는 같은 해 6월로 기록하고 있으며, 下枝縣의 順州로의 승격도『三國史記』와『高 麗史節要』는 일정한 차이를 보이고 있다. 이러한 차이는 어느 사료를 보다 신빙할 것인가에 대한 문제로서,『三國史記』의 경우 溟州장군 順 式과 眞寶城장군 洪術의 귀부가 元逢의 귀부와 같은 달에 이루어졌음 을 나타내고 있는데 비해『高麗史』의 세가와『高麗史節要』는 순식과 홍술의 귀부시기를 각각 같은 해 7월과 11월로 구분하여 기록하고 있 다. 특히『高麗史』세가의 경우는 구체적 날짜까지 적기되어 있어 훨씬 신빙성이 있다. 귀부시기에 대해서는『高麗史』의 경우 세가에는 원봉 의 귀순사실만 기록하고 있으며, 地理志에서는 태조 6년에 원봉이 귀 부한 공로로 邑格이 상승했음을 밝히고 있다. 또한『高麗史節要』의 기 록도 태조 6년 3월조에 이 같은 읍격의 변화를 기록하고 있다.『高麗 史』의 세가에서 원봉이 태조 5년 6월 丁巳에 원봉의 귀부를 기록하면 서 같은 책에서 그 읍격의 상승을 태조 6년으로 기록하고 있음은『高 麗史節要』의 기록을 신빙해도 좋을 하나의 예증이 될 수 있을 것이다. 그리고 이는 下枝縣에서 順州로의 읍격변화가 원봉의 귀부와 더불어 이루어지지 않고 약 9개월간이라는 일정한 경과기간을 거쳤을 것을 보 여주고 있다. 이러한 경과기간이 존재하였다는 것은 하지현의 경우 귀 부 그 자체만으로 읍격의 변화를 가져온 것은 아니라는 것을 의미하며, 이는 곧 읍격의 변화원인을 귀부사실에서 구하고 읍격의 변화시기가 불명확할 경우 귀부시기를 기준으로 이와 등치시킨 기존의 견해들은 (旗田巍, 1972,「高麗王朝成立期의「府」と豪族」『朝鮮中世社會史の研 究』법정대학출판국 ; 朴宗基. 1987,「『高麗史』地理志의「高麗初」年紀 實證」『李丙燾博士九旬紀念』) ; 金甲童, 1990,『羅末麗初의 豪族과 社

호족의 귀부는 고려가 국초부터 유지해 온 화친정책과 신라에 대한 우호적인 활동 등이 가져다 준 긍정적 여론의 확보, 그리고 국력의 안정적 신장 등에 의한 결과물로 생각된다.

한편 후백제 또한 사료상 확인이 되지는 않지만 이 기간 동안 외부의 침입이 없었고, 내부적으로도 모반과 같은 부정적 징후가 없었던 관계로 꾸준한 국력의 신장과 내실의 안정화를 가져왔다고 여겨진다. 특히 고려가 북방개척을 제외하고서는 직접적인 대외진출을 하지 않고 있었던 시점에서 후백제는 사료상 확인은 되지 않지만 과거 태봉정권때 상주지역까지 진출하여 왕건이 이끄는 태봉군과 싸웠던 것처럼 경상도지역으로의 진출기반을 확보하고 있었을 가능성이 크다고 생각된다. 즉 신라를 보호하고 신라에 대한 군사적 행동을 고려치 않고 있던 고려와 적극적으로 경상도지역으로의 진출을 희망했던 후백제를 경상도지역 주도권에 대한 우열이라는 측면에서 비교한다면 후백제가 우세한 입장이었다고 할 수 있겠다. 그러나 이 시기에 이르러 위에서 언급한 것처럼 각지의 호족들이 고려에 귀부하게 되는, 특히 豊山(下枝縣)·眞寶·星州(碧珍郡) 등 경상도지역의 많은 호족들이 귀부하게 되는 상황변화는 후백제의 대외적 여건이 불리해져 감을 의미하는 것이었다.[44] 이러한 불리해진 현실을 타개하고 경상도지역에서의 전세를 만회하기 위한, 그리고 고려의 반응을 再打診하기 위한 선택이 924년 7월의

會變動 研究』, 고려대학교 민족문화연구소 재검토의 여지가 있음을 보여줌과 아울러 귀부 이후 그 지역의 고려에 대한 기여도가 읍격 변화에 참작되었을 가능성을 보여준다.

44) 물론 이 시기에 호족들이 고려에만 귀부한 것은 아닐 것이며, 사료상 확인이 되지 않을 뿐 후백제에 귀부한 호족들이 존재하였을 가능성을 배제할 수는 없다. 다음 장에서 언급되겠지만 이 시기에 고려에 귀부한 경상도지역은 豊山·眞寶·星州 등으로서 高靈·大邱·軍威·義城으로 이어지는 中央路의 向背가 사료상 명확하지 않다.

曹物郡 공격으로 나타나게 되었던 것이다. 이때의 조물성전투에
대해서는『三國史記』에,

> D) 同光 2년(924) 秋 7월에 (견훤)이 아들 須彌强을 보내어 大耶 聞韶
> 2城의 군사를 내어서 曹物城을 공격케 하였다. 城에 있는 사람들
> 이 太祖(왕건)을 위하여 성을 굳게 지키면서 나와 싸우지 않으니
> 須彌强이 이득을 얻지 못하고 돌아갔다(『三國史記』卷50, 甄萱傳).

라 기록하고 있다. 大耶城과 聞韶城의 군사로서 曹物城을 공격하
였다는 것은 곧 陜川에서 義城으로 이어지는 연결로가 후백제에
확보되었다는 것을 의미한다.[45]

이처럼 경상도지역에서 고려에 비해 상대적 우세를 점하고 있었
던 후백제는 풍산과 성주, 그리고 진보지역 호족들의 귀부로 경상도
지역에서 고려의 세력권이 점차 확대되면서, 후백제의 세력권을 압
박해 들어오자 정국의 운영에 위협을 느끼게 되었을 것이며, 曹勿郡
을 공격함으로서 불리해져 가는 전세를 만회코자 하였던 것이다.

한편 조물성의 위치 비정과 관련하여서는 善山의 金烏山城설,[46]
安東부근설,[47] 金泉 助馬面설[48] 安東과 尙州사이설,[49] 義城 金城
설[50] 등 학자들마다 그 견해를 달리하고 있으며 그 근거는 제시되
지 못하고 있다. 필자 역시 조물성의 위치를 비정할 만한 구체적
단서를 갖고 있지 못하여 기존의 연구성과에 의지할 수밖에 없는

---

45) 이러한 경상북도의 중앙로 확보를 통한 후백제의 군사활동에 대해서는
   다음 장의 公山戰鬪의 발생배경을 서술하는 과정에서 상론하겠다.
46) 池內宏, 1937,「高麗太祖の經略」『滿鮮史硏究中世』2책, 27쪽.
47) 金庠基, 1961,『高麗時代史』, 29쪽.
48) 李丙燾, 1961,『韓國史』中世篇, 震檀學會編, 乙酉文化社.
49) 李丙燾, 1977,『國譯三國史記』, 乙酉文化社 한편 河炫綱도 이병도의
   견해를 그대로 쫓았다(河炫綱, 1988,『韓國中世史硏究』, 一潮閣, 53쪽).
50) 文暻鉉, 앞의 논문, 136쪽.

형편이다. 다만 아래의 사료에서,

> 8월에 왕이 충주로 갔다. 견훤이 장군 官昕으로 하여금 陽山에 성
> 을 쌓게 하니 왕이 命旨城의 元甫 王忠을 率兵게 하여 보내어 이를
> 쳐서 달아나게 하였다. 관흔이 물러나 大良城을 지키며 군사를 놓아
> 大木郡의 벼를 베어가고 드디어 烏於谷에 屯을 치니 竹嶺길이 막혔
> 다. 이에 王忠 등을 시켜 曹物城에 가서 정탐하게 하였다(『高麗史』
> 卷1, 太祖 11년 8월).

라고 하여 왕건이 928년(고려 태조 11)에 王忠을 시켜 曹物城에 가
서 정탐케한 바가 있는데, 우선 缶溪에 비정되는 烏於谷을 정탐하
려고 조물성에 간 것이기 때문에 조물성은 오어곡보다 북쪽 내지
는 서쪽방향에 있었을 것이다. 그런데 4장의 古昌戰鬪를 살펴보는
과정에서 상론되겠지만 이 시기 고려의 주된 활동무대는 충청북도
를 중심으로 한 지역이었으며, 陽山의 축성을 제지하기 위해 파견
된 王忠이 목적달성 후 조물성으로 간 것이기 때문에 왕충의 병력
이 충청북도 양산지역에서 경상북도로 진입하여 이를 수 있는 곳
은 秋風嶺路를 통한 경상북도의 서쪽지역이다. 따라서 안동 및 상
주지역은 왕충이 이끄는 병력이 경상도에 진입한 후 북쪽으로 거
슬러 올라가야 하며, 의성지역 또한 거리가 너무 멀다고 여겨진다.
특히 의성지역의 경우 위의 사료에서 의성지역을 의미하는 聞韶郡
의[51] 군사로 조물군을 공격하였다고 할 때, 의성지역과 조물성은
서로 다른 지역으로 보는 것이 자연스러운 해석이다.[52] 이러한 측

---

51) 『高麗史』 卷57, 地理2 安東府 義城縣條.
52) 曹物城을 의성지역에 비정한 文暻鉉은 이러한 위치비정을 전제로 聞
   韶(의성지역)의 병력 동원 기록을 사실이 아닌 것으로 부정하고 있으나
   (文暻鉉, 앞의 논문, 126쪽 및 136쪽 참조), 당시 의성지역이 후백제의
   세력권에 있었을 가능성과 본문 사료 D)를 신빙할 수 있음에 대해서는
   다음 장의 公山戰鬪를 언급하는 과정에서 상론하겠다.

면에서 조물성을 金烏山城에 비정한 池內宏의 견해가 보다 신빙
성이 있는 것으로 판단된다.

후백제의 조물군에 대한 1차 공격은 고려의 구원병과 郡人들의
완강한 저항에 부딪쳐 실패로 돌아가게 되었다. 견훤은 조물성 공
격이 실패한 직후, 구원병 파견이라는 고려의 적극적 대응 태도와
高麗將軍 哀宣의 전사에 따른 고려와의 관계 경색이 가져다 줄 여
파를 고려하여 絶影島 驄馬를 왕건에 선물하는 등 사후수습에 나
서게 되었다. 이후 1년여 동안 고려와 군사적 충돌이 없었던 것으
로 미루어 이러한 수습책이 일시적이나마 고려를 무마하는데는 효
과를 거두었을지는 모르겠으나, 경상도를 중심으로 한 각지의 민
심을 회유하는 데는 도움이 되지 않았으며, 오히려 買曹城과 高鬱
府가 고려에 귀부하는 등 주변상황은 더욱 후백제에 불리한 방향
으로 전개되어 갔던 것이다.

Ⅱ. 曹物城戰鬪와 對後百濟 정책의 변화

앞 절에서 살펴 본 1차 曹物城戰鬪를 전후한 상황변화와 더불어
고려의 대외정책에도 변화가 일어나고 있음이 감지되는데, 그것은
925년 10월에 이르러 고려의 건국 후 한번도 없었던 후백제에 대
한 선제공격이 행해지기 시작하였다는 측면이다. 우선 아래의 사
료에 나타난 것처럼 庾黔弼로 하여금 충북지역에 대한 선제공격을
감행한 것이다.

E) 征西大將軍 庾黔弼을 보내어 후백제의 燕山鎭(충북 文義)을 쳐서 장군 吉奐을 죽이고 또 任存郡(충남 禮山)을 쳐서 3천여명을 죽이고 사로 잡았다(『高麗史節要』卷1, 太祖 8년 10월).

후백제의 1차 조물성 공격 후, 1년 3개월이나 경과한 시점에서 나타난 고려의 燕山鎭과 任存郡에 대한 공격은 사료상 양국간에 뚜렷한 대립적 징후가 확인이 되지 않은 상황에서 이루어졌다는 점이 주목된다. 가능한 추론은 이미 1차 曹物城戰鬪에서 양국이 군사적 대립을 하였고, 특히 고려의 장군 哀宣이 전사한 사실은 후백제에 대한 그간의 정책에 수정을 강요하였을 수도 있으며, 유검필의 갑작스런 충북지역 파견 또한 비록 사료상에는 공백으로 남아있으나, 이 지역을 공격해야 할 사안이 발생하였을 수도 있다는 측면이다.

특히 두 번째의 가능성과 관련하여 주목되는 것이 유검필이 공격한 지역이 연산진과 임존군이라는 측면이다. 연산진은 현재의 충북 文義이며[53] 임존군은 현재의 충남 禮山郡 大興里인데,[54] 이들 지역의 의미와 관련하여서는 앞서 <표 4>에 보이는 919년 8월에 왕건이 청주를 순행하여 축성을 하였으며, 烏山城을 禮山縣으로 고치고 유민을 안집시켰다는 사실을 주목할 필요가 있을 것 같다. 태조 왕건이 개국한지 겨우 1년을 경과한 시점에서 직접 청주를 순행하고 오산성을 예산현으로 고쳤던 것은 이 지역이 후백제의 세력확장을 견제하기 위해서 반드시 확보해야 하는 곳이라는

---

53) 『新增東國輿地勝覽』卷15, 文義縣 建置沿革條.
54) 『高麗史』卷56, 地理1, 洪州 大興郡條. 한편 任存郡이 大興郡으로 개칭된 시기인 '高麗初'라는 표현과 관련하여 朴宗基는 庾黔弼의 任存郡 정벌과의 관련성에 주목해서 태조 8년경으로 비정한 바가 있다(朴宗基, 1987, 「『高麗史』地理志의「高麗初」年紀實證」『李丙燾博士九旬紀念』180쪽 참조).

의미를 담고 있다. 그런데 연산진은 청주의 바로 밑에 위치하고 있으며, 임존군 역시 현재는 예산군에 속해 있으면서 禮山邑治의 바로 밑에 위치한 大興縣이다. 그리고 위의 사료 E)에서는 후백제의 연산진을 공격하였다고 하였는데,[55] 이는 곧 유검필이 태조의 명으로 이 지역을 공격할 당시 이 지역의 지배권이 후백제에 속해 있었다는 의미를 담고 있다.

이렇게 분석해 볼 때, 이는 건국초기에 축성을 하고 또 邑格을 변화시키면서까지 관리를 해왔던 청주와 예산의 바로 턱 밑까지 후백제의 세력권이 확장되었다는 것을 보여주며, 고려의 입장에서는 혹 청주와 예산지역까지 상실할 경우 경상도지역으로의 진출로마저 경색될 수 있는 상황에 처한 것이 아닌가 한다. 이러한 상황이 유검필의 파견으로 나타났으며, 유검필의 연산진과 임존군에 대한 공격이 925년 10월에 이루어진 것으로 보아 후백제의 연산진과 임존군의 확보시기도 지역적 중요성 및 사태의 긴박성과 관련하여 유검필의 공격직전으로 보여진다. 그리고 전투의 결과로서 연산진을 격파하여 장군 吉奐을 죽이고 임존군에서 삼천여명을 殺獲하였다는 것은 고려가 대승을 거두었다는 의미에 앞서 당시 전투규모가 결코 적지 않았다는 사실을 말해주며, 앞에서 살펴 본 1차 조물군전투에서 曹物郡人이 끝까지 저항하였던 것과 마찬가지로 불리해진 전세에도 퇴각하지 않고 삼천여명이 살획되는 참담한 결과를 낳았다는 것과 이러한 결과를 얻기 위해서는 고려의 파견

---

55) 본문 사료 E)의 原文을 제시하면 다음과 같다. "遣征西大將軍庾黔弼 攻百濟燕山鎭 殺將軍 吉奐 又攻任存郡 殺獲三千餘人"(『高麗史節要』 卷1, 太祖 8년 10월조). 한편 『高麗史』의 같은 조에서는 "遣征西大將軍 庾黔弼 攻百濟"(『高麗史』 卷1, 太祖 8년 10월조) 라 하여 庾黔弼의 구체적 공격대상 지역을 명기하고 있지는 않으나 후백제를 공격하였다는 표현에서는 일치를 하고 있다.

병력도 만만치 않았을 것이라는 점에서 이들 지역의 지리적 중요
성을 확인해 볼 수 있다.

　이러한 추론이 용인된다면 다음의 가설을 전개해 볼 수 있을 것
이다. 즉, 924년 7월에 조물성을 공격하였다가 실패한 후백제는 바
로 다음 달에 絶影島 驄馬를 선물하는 등의 유화책을 쓰면서 전열
의 재정비 등 일정기간 조물성전투 패전에 따른 후유증을 극복하
는데 주력하였을 것이다. 그리고는 925년 10월의 바로 직전 시점에
서 고려의 경상도 진출로를 차단할 목적으로 그 교두보인 청주지
역과 예산지역의 턱 밑에 위치한 연산진을 확보하여 장군 길환으
로 하여금 직접 관리하게 하고 임존군 마저 확보하였던 것이 아닌
가 한다.

　이처럼 후백제의 호전적인 공세는 결국 고려로 하여금 대외정책
의 변화를 야기시킨 결과로 이어졌다고 보여지는데, 이는 庾黔弼
의 연산진 및 임존성공격과 더불어 왕건 역시 조물군으로 출전하
는데서 확인된다. 이를 2차 曹物郡戰鬪라 할 수 있는데, 이때의 상
황을 아래의 사료를 통하여 살펴보기로 한다.

> F) ① 曹物郡에 행차하여 견훤을 만나 싸웠으나 견훤의 군사가 매우
> 날래어서 승부를 결단치 못하였다. 왕은 서로 오래 버티어서 견훤
> 의 군사를 피로하게 하려고 하는데, ② 유검필이 군사를 이끌고 와
> 서 會戰하여 兵勢가 크게 떨쳤다. ③ 견훤이 두려워하여 화친하기
> 를 청하여 外甥 眞虎를 보내니 왕도 또한 堂弟 王信을 볼모로 보
> 내었다. ④왕은 견훤의 나이가 10년이나 위이므로 그를 尙父라 일
> 컬었다. 왕이 견훤을 軍營에 오게하여 의논을 하려고 하니 ⑤ 庾黔
> 弼이 諫하기를, "사람의 말은 알기 어렵사오니 어찌 가벼이 적과
> 서로 가까이 하겠습니까"하므로 왕이 그만 두었다. ⑥ 新羅王이 이
> 소식을 듣고 사신을 보내어 말하기를, "견훤은 반복하여 거짓이 많
> 으니 화친할 수 없습니다"하니 왕이 그 말을 옳게 여겼다(『高麗史
> 節要』卷1, 太祖 8년 10월).

서술의 편의상 위의 사료를 6개의 내용으로 세분하였는데, 우선
①에서는 왕건이 曹物城에 진출하여 견훤과 遭遇한 상황을, ②에
서는 庾黔弼의 원병이 加勢하였음을, ③에서는 화의를 맺고 상호
비중있는 인질을 교환하였음을, ④에서는 왕건이 당시 견훤을 대
하는 태도의 일단을, ⑤에서는 왕건의 의사에 대한 유검필의 의견
을, 그리고 마지막으로 ⑥에서는 신라왕의 후백제에 대한 인식을
각기 보여주고 있다.

먼저 ①부터 차례대로 분석해 보기로 한다. ①에서는 우선 왕건
이 조물군에 가서 견훤과 전투를 벌였음을 언급하고 있다. 왕건의
조물군 진출목적에 대해서는 우선 진출시기와 관련한 다음의 사실
을 주목해 볼 필요가 있다.『高麗史』에서는 유검필의 燕山鎭 공
격을 925년 10월 己巳 즉, 10일 高鬱府將軍 能文의 귀부에 바로 이
어서 싣고 있으며, 왕건의 조물성 진출을 같은 달 乙亥 즉, 16일에
있었던 일로 기록하고 있다. 그리고『高麗史節要』에서는 단순히
같은 해 10월에 있었던 일로서 두 사건을 구분하긴 하였으나, 간격
없이 순차적으로 기록하고 있다. 그런데 태조대의 일로서 시간이
명확할 경우 그 날짜까지 干支로서 기록하는『高麗史』의 편찬태
도를 고려할 때, 유검필의 연산진 공격은 10월 10일로 보아 크게
무리가 없을 것 같다. 그리고 같은 날에 기록된 고울부장군 능문의
귀부사실 등과 관련하여 왕건의 發程은 그로부터 6일정도 후였을
것으로 판단된다. 이러한 6일정도의 시간차이와 다음의 ②에서 살
펴 볼 庾黔弼의 조물성으로의 동참, 그리고 유검필이 연산진과 임
존군을 공격하는데 소요된 시간 등을 고려할 때, 왕건의 조물성 진
출은 유검필의 충청도지역에서의 전투 와중으로 생각되며, 어쩌면
유검필이 연산과 임존을 격파하여 왕건의 진출로를 안정적으로 확
보한 시점에서 이루어진 것이 아닌가 한다.

그리고 왕건이 건국 후 처음으로 직접 率兵하여 曹物郡으로 간 것은 견훤의 후백제 병력이 이곳까지 진출해 있었다는 것을 전제하지 않고서는 이해가 곤란한 부분이다.[56] 즉, 유검필이 이미 충청도지역의 전투에서 승리를 거두었고 후백제가 조물군으로 진출한 상태가 아니라면 굳이 왕건이 이곳에 率兵하여 올 이유가 있었겠는가 하는 측면이다. 앞서 유검필의 충청도지역 공격의 진행 중에 왕건의 發程이 이루어졌다는 측면과 견훤이 이끄는 후백제의 주력부대가 조물군까지 진출해 있었다는 추론을 전제한다면, 이 시기 후백제는 유검필의 연산진 공격이 있기 직전에 연산진과 임존군은 물론 조물성지역까지 확보하여 고려의 秋風嶺路를 통한 경상도진출로를 차단하게 된 것이 아닌가 한다. 따라서 유검필과 왕건의 출정은 갑자기 점증된 후백제의 위협을 제거하기 위한 같은 사안과 같은 목적에서 이루어진 것으로 생각된다.

그리고 ①에서 "견훤의 군사가 매우 날래어서 승부를 결단치 못하였다. 왕은 서로 오래 버티어서 견훤의 군사를 피로하게 하려고 하는데"라는 표현은 왕건이 견훤의 후백제군과 遭遇한 초기의 전투에서 그 전세가 여의치 못하였다는 것을 말해준다. 이 또한 조물군지역까지 진출한 후백제 병력이 견훤이 직접 이끄는 정예 주력병력이었기 때문이 아닌가 한다.

한편 이러한 고려의 불리한 전세 내지 교착상태에 빠진 상황을 반전시킨 것이 유검필의 합세이며, 그 내용을 ②에서 확인할 수 있다. 유검필이 조물군으로 달려 온 것은 임존군에서였을 것으로 생각된다. 왕이 이미 조물군에 진출해 있었던 관계로 그가 開京으로

---

56) 『三國史記』에서도 이때의 사실과 관련하여 "萱率三千騎 至曹物城 太祖亦以精兵來 與之确"(『三國史記』卷50, 甄萱傳)이라 하여 曹物城진출이 견훤에 의해 先行되었을 것임을 보여주고 있다.

회군한다는 것은 상정키 어려우며, 더구나 왕이 직접 출전하여 후백제의 정예병력과 대치한 상황과 그 역시 병력을 거느리고 있었다는 점을 고려할 때, 그러한 판단이 가능해진다.

이러한 유검필의 합세로 전세가 일변하게 됨으로서 양국은 결국 화의를 맺고 인질을 교환하는 과정은 ③에서 살펴 볼 수 있다. 그런데 화의를 요청한 주체에 대해서는 異見들이 있다. 이러한 이견은『三國史記』의 다음 기록에서,

> 견훤이 삼천기를 거느리고 조물성에 이르렀다. 태조가 또한 精兵을 거느리고 와서 이와 더불어 각축하였다. 이때에 견훤의 병력이 매우 날래어 승부를 결하지 못하자, 태조는 權道로 화친하여 그 군사를 피로케 하고자 서신을 보내어 화친을 청하고 堂弟 王信을 볼모로 보내니 萱도 外甥 眞虎를 質子로 보냈다(『三國史記』卷50, 甄萱傳).

라고 하여,『高麗史』및『高麗史節要』와 달리 화친을 권한 주체를 고려로 표현하고 있다는데서 비롯되었다. 이러한 서로 다른 표현에 대하여 李丙燾는 公山戰鬪가 끝난 후 왕건이 견훤에게 보낸 答書의 내용과 관련하여『高麗史』를 신빙하는 입장을 보였으며,[57]文暻鉉[58]과 河炫綱,[59]申虎澈은[60]『三國史記』의 기록을 신빙하는 입장을 견지하였다.『三國史記』의 기록을 신빙하는 후자의 입장은 대체로 화친 후 왕건이 견훤을 '尙父'라 칭한 것이 곧 왕건의 열세를 의미한다는 것과(文暻鉉, 河炫綱), 유검필의 도움으로 전세의 변화를 가져왔다는『高麗史』와『高麗史節要』의 기록은 도외시하면서 초기접전에서 고려의 불리한 상황을 강조하여 당시 전세가

---

57) 李丙燾, 1961,『韓國史』, 中世編(震檀學會) 42쪽 참조.
58) 文暻鉉, 앞의 책, 127쪽 참조.
59) 河炫綱, 1988,『韓國中世史硏究』, 54~55쪽 참조.
60) 申虎澈, 앞의 책, 133쪽 참조.

후백제에 유리하게 전개되었다는 것(文暻鉉, 河炫綱, 申虎澈), 그
리고 후백제가 이러한 화의의 요청을 받아들인 배경은 후백제의
궁극적 목적이 신라에 있었기 때문이라는 것(申虎澈) 등으로 정리
해 볼 수 있다.

그런데 다음의 이유에서 필자는 『高麗史』와 『高麗史節要』의 기
록을 신빙하는 입장에 서고자 한다. 우선 『三國史記』에는 언급조차
없는 유검필의 도움으로 전세가 일변하였다는 기록을 도외시하기
는 어렵다는 점이며, 다음으로 전쟁에서 불리한 상황에 처해 화의
를 맺는 왕건의 입장에서 견훤을 軍營에 초치하여 논의를 하려 하
였다는 것은 부자연스러운 느낌을 준다. 셋째로는 왕건이 그간 후
백제의 견훤에 대해 견지해 온 태도이다. 앞서 언급하였듯이 고려
는 국초부터 '惠和之意'로서 遠近의 호족들과 관계를 맺어왔으며,
신라와 후백제 또한 그러한 범주에서 예외는 아니었다. ④에서 언
급된 견훤을 '尙父'라 칭한 것과 군영에 초치하여 앞으로의 일을 논
의하려 한 것도 그러한 맥락에서 이해될 수 있을 것이다. 즉, 비록
후백제가 1차 조물성 공격에 실패한 후, 다시 전열을 정비하여 군사
를 일으켰고 왕건이 이를 징치하기 위한 대응에 나섰으나 여전히
후백제를 포용하여 평화스런 관계를 유지하려는 국초부터의 희망
을 갖고 있었다고 볼 수도 있는 것이다. 이는 李丙燾가 이미 지적하
였듯이 왕건이 후백제에 보낸 국서의 내용에서도 확인이 된다.

　　나는 위로는 천명을 받들고 아래로 인민의 추대에 못이겨 외람되
게 장수의 직권을 맡아 나라를 다스리게 되었다. 근년에 三韓이 액운
을 당하고 九州가 흉년으로 황폐해져 많은 백성들이 黃巾賊에 속하
게 되었고 田野는 赤地가 아닌 땅이 없었다. 風塵의 소란함을 그치게
하고 나라의 재변을 구하려고, <u>이에 스스로 이웃 나라와 친목하여 和
好를 맺으니 과연 수천리에 농사와 길삼으로서 생업을 즐겼으며, 7, 8
년 동안 士卒들은 한가로이 쉬었는데</u>, 癸酉年에 이르러 10월에 문득

사건을 일으키어 곧 싸움에까지 이르렀다. 족하는 처음에는 적을 가
벼이 여겨 곧장 달려드는 것이 마치 螳螂이 수레바퀴에 대항함과 같
더니 마침내 어려움을 알고 급히 물러감은 모기가 산을 짊어진 것과
같았다. 공손히 말을하고 하늘을 가리켜 맹세하기를, '오늘부터 길이
화목하겠는데, 혹시 맹세를 어긴다면 신이 벌을 줄 것이라' 하므로 나
도 또한 止戈의 武를 숭상하고, 죽이지 않는 仁을 기하여 마침내 여러
겹의 포위를 풀어 피곤한 병졸들을 쉬게 하며, 볼모 보냄도 거절하지
않고 다만 백성을 편안하게 하려 하였으니, 이것은 내가 남방(후백제)
사람들에게 큰 덕을 끼침이었다(『三國史記』卷50, 甄萱傳).

위의 국서는 『高麗史』와 『高麗史節要』에도 같은 내용이 실려
있으며, 또한 국서를 주고받은 주체가 조물성전투를 직접 경험하
여 당시 상황을 잘 알고 있는 이해당사자라는 측면에서 그 내용은
사실로 받아들여진다. 그러한 국서의 내용에서 친선의 맹세를 견
훤이 하였고, 이를 받아들여 왕건이 포위를 풀었으며, 이것이 후백
제에 은혜를 베푼 것이라는 점을 담고 있다는 것은 곧 당시 조물성
전투에서 고려가 우위를 점한 가운데서 화의를 맺은 것으로 보아
야 할 것이다.

후백제가 우선 목표로 신라를 설정하였기 때문에 고려의 화의요
청을 수락하였으며, 이는 후백제의 바라는 바였다는 신호철의 견
해와 관련하여서도, 과거 후백제의 신라권역 침공시 신라의 구원
요청에 고려가 응하여 왔고, 고려의 진출을 막기 위한 목적에서 이
미 연산진과 임존군으로 진출하였던 후백제의 입장에서 왕건이 직
접 출전한 전투에서 승세를 점하고서도 화의요청에 동의하였다는
것은 오히려 어색한 해석이 될 것이다. 또한 ⑥에서 신라왕이 사신
을 파견하여 견훤과의 화친을 부정적으로 보는 견해를 보였다는
대목을 살펴볼 때, 만일 고려가 불리한 전세여서 화친을 요청할 수
밖에 없었다면, 신라왕이 굳이 화친을 말리는 사절을 보내지는 않
았을 것이며, 이는 전세가 불리해진 후백제가 화친을 요청하였기

때문에 가능한 표현으로 볼 수 있다.

　이상의 검토에서 화친의 의사를 표한 주체는 후백제로 보는 것
이 타당할 것이며, 후백제가 화친 요청의 주체라면 곧 2차 조물성
전투에서는 유검필의 도움으로 고려가 우세한 전세를 마련한 가운
데 화의가 맺어졌음을 알 수 있다. 이처럼 고려가 우세한 전세에도
불구하고 후백제의 화의를 수락한 원인은 위 사료의 국서 내용에
언급된 '백성을 편안케 하려는' 마음과 앞서 언급한 바와 같이 후
백제에 대한 '惠和之意'가 아직 완전히 소멸되지 않았던 때문이 아
닌가 한다.

　한편 이 2차 조물성전투에서는 호족세력이 이끄는 鄕軍들이 참
여하였을 것으로 보이는데, 이는 아래의 사료에 보이는 星州地域
의 李能一 등의 경우에서 추론해 볼 수 있다.

　　京山府將軍인 李能一, 裴申乂, 裴崔彦은 고려태조의 統合三韓時
　　인 天授 乙酉에 6백인을 거느리고 태조를 도와 백제를 이긴 공로로
　　후한 상을 받았으며, 살던 지역인 星山, 狄山, 壽同, 襦山, 本彼의 5縣
　　을 합하여 京山府로 승격하였으며, 모두 壁上功臣三重大匡에 봉해졌
　　다(『慶尙道地理志』尙州道 星州牧官).

　위의 사료는 후대의 杜撰에 의한 내용일 개연성이 없지 않으나,
그 내용에 의하면 京山府將軍인 李能一·裴申乂·裴崔彦 등이
天授 乙酉에 6백인을 거느리고 태조를 도왔다고 하였다. 우선 天
授 乙酉는 925년인데,『三國史記』와『高麗史』·『高麗史節要』등
에 나타난 925년의 기록은 9월에 買曹城의 能玄이 귀부한 사실, 10
월에 高鬱府의 能文이 귀부한 사실,[61] 같은 달에 유검필이 후백제

---

61) 이때에 왕건은 高鬱府(영천지역)이 신라 수도에 가깝다는 이유로 신라
　　와의 관계를 고려하여 위로하여 돌려보냈다(『高麗史』卷1, 太祖 8년
　　10월 己巳).

의 燕山鎭을 공격하여 장군 吉奐을 죽이고 任存郡을 공격하여 3천여 명을 죽이고 사로잡은 사실, 역시 같은 달에 왕건이 직접 조물군에서 견훤과 교전하였는데 유검필이 이끄는 응원병의 합세로 서로 인질을 교환하고 화의를 맺은 사실 등이 찾을 수 있는 기록의 전부이다. 이들 기록 중 후백제와의 교전은 앞에서 언급한 유검필의 연산진공격과 왕건이 조물군으로 진출하여 싸운 두 가지의 전투인데 그 중 관심이 가는 것은 조물성전투이다. 우선 연산진 전투는 고려군의 병력을 이끈 장수가 유검필인데 비하여 조물성의 전투는 왕건이 견훤과 직접 조우한 전투로서 전투의 비중면에서 일정한 차이가 느껴진다. 또한 연산진전투는 유검필이 파죽지세로 몰아붙여 쉽게 승리를 한 전투인 반면, 조물성전투는 유검필의 합세로 겨우 승세를 확보하고 화의를 맺은, 고려의 입장에서는 고전한 전투라는 사실이다. 다음으로 충북 燕岐郡으로 비정되는 연산진과[62] 金烏山城에 비정되는 조물성의 지리적 위치를 감안할 때, 星山지역의 6백명이나 되는 병력이 참여한 전투는 조물성전투일 것으로 추정하는 것이 보다 자연스런 해석이다. 따라서 아마 李能一 등이 이끌었던 성산지역의 병력은 조물군에서의 전투 당시에 유검필의 원병이 합세할 때까지 고려의 입장에서 어려운 전세를 그나마 지탱하는데 큰 도움을 준 것이 아닌가 여겨진다.[63]

다음으로 ⑤에서는 왕건이 견훤을 軍營에 招致하려는 계획에 대해, 유검필이 견훤을 '賊'이라 칭하면서 반대의사를 표명함에 따라 왕건이 그 계획을 철회한 내용을 담고 있다. 그리고 ⑥에서는

---

62) 『新增東國輿地勝覽』 卷18, 燕岐郡 建置沿革條.
63) 비록 사료적 뒷받침이 미흡하기는 하지만 이러한 지방 호족세력들의 군사적 협조는 古昌戰鬪시 三太師를 비롯한 鄕軍의 참여나, 一利川戰鬪시 王順式의 병력동원의 예에서 확인할 수 있듯이 그 후의 각종 전투에서도 계속되었을 것으로 보인다.

신라왕이 "견훤은 반복하여 거짓이 많으니 화친할 수 없습니다"고
하여 후백제와의 화친을 경계하는 견해를 전달하였고, 왕건이 이
를 수긍한 내용을 담고 있다. 특히 견훤이 거짓이 많다는 신라왕의
표현은 고려에 孔雀扇과 智異山 竹箭을 선물한 후 大良郡과 仇史
郡을 공격한 예와 1차 조물군전투에서 패한 후 絶影島 驄馬를 선
물하는 등의 화친책을 표방하고서도 이를 어기고 군사를 동원하였
던 점을 왕건에게 상기시킨 것이 아닌가 한다.

그런데 왕건이 유검필과 신라왕의 견해를 수긍하였다는 것은 그
가 가진 후백제에 대한 그나마의 신뢰감도 한계에 이르렀다는 느
낌을 주고 있다. 그러나 이미 화의를 맺고 인질을 교환한 후이기
때문에 왕건이 취할 수 있는 태도는 당분간 화의의 내용을 믿는 가
운데 사태의 추이를 지켜볼 수밖에 없었을 것이다.

이러한 양국의 화친관계는 다음해 4월 후백제가 고려에 보낸 인
질인 眞虎의 사망사건을 계기로 일시적인 것이 되고 말았다. 진호
의 사망사건에 대하여 『高麗史』에서는

> 4월 庚辰에 견훤이 볼모로 보낸 眞虎가 병으로 죽었다. 왕이 侍郞
> 弋萱을 보내 그 喪을 護送하였더니 견훤은 우리 고려가 죽였다고 하
> 여 王信을 죽이고 熊津으로 進軍하였다. 왕이 諸城에 命하여 城壁을
> 굳게 지키고 나가 싸우지 말도록 하였다. 신라왕이 사신을 보내 말하
> 기를 "견훤이 맹약을 위반하고 고려에 출병하였으니 하늘이 반드시
> 그를 돕지 않을 것입니다. 만약 대왕께서 한번 북을 울리는 위세를 떨
> 치시면 견훤은 반드시 절로 패할 것입니다"고 하였다. 왕이 사신에게
> 이르기를 "내가 견훤을 두려워하는 것이 아니라 (견훤의) 죄악이 가득
> 차서 스스로 쓰러지길 기다릴 뿐이다"고 하였다. 이에 앞서 견훤이 絶
> 影島의 名馬가 (고려로) 가면 백제가 망한다는 圖讖을 들었는데, 이때
> 에 이르러 이를(절영도 총마를 고려에 보낸 것을) 후회하여 사신을 보
> 내어 그 말을 돌려주기를 청하니 왕이 웃으면서 이를 허락하였다(『高
> 麗史』卷1, 太祖 9년 4월 庚辰).

라고 기술하고 있는데, 眞虎의 사망원인에 대한 고려와 후백제의 주장에 眞僞를 가릴 수는 없으나, 후백제가 그들이 고려에 보낸 인질인 진호가 고려에 의해 살해되었다고 주장하여 군사적 대응을 시도한 것이 주목된다. 즉, 고려의 해명처럼 진호의 사망원인이 病死라는 것을 후백제가 믿지 않았거나 의도적으로 회피했을 가능성이 있는데, 그에 따른 대응이 熊津으로의 진출을 통한 군사적 행동으로 나타났다는 것은 고려에 사건의 책임을 묻는다는 명분도 있었겠지만 후백제가 내부적으로는 여전히 고려에 대립적인 정책을 고수하고 있다는 것을 보여 준다.

한편 고려는 이러한 후백제의 웅진지역 진출에 대해 신라왕으로부터 징치의 좋은 기회라는 권고까지 받았으나, 일단 맞대응을 자제하는 태도로 일관하였다. 그런데 후백제가 웅진으로 진출한 이후 더 이상의 군사행동을 진행시킨 흔적이 없는 것으로 미루어 당시 고려의 대응태도는 시대상황에 대한 분석이 엄밀히 전제되었기 때문이 아닌가 한다.

그러나 조물성전투 이후 맺은 화의와 인질교환은 인질이 사망하고 또한 그에 따른 후백제의 군사적 행동까지 진행된 상황에서는 원인무효가 되어 버렸으며, 또한 후백제가 맹약을 어기고 여러 번 변경을 침공함에 따라[64] 고려의 후백제에 대한 대응양상도 공세적인 측면으로 전환되게 되었다.

927년 정월에는 왕건이 직접 출진하여 龍州를 함락시켰으며,[65] 3월에도 왕건이 출진하여 10일에는 運州를,[66] 그리고 13일에는 近

---

64) "親伐百濟龍州 降之 時甄萱違盟屢擧兵侵邊 王含忍久之 萱益稔惡頗欲强呑 故王伐之 新羅王 出兵助之"(『高麗史節要』卷1, 太祖 10년 정월조).
65) 위와 같음.
66)『高麗史』卷1, 太祖 10년 3월 신유조.

品城을 함락시켰다.[67] 그리고 4월에는 水軍을 파견하여 康州를 공
격하고 轉伊山·老浦平·西山·突山 등 네 고을을 함락시켰으
며,[68] 비록 공격에 실패하였으나 후백제의 전방 교두보라 할 수 있
는 웅주를 공격하였다.[69] 또한 7월에는 大良城을 공격하여 격파하
고 鄒許祖를 비롯한 30여명을 포로로 하였다.[70] 이처럼 후백제의
경상도진출의 교두보라 할 수 있는 대량성마저 함락되고 8월에 왕
건이 강주를 순행할 때, 高思葛伊城의 興達의 귀순과 더불어 백제
의 諸城守들이 귀부함에 이르러서는 고려가 경상도지역에 있어서
주도권을 확보하게 되었다.[71]

끊임없이 후백제와 화의를 유지하려고 노력해 왔던 고려는 927
년 정월의 용주 공격을 계기로 후백제에 대한 적극적인 공세를 취
하게 되는데, 이는 곧 고려의 후백제에 대한 정책이 변화하였다는
것을 의미한다. 그리고 고려는 정책변화에 따른 공세를 취한 후,
정월의 龍州 공격부터 8월의 康州巡幸에 이르기까지 8개월이라는
짧은 기간에 이미 경상도지역에서의 주도권을 확보할 정도로 놀라
운 군사력을 과시하였으며, 급격히 守勢에 몰리게 된 후백제는 이
러한 현실타개를 위한 방책으로서 다음 장에서 살펴 볼 경주침공
이라는 극단적인 방법을 택하게 되었던 것이다.

---

67) 『高麗史』 卷1, 太祖 10년 갑자조.
68) 『高麗史』 卷1, 太祖 10년 4월 임술조.
69) 『高麗史』 卷1, 太祖 10년 4월 을축조.
70) 『高麗史』 卷1, 太祖 10년 7월 무오조.
71) 大良郡을 비롯하여 醴泉郡 龍宮面에 비정되는 龍州와 920년 1월 閏雄
의 귀부 이후 고려의 지지세력이었던 康州지역 등이 고려의 공격대상
이었다는 것은, 그 동안 후백제의 세력 또한 적잖게 신장되었음을 보여
준다.

제3장

公山戰鬪의 배경과 전개과정

후삼국정립기인 927년에 있었던 公山戰鬪는 신라의 수도인 경
주를 침공한 후백제군과 이를 구원하기 위해 달려온 고려군이 대
구의 八公山 권역에서 벌인 전투이다. 이 전투가 벌어진 927년은
고려와 후백제가 첨예하게 대립하였던 시기로서 양국간의 역학관
계를 이해하는 중요한 실마리가 된다. 따라서 본 장에서는 앞 장의
서술과 부분적인 중복을 피할 수는 없으나, 우선 공산전투의 발생
배경을 고려초에 있어서 후백제와의 쟁패과정을 중심으로 살펴보
고자 하며, 아울러 양국의 격전지로서 공산지역이 선택된 원인 및
그 전개과정에 대해 살펴봄으로써 927년을 전후한 시기 경상도지
역을 중심으로 한 양국의 역학관계를 조망해 보고자 한다.

I. 公山戰鬪의 발생배경

공산전투는 후백제의 견훤이 永川지방을 습격하고 신라의 수도
인 경주를 핍박할 즈음에 위기를 느낀 신라가 고려의 왕건에게 구
원을 요청한데서 비롯된다. 그런데 이 공산싸움이 일어났던 시기
에 대해서는 기록마다 약간의 차이를 보이고 있다. 즉,『三國史記』
本紀에서는 景哀王 4년(927) 11월조에 견훤의 경주 침공사실과 공
산전투를 기록하고 있으며, 같은 책의 甄萱列傳에는 같은 해 10월
에, 그리고『高麗史』의 太祖世家에는 같은 해 9월에 그러한 사실
이 기록되고 있다. 이러한 기록상의 차이에 대한 원인과 眞僞를 분

명히 하기는 어렵다. 다만 『高麗史』의 기록은 『三國史記』에서 공산싸움이 있었다고 기록한 10월과 11월에 견훤에 의한 碧珍郡 침공 사실과 왕건에게 국서를 보낸 사실을 기록하고 있어 보다 더 신뢰성이 간다. 그러면 이때의 사정과 관련해서 『高麗史』 태조세가의 기록을 중심으로 살펴보기로 한다.[1]

A) 9월에 견훤이 近品城을 공격하여 불사르고 나아가 신라의 高鬱府를 습격하여 교외에까지 핍박하니 신라왕이 連式을 보내어 급함을 고하였다. 왕(태조)이 侍中 公萱・大相 孫幸・正朝 聯珠 등에게 말하기를 "신라는 우리와 더불어 同好한지 이미 오래인데 지금 급박하니 구하지 않을 수 없다"고 하고 公萱 등을 보내어 병사 1만으로서 가게 하였더니, 이르기 전에 견훤이 갑자기 신라의 도성에 들어갔다. 이때에 신라왕은 妃嬪 宗戚과 더불어 鮑石亭에 나와 놀며 주연을 베풀고 오락을 하다가 갑자기 적병이 왔음을 듣고 창졸간에 어찌할 바를 몰랐다. 왕과 부인은 달아나 성 남쪽의 離宮에 숨고 從臣 伶官 宮女들은 모두 잡혔다. 견훤은 군사를 풀어 크게 약탈하고 왕궁에 들어가 거처하면서, 좌우로 하여금 왕을 찾게 하여 軍中에 두고서 핍박하여 自盡케 하였고, 왕비를 강제로 능욕하고 그 수하를 풀어 빈첩을 난행케 하였다. 왕의 表弟인 金傳를 세워 왕으로 삼고 王弟 孝廉과 宰臣 英景 등을 포로로 하였으며, 자녀들과 百工과 兵仗과 珍寶를 모조리 掠取하여 돌아갔다. 왕(태조)이 이를 듣고 大怒하여 사신을 보내어 弔祭하고 친히 精騎 5천을 거느리고 견훤을 公山桐藪에서 맞이하여 크게 싸웠으나 불리하여 견훤의 군사가 왕을 포위함이 매우 급한지라 大將 申崇謙과 金樂이 力戰하다가 전사하고 모든 군사가 패배하고 왕은 겨우 단신으로 모면하였다. 견훤은 승세를 타고 大木郡을 攻取하고 田野에 쌓여있는 곡식을 불살라 버렸다(『高麗史』 卷1, 太祖 10년 9월).

公山戰鬪가 일어나게 된 배경과 그 결과가 소개된 위의 자료는 그 내용이 소략하여 당시의 구체적 실상을 살피기에는 한계가 있

---

1) 『三國史記』 卷12, 景哀王 4년조와 같은 책, 卷50, 甄萱傳에도 거의 동일한 내용이 기록되어 있다.

다. 우선 쟁점이 되는 것은 왕건과 견훤의 쟁패지로 대구의 공산지역이 선택된 이유는 무엇일까 하는 점이다. 즉, 왕건이 견훤군의 경주침공을 구원하기 위해서 달려왔음에도 왜 하필이면 공산지역에 머물면서 견훤군을 기다렸을까 하는 점과, 견훤 역시 경주를 함락시키고서 굳이 공산지역으로 가는 길을 택했을까 하는 점이 의문의 요체인 것이다. 또한『三國史記』의 견훤열전에는 견훤이 공산으로 가는 과정을「自隱以歸」라고 표현하여 공산지역이 견훤의 퇴로구실을 하고 있었음을 암시하면서, 영천을 공략하고 이어서 경주를 침공하는 거점구실을 하였을 가능성 마저 보여주고 있다. 따라서 이러한 의문점의 해결은 당시 후삼국정립기의 역학관계 속에서 팔공산을 포함한 대구지역의 존재양태를 파악할 수 있는 중요한 근거가 되며, 나아가서 소백산맥을 격한 후백제가 경상도 각 지역에서 활발한 군사활동을 수행할 수 있었던 기반을 이해하는 일정한 도움을 줄 것으로 여겨진다.

고려가 성립한 918년 이후 936년의 후삼국 통일까지『三國史記』와『高麗史』및『高麗史節要』에는 후백제군이 경상도의 각 지역에서 활발한 군사활동을 하였음을 보여주고 있는데, 그 대략을 아래의 도표를 통하여 살펴보기로 한다.

왕건이 즉위하면서 궁예로부터 계승한 지역은 대체로 運州(洪州)·熊州(公州)·靑州(淸州)·槐壤(槐山)·國原(忠州)·興州·蔚珍 등의 이북지역이었으며, 尙州의 阿字盖가 그 해 7월에 귀부해 오는 등[2] 고려와 우호적 친선관계를 유지하려는 지역은 점차 확대되어 갔다. 그러나 그 해 8월과 10월에는 왕건의 즉위에 거부의사를 갖고 있었던 熊州·運州·淸州 등 후백제와 접경하고 있던 10여 주군

---

2)『三國史記』卷12, 景明王 2년 7월조.

<표 6> 高麗와 後百濟의 쟁패상황

시 기	내 용	비 고
918.7.25	淸州 領軍장군 堅金 래견	
918.8.10	북방 鶻巖城 성주 尹瑄 귀순	
918.8.23	熊州・運州 등 10여주현 후백제에 귀부	
918.9.23	尙州 阿字盖 귀순	본기에는 7월
919.8.9	淸州순행 축성, 烏山城을 禮山縣으로	
920.1.	康州 閏雄 귀부	본기에는 2월
920.10.	(百) 大良・仇史郡 탈취, 進禮郡으로 진격	고려 구원, 양국 불화
922.6.8	下枝縣 元逢 귀부	본기에는 9월
922.7.20	溟州 順式 귀부	본기에는 9월
922.11.5	眞寶城 洪術 귀부	
923.3.27	命旨城 城達 귀부	본기에는 7월
923.8.1	碧珍郡 良文 귀부	본기에는 7월
924.7.	(百) 須彌强・良劍 曹物郡공격 실패	
925.2.24	買曹城 能玄 귀부	
925.10.10	高鬱府 能文 귀부, 위로하여 보냄	
	庚黔弼로 燕山鎭・任存城 공격	
925.10.16	왕건 曹物郡 행차 후백제를 공격	
925.12.	(百) 巨昌 등 20여 성 공취	본기에만 기록됨
926.4.경진	(百) 인질 사망사건으로 熊津으로 진격	
927.1.3	龍州 함락시킴	
927.3.10	熊州 공격, 星州 兢俊 격파	
927.3.13	近品城 공격	
927.4.임술	康州 공격, 그외 4鄕 함락	
927.4.을축	熊州 공격 실패	
927.7.9	在忠・金樂 등 大良城 격파, 鄒許祖 포획	
927.8.8	康州순행, 高思曷伊城 興達 귀부, 후백제 여러 성주 귀부	
927.9.	(百) 近品城・高鬱府 공격, 경주 함락, 公山전투, 大木郡 탈취, 곡식 불사름	
927.10.	(百) 碧珍郡 침공, 大木・小木郡 곡식 베어감	
927.11.	(百) 碧珍郡 곡식 불사름, 색상 전사	
928.1.25	溟州 順式 알현	
928.1.28	(百) 草八城 興宗이 康州 구원하려는 고려군 격파	
928.5.16	(百) 康州 습격, 有文 항복	

928.7.13	三年山城 공격, 실패	
928.8.	梁山 격파, (百) 퇴각 중 大良城 의지, 大木郡 곡식 베어감, 烏於谷 확보, 竹嶺路 차단	
928.11.	(百) 烏於谷城 함락시킴. 楊志·明式 등 6명(百)에 항복	
929.7.12	基州 순행	
929.7.14	(百) 義城府 침공 洪術 전사, 順州 침공 원봉 도망	
929.9.9	康州 순행	
929.10.1	후백제 一吉湌 염흔 귀순	
	(百) 加恩縣 포위, 不克	
	(百) 高昌郡 포위	
929.12.	禮安鎭으로 구원병 파견, 庚黔弼 저수봉전투 승리	
930.1.2	載巖城 善弼 귀부	
930.1.21	古昌전투 승리	
930.1.25	永安·河曲·松生·直明 등 30여성 귀부	
930.2.1	溟州~興禮府의 동해연안 110여성 귀부	
930.2.6	昵於鎭 순행 神光縣으로 개칭	
930.2.	北彌秩夫·南彌秩夫城 귀부	
930.6.7	大木郡 순행	
930.6.11	淸州 순행	
930.9.7	皆知邊 항복 청함	
932.6.15	후백제장군 龔直 투항	
932.7.11	一牟山城 정벌	
932.9.	(百) 禮成江으로 와서 鹽州·白州·貞州 공격	
932.10.	(百) 海軍장군 尙哀 등이 大牛島 침략	
932.11.	一牟山城 격파	
934.1.갑진	西京 및 북방 순행	
934.9.20	運州정벌, 熊津이북 30여성 귀부	
935.3.	(百) 정변, 神劍이 甄萱을 金山寺에 유폐	
935.6.	견훤이 羅州로 와서 항복	
935.9.2	西京 및 黃州와 海州 순행	
935.10.1	신라가 입조 요청	
935.12.11	신라 항복	
936.2.	견훤사위 朴英規 귀부의사 밝힘	
936.9.	후백제 멸망	

* 내용란의 (百)은 後百濟가 주체, 비고란의 본기는 『三國史記』 본기.

현이 후백제에 귀부함으로서 충청도 지역에서의 고려의 영향력은 약화되었으며, 이의 보완을 위해 태조 2년(919)에는 烏山城을 禮山縣으로 고치고 大相 哀宣과 洪儒를 파견하여 유민을 안집시키는 등[3] 이 지역의 변방개척에 주력하였다. 이처럼 고려의 경우 태조의 즉위초에는 아직 내외적 기반이 공고하지 못했고 또한 초기의 대외정책이 '惠和之意'의 친선정책을 표방하였던 관계로 후백제와의 군사적 충돌은 가급적 자제하였으며, 후백제의 경우 또한 고려보다는 상대적으로 노쇠하였고, 과거 백제를 멸망시킨 국가를 공략한다는 것과 같은 명분마련에 유리하였던 신라지역으로의 진출을 원하였기 때문에 고려와의 군사적 충돌을 자제하였다. 그래서 견훤은 왕건의 즉위에 축하사절을 파견하였고 고려는 이를 厚禮로 환대하였다. 또한 고려 태조 3년(920) 9월에도 견훤이 고려에 사절을 파견하여 孔雀扇과 지리산의 竹箭 등을 예물로 헌상하여 화친을 돈독히 하였다.[4] 그러나 양국간의 이러한 일시적 우호관계는 바로 다음달에 견훤이 大良郡과 仇史郡을 탈취하고 進禮郡으로 진출함으로써, 그리고 고려가 이를 구원하기 위해 군대를 파견함으로써 훼손되기 시작하였다.[5]

앞의 <표 6>에서도 나타나고 있지만 이 시기 이후 고려와 후백제간의 쟁패와 세력권의 확보는 주로 경상도지역에 집중되고 있다. 후백제는 건국초기인 901년(신라 효공 4)부터 이미 경상도 지역에 대한 군사적 진출을 시도하고 있었으며, 특히 大耶城(합천지역)에 대한 공격이 빈번하였다. 이처럼 대야성이 후백제의 주된 공격대상이 된 것은, 그 지역의 지리적 위치가 경상북도지역으로 진출

---

3)『高麗史節要』卷1, 太祖 2년 8월조.
4)『高麗史』卷1, 太祖 3년 9월조.
5) 앞 장에서도 언급하였듯이, 앞서 9월에 있었던 견훤의 고려에 대한 사절파견은 후백제가 신라지역을 공략함에 있어 고려의 견제 또는 신라지원을 차단하기 위한 정치적 의도가 내포되어 있었던 것으로 보인다.

을 위해서는 반드시 확보해야 할 교두보 구실을 하였기 때문이었다. 즉 전라도지역에서 경상도지역으로 진출하기 위해서는 소백산맥의 험준한 지형을 피해 伽倻山자락과 智異山자락의 중간로를 선택하는 것이 가장 유리하였으며, 陜川地域이 바로 그러한 곳에 위치해 있었던 것이다. 그래서 견훤은 920년 10월의 군사행동에서도 그 주된 공격대상을 大良郡과 仇史郡[6]을 선택하였던 것이다.

견훤이 신라를 침공하여 大良·仇史의 두 郡을 빼앗고 進禮郡에 이르니 신라가 아찬 金律을 보내어 구원을 청하였다. 왕이 군사를 보내어 구원하니 견훤이 이를 듣고 물러갔는데, 이때부터 우리와 틈이 생겼다(『高麗史』 卷1, 太祖 3년 10월).

---

6) 仇史郡의 위치비정에 있어『新增東國輿地勝覽』慶州府 屬縣條의 "仇史部曲; 在府西六十里 本新羅麻珍良縣 珍一作彌 景德王改餘粮縣 屬獐山郡 後降爲部曲改今名"이라 한데서 '仇史部曲'의 존재에 주목하여 경산군으로 비정하는 견해와(文暻鉉, 앞의 논문, 130쪽), 근거가 제시되지 않은 가운데 慶南 草溪로 비정한 견해가 있다(1968,『국역 고려사절요』1, 민족문화추진회 편, 31쪽 및 申虎澈, 1993,『後百濟 甄萱政權研究』一潮閣, 76쪽). 그런데 위『新增東國輿地勝覽』의 "景德王改餘粮縣 屬獐山郡 後降爲部曲改今名"이라 한 표현은 餘粮縣이 部曲으로 그 邑格이 하락하면서 仇史로 개칭되었다는 것을 보여 주며, 이 구사부곡을 仇史郡과 연결시키거나 郡으로 승격하였을 근거는 찾아지지 않는다. 한편『三國遺事』의 南白月二聖 努肹夫得 怛怛朴朴條에 "白月山兩聖成道記云 白月山在新羅仇史郡之北 (細註;古之屈自郡 今義安郡)"이라 하고 있고,『新增東國輿地勝覽』의 昌原都護府 古跡條에 "獅子嚴;在白月山南 新羅僧努肹夫得及怛怛朴朴 修道之所"라 한 것으로 미루어 仇史郡은 지금의 昌原地域으로 비정하는 것이 보다 타당할 것 같다. 특히 본문의 다음에서 언급될 사료에 의하면 후백제가 대량군과 구사군을 공취한 후 進禮郡으로 진행하였다는데, 진례군이 지금의 김해 서쪽에 위치해 있다는 측면에서도 ("進禮城 ; 在府西三十五里 有古址 新羅時 以金仁匡爲進禮城諸軍事"『新增東國輿地勝覽』金海都護府 古跡條) 구사군을 창원지역으로 비정하는 입장에 도움을 주고 있다.

이처럼 陜川과 昌原지역에 대한 확보는 경상도 북부지역 진출을 위한 교두보의 확보라는 측면에서 중요하였으며, 이후 후백제가 경상도지역에서 활발한 군사적 활동을 진행시킬 수 있었던 기반으로 작용하였던 것이다.

그런데 이후 경상도지역에 있어서 후백제의 군사활동을 분석해 보면 다음의 가설을 가능케 한다. 즉, 비록 시기적으로 명확한 선을 긋기는 어렵지만 대체로 高靈에서 大邱-軍威로 이어지는 경상도의 중앙로가 후백제의 세력권이었을 가능성인데, 이 가설은 다음의 몇 가지 측면에서 보완해 볼 수 있으며, 이를 통하여 당시 고려와 후백제간의 전투가 公山地域에서 나타날 수 있었던 배경에 어느 정도 접근해 볼 수 있을 것이다.

첫째는 앞의 <표 6>에서도 나타나고 있지만, 견훤의 후백제군이 경상도의 각 지역에서 활발한 군사활동을 하였는데, 세력기반을 전라도지역에 두고 있는 후백제의 입장에서는 이러한 군사활동을 가능케 하는 경상도지역의 교두보가 필요했을 것이라는 점이 전제가 된다.

둘째는 앞의 사료 A)에 나타난 927년의 경주 함락시에, 서쪽의 尙州를 공략하고 곧 동쪽 방면의 永川 및 慶州를 공략하였다는 예에서도 알 수 있듯이 이 시기 후백제의 경상도지역에서의 군사활동이 대체로 陜川, 高靈, 大邱로 연결되는 선을 중심으로 동쪽과 서쪽의 양 방면으로 진행되고 있다는 점이다.

셋째는 후백제가 924년에 대야성과 문소성의 군사로 조물성을 공격하였다는 다음의 『三國史記』의 기록이다.

同光 2년(924) 秋 7월에 (견훤)이 아들 須彌强을 보내어 大耶 聞詔 2성의 군사를 내어서 曹物城을 공격케 하였다. 성에 있는 사람들이 태조(왕건)를 위하여 성을 굳게 지키면서 나와 싸우지 않으니 수미강이 이득을 얻지 못하고 돌아갔다(『三國史記』卷50, 甄萱傳).

　여기서의 문소성이 의성지역을 의미함은 주지의 사실이다. 그렇
다면 앞의 내용은 후백제가 합천지역과 의성지역의 병력으로 조물
성을 공격하였다는 것이 된다. 이 기록을 신빙한다는 입장에서 볼
때, 의성지역을 확보하기 위해서는 합천에서 고령, 대구, 군위로 이
어지는 지역에 대한 확보가 선결되어야 한다는 점이다.

　그런데 조물성의 공격시 훨씬 남쪽인 합천의 병력동원은 기록
되면서 고령이나 대구 또는 군위지역의 병력동원 사실이 자료상
에 나타나지 않는 점은 하나의 의문이다. 단지 상정해 볼 수 있는
가능성은, 우선 합천지역은 앞에서 그 지리적 중요성을 언급하였
지만, 경상도지역의 진출을 위한 군사적 전진기지로 대규모의 병
력집단이 주둔해 있으면서 경상도지역에서의 군사활동을 기획하
고 지원하는 역할을 하였을 것이라는 점이다. 또한 의성지역은 그
확보된 시기는 자세하지 않지만 후백제의 입장에서 고려의 남하를
견제하고 저지하기 위한 최전선으로서, 대구 또는 군위와 같은 인
근지역의 후백제병력 및 그 지원세력이 집중되어 있었을 가능성이
있다는 점이다.

　한편 다음의 자료에서 보이듯이 이 의성지역은 929년(고려 태조
12년) 이전의 어느 시기에 다시 고려의 영향력하에 놓이게 되었다.

　　견훤이 甲卒 5천으로 義城府를 치니 城主將軍 洪術이 전사하였다.
　왕이 통곡하여 말하기를 "나는 左右手를 잃었다"라고 하였다(『高麗
　史』卷1, 太祖 12년 7월 辛巳).

　즉 견훤이 929년에 義城府를 공략하였다는 것은 이미 이전 시기
에 의성부는 고려의 세력권이었다는 것을 의미한다. 이때에 전사

한 義城府의 城主將軍 洪術은 본래 眞寶城主로 있다가 922년에 고려에 귀부하였던 洪術과 동일인으로,[7] 홍술이 의성부의 성주장군으로 변모하게 된 경위는 명확하지 않다.[8] 그러나 홍술의 전사시에 왕건이 "나는 左右手를 잃었다"고 한 표현으로 미루어 홍술은 왕건이 신뢰할 수 있었던 심복이었으며, 그렇기 때문에 의성이라는 전략적 요충지의 방비를 맡기게 된 것이 아닌가 한다. 또한 왕건의 애통해 함은 홍술이라는 인재의 상실과 더불어 의성이라는 전략적 요충지의 상실이 복합적으로 작용하였다고 볼 수 있다.

넷째는 역사자료에 왕건에 귀부한 호족은 나타나고 있으나, 견훤에 귀부한 호족은 거의 나타나지 않고 있다는 점이다. 이는 다음의 도표를 통하여 확인해 볼 수 있다.

다음의 <표 7>에서 찾아지는 현상은 고려에 귀부한 경우는 그 지역명과 아울러 호족들의 이름이 摘記되어 있는데 비하여 후백제의 경우는 918년 8월과 10월의 충청도지역 일부 외에는 귀부의 예를 찾아보기 어려우며, 귀부한 경우라 하더라도 호족들의 명칭은

---

7) '眞寶城主洪術' 과 '義城府將軍洪術'에 대해서는 동일인으로 파악되고 있다(旗田巍, 1972, 「高麗王朝成立期の「府」と豪族」『朝鮮中世社會史の研究』법정대학출판국, 및 尹熙勉, 1982, 「新羅下代의 城主·將軍」『韓國史研究』39 ; 文暻鉉, 1983, 『新羅史研究』경북대학교출판부, 332~334쪽).

8) 洪術이 義城府로 옮아간 원인과 관련하여 池內宏은 이를 사료의 오류로 보고 홍술이 처음부터 진보가 아닌 의성에 있었다고 한 바가 있으며, (池內宏, 「高麗太祖の研究」『滿鮮史研究中世』2책, 25쪽), 旗田巍는 眞寶城이 견훤에 빼앗겼을 가능성을 제시한 바 있다 (旗田巍, 앞의 책, 19~21쪽). 한편 文暻鉉은 曹物城전투와의 관련성에 주목하여 고려 태조가 군사요충인 조물성을 방비할 목적으로 홍술을 의성지역에 파견한 것으로 파악하였는데, 필자도 이에 동의하고 있다(文暻鉉, 1983, 「新羅末 王建太祖의 後三國 民族再統一」『新羅史研究』333~334쪽 참조).

아예 나타나지 않는다.[9]

〈표 7〉 後三國 鼎立期 호족들의 귀부상황

시 기	지 역	성주장군	귀부대상	비 고
918.7.25	淸州	堅金	고려	
918.8.10	鶻巖城	尹瑄	고려	
918.8.23	熊州·運州 등 10여 주현		후백제	고려에 모반 후
918.9.23	尙州	阿字盖	고려	본기에는 7월로
920.1.	康州	閏雄	고려	본기에는 2월로
922.6.8	下枝縣	元逢	고려	본기에는 9월로
922.7.20	溟州	順式	고려	본기에는 9월로
922.11.5	眞寶城	洪術	고려	본기에는 9월로
923.3.27	命旨城	城達	고려	본기에는 7월로
923.8.1	碧珍郡	良文	고려	본기에는 7월로
925.9.24	買曹城	能玄	고려	
925.10.10	高鬱府	能文	고려	경주와 가깝다는 이유로 돌려보냄
927.8.8	高思曷伊城 외	興達 외	고려	
927.5.16	康州	有文	후백제	전쟁에 패함
930.1.2	載巖城	善弼	고려	
930.1.25	永安·河曲·松生·直明 등 30여 군현		고려	
930.2.1	溟州~興禮府의 110여 성		고려	
930.2.6	北彌秩夫·南彌秩夫城	萱達		萱達은 北彌秩夫城 성주
930.9.7	皆知邊		고려	
934.9.20	熊津 이북 30여성		고려	

* 비고란의 본기는 『三國史記』 본기.

---

9) 이 지역 호족들의 명칭 또는 세력기반과 관련해서는 『高麗史』卷125, 叛逆 1 伊昕巖傳에 나타나는 熊州太守 伊昕巖, 『高麗史』卷92, 列傳 5, 襄玄慶傳에 나타나는 청주출신 林春吉등의 예와 비교해 볼 수 있을 뿐이다. 그리고 『三國史記』卷50, 甄萱傳 928년 정월조의 왕건이 견훤 에 보낸 답서의 내용에 나타나는 海岸지역의 尹邠, 합천지역의 鄒(許) 造, 충남 연기의 吉奐 등이 후백제를 지지하는 호족들이었을 가능성을 상정해 볼 수 있다.

경상도 지역의 경우에 있어서도 星州, 尙州, 聞慶 등의 서쪽 방면과 眞寶, 永川 등의 동쪽 방면 및 安東 이북지역은 고려에 귀부한 예들이 나타나고 있으나, 高靈, 大邱, 軍威, 義城으로 이어지는 중앙지역은 고려에 귀부하였다는 기록을 찾아 볼 수 없으며, 호족의 존재에 대한 흔적 또한 찾아보기 어렵다.[10] 앞서 언급한 바와 같이, 경상도지역은 후백제와 고려간의 활발한 군사적 대립이 지속되었던 곳이었으며, 후백제의 경상도지역에서의 군사활동 역시 활발히 전개되었던 점을 고려할 때, 이 지역의 각 고을들이 유독 고려에만 귀부하였을 것이라는 해석은 부자연스럽다. 또한 고령, 대구, 군위로 이어지는 연결로 및 그 인근 고을만 유독 城主·將軍으로 칭해지는 호족들이 존재하지 않았다는 해석 또한 부자연스럽다. 이는 결국 이들 지역이 일정기간 후백제의 세력권 하에 있었기 때문에 고려 중심의 역사서술 체제하에서 상대적으로 소홀히 취급되거나, 의도적으로 배제된 것으로 여겨진다.[11]

이러한 측면은 후삼국 정립기에 있어서 대구지역이 후백제의 세력권하에 있었을 가능성을 의미하며, 공산전투가 일어나게 된 배경 즉, 왜 하필이면 대구의 공산지역에서 고려와 후백제간의 대규모전투가 일어나게 되었는가 하는 의문의 일단을 해소해 주는 실마리가 되는 것이다.

한편 920년 10월의 후백제에 의한 大良郡과 仇史郡의 탈취 이후

---

10) 대구지역의 경우 崔致遠이 찬한 「新羅 壽昌郡 護國城 八角燈樓記」(『東文選』卷64, 記)에 異才라는 존재가 나타나고 있으나 그의 활동 시기는 天祐 5년 즉 908년으로서 고려가 건국되기 10년전이며, 이후 그의 존재를 확인해 볼 수 있는 자료는 찾아지지 않는다.

11) 『高麗史』의 편찬 당시 참고되었던 후삼국 및 고려초기와 관련된 자료들이 고려위주였을 것임은 당연하며, 그러한 영향 때문인지 본문의 <표 6>에 나타난 바와 같이 후백제와 관련된 기록은 거의 구체적 날짜가 기록되지 않고 있다.

고려와 후백제의 양국은 경상도지역에서 그들의 세력권을 확장하기 위한 치열한 경쟁상태에 돌입하였다.[12]

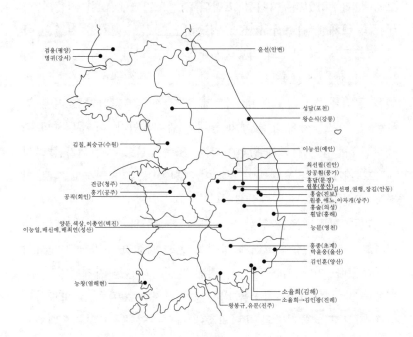

〈圖 2〉豪族 분포도

922년의 6월과 7월 그리고 11월에는 下枝城(豊山지역)과 溟州城, 眞寶城이 고려에 귀부하였는데, 왕건은 하지성을 歸附에 대한 포상의 의미로서 順州로 승격시켰다.[13] 그리고 이듬해인 923년 3월

---

12) 여기서의 세력권 확장을 위한 경쟁상태라는 표현은 후백제와의 군사적 대결을 통한 세력 확장만을 의미하는 것이 아니라 호족의 귀부 등을 포함하는 것으로서, 앞 장에서 서술한 925년까지 고려가 신라와 후백제에 대한 직접적 군사활동이 없었다는 표현의 의미를 훼손하지는 않는다.

과 8월에는 命旨城(抱川지역)과 京山城(星州지역)이 고려에 귀부
하였고, 925년 9월과 10월에는 買曹城과 高鬱府(永川지역)[14] 또한
고려에 귀부하였다. 이처럼 고려의 경상도지역에 대한 진출의 확
대는 후백제에 위협적 요소로 작용하였으며, 후백제의 견훤은 이
의 견제를 위해 앞서의 자료에서도 예시한 바와 같이 924년에 아
들인 須彌强과 良劍으로 하여금 大耶城과 聞韶城의 군사로 曹物
城을 공격케 한 바 있으며, 이듬해 買曹城과 高鬱府가 고려에 귀
부한 직후 조물성에 대한 재차 공격을 단행하였다. 이 두번째의 조
물성전투에서는 견훤과 왕건이 직접 조우하였으며, 전세가 불리해
진 고려가 화의를 요청하여 왕건이 견훤을 尙父라 칭하고 서로 인
질을 교환함으로서 일단락되었다.

이러한 質子交換을 통한 양국간의 화해분위기는 이듬해인 926
년 4월 후백제측에서 고려에 파견한 질자 眞虎가 사망하기 전까지
지속되었다. 이 시기는 양국이 직접적 군사대결을 자제하였고, 후
백제는 925년 12월에 거창을 비롯한 인근지역 20여 城을 확보하는
등[15] 경상도 남쪽지방의 세력확충에 주력하였다. 그러나 후백제가
고려에 인질로 파견한 진호가 고려에서 사망함에 따라 양국간의
관계는 다시 경색되었으며, 진호가 고려측에 의해 살해된 것으로

---

13) 『高麗史節要』 卷1, 太祖 6년 3월조. 다른 지역의 귀부시에는 잘 나타나
  지 않았던 이러한 下枝城에 대한 邑格의 昇格은 후백제의 북진을 견제
  하고 고려의 남하를 원활히 하기 위한 전진기지로서의 지역적 중요성
  이 작용하였다고 보여진다. 또한 元逢이 고려에 귀부한 시기와 읍격이
  상승한 시기가 9개월간의 차이를 보이고 있는 의미와 관련하여서는 앞
  장의 註43)에서 언급한 바 있다.
14) 高鬱府의 장군 能文이 歸附하였을 때, 왕건은 그 성이 신라의 王都에
  가까우므로 그를 위로하여 돌려보냈다(『高麗史節要』 卷1, 太祖 7년조).
  경주와 인접하고 있는 고울부가 고려에 귀부의사를 표하였다는 것은
  당시 신라의 국력이 얼마나 쇠잔하였는가를 말해주고 있다.
15) 『三國史記』 卷50, 甄萱傳.

인식한 후백제가 고려측에서 보낸 인질인 王信을 투옥하고서는[16]
熊津으로 진군함으로서 이후 양국간의 군사적 대결이 재개되었다.

앞 장에서 살펴 본 바와 같이 후백제의 웅진으로의 진출 이후 잦
은 변경 침공은 고려의 對후백제정책은 적극적 공세로 전환되었으
며, 927년 정월의 龍州(醴泉 龍宮지역) 공격 이후 927년 4월의 康
州(慶南 晋州지역) 공격을 기반으로 3개월 후인 7월에 후백제의 경
상도 진출을 위한 세력거점인 합천지역을 격파하는 등 적극적 반
격을 시도하였다. 후백제가 합천지역을 상실한 여파는 다음달인 8
월에 高思葛伊城(聞慶지역)의 興達을 비롯한 백제 여러 城의 城主
들이 고려에 귀부하는 예에서 나타나듯이 경상도 전역에 파급되었
던 것으로 보인다. 이때에 고려에 항복했다고 표현되는「百濟諸城
守」는[17] 아마 경상도지역에 있었던 후백제의 지지세력으로 여겨
지며, 의성지역을 비롯한 대구의 팔공산 이북지역들이 대체로 여
기에 포함되었을 것으로 보인다.[18]

후백제의 國運을 건 마지막 전투 즉, 936년 9월의 一利川戰鬪가
본래 후백제의 세력근거지인 전라도가 아닌 경상도지역에서 이루
어졌던 것에서도 느껴 볼 수 있듯이, 경상도지역의 확보 및 신라의
복속은 후삼국통일의 승패를 좌우하는 의미를 지녔다고 할 수 있

---

16)『三國史記』견훤전에서는 王信을 투옥하였다고 하였으나,『高麗史』
   세가에서는 왕신을 죽였다고 기록하고 있어 차이를 보이고 있다.
17) "八月丙戌 王徇康州 高思葛伊城主 興達歸欸 於是 百濟諸城守 皆降
   附"(『高麗史』卷1, 太祖 10년 8월 丙戌條).
18) 1992,『운문댐수몰지구지표조사보고서』, 148~149쪽 참조. 한편 현재의
   靑道郡 雲門面 新院里에서 雲門寺방면으로 동쪽에 地龍山이 위치해
   있는데, 이 산의 정상에는 축조된 山城의 흔적을 찾을 수 있다. 虎踞山
   城, 雲門山城 또는 地龍山城이라 불리워지는 이 山城은 견훤이 신라를
   침공하는 기지로 이용하기 위해 축조되었다고 한다. 산성의 이름이 地
   龍山城이라 불리워지게 된 까닭도 견훤이 지렁이의 아들이라는 설화
   에서 연유하고 있다.

다. 따라서 이 시기 경상도지역에 있어서 후백제세력의 급속한 약
화는 후백제의 입장에서는 심대한 타격이었다. 이러한 열세를 만
회하기 위한 대규모의 군사행동이 곧 경주침공으로 나타났으며,
뒤이어 공산전투로 진행되었던 것이다.[19)

---

19) 한편 후백제의 경주침공 배경과 관련하여 申虎澈은 박씨왕의 즉위로
지방관들까지 신라왕실에 대한 충성의 명분을 상실하고 지방의 호족들
의 대거 반신라적 독립세력으로 등장하거나 후삼국건국 세력들과 결탁
하는 것이 박씨왕대의 일이라고 하면서 아울러 "견훤의 경주침공은 신
라를 병합하기 위한 것이 아니라 김씨왕족을 제쳐두고 즉위한 박씨왕
을 제거하고 대신 김씨왕을 옹립하기 위한 것이었다. 경순왕이 견훤에
의해 옹립된 인물이면서도 신라왕실로부터 별다른 반발이 없이 왕위를
유지할 수 있었던 것은 박씨왕의 축출이라는 점에서 신라내의 김씨의
왕족들에게 받아들여질 수 있었던 것이다."라고 하였다(申虎澈,「豪族
勢力의 成長과 後三國의 鼎立」『新羅末 高麗初의 政治・社會變動』
144쪽). 그러나 이러한 견해는 우선 견훤이 굳이 김씨왕계를 필요로 한
이유가 무엇이었을까 라는 점이 전제가 되어야 하며, 또한 그의 앞의
견해(밑줄 친 부분)대로라면 박씨왕의 즉위는 후백제를 건국한 견훤의
입장에서는 오히려 환영할 일이라는 점에서 앞 뒤 논리의 모순을 안고
있다. 아울러 敬順王의 즉위를 신라왕실에서 받아들였다고 할 때, 그
왕실의 구성주체가 무엇인지 살펴야 할 것이다. 즉 3대에 걸친 박씨왕
대가 그 전에 있었다면 박씨중심의 신라왕실이 景哀王의 사망 직전까
지 유지되었을 것이며, 설사 종래의 김씨왕실이 그대로 유지 또는 김부
의즉위와 더불어 새로이 형성되었다 하더라도 경주가 완전히 함락된
상황에서 김부를 옹립한견훤의 의사를 거부할 입장이 될 수 있었겠는
가 하는 점이 그것이다.

Ⅱ. 公山戰鬪의 진행과정과 결과

927년 9월에 있었던 후백제군의 군사적 행동은 앞 절의 사료 A) 에 나타나있는 바와 같이 먼저 近品城을 공격하여 이 지역을 불사 르는데서 비롯되어 곧이어 高鬱府와 慶州를 함락시키는 과정으로 진행되었다. 근품성을 공격한 후 이 지역을 불살랐다는 의미는 단 순히 근품성지역을 확보하고자 하는데 목적이 있었던 것이 아니라 다음의 계속된 군사행동을 예고하는 것으로서, 그 지역이 지니고 있었던 고려의 세력기반 내지는 군량제공처가 될 가능성을 미리 차단한다는 의미를 지녔다고 보여진다.

그리고서 곧 고울부를 습격하였는데, 현재의 영천지역인 고울부 는 경주와 경계를 접하고 있는 관문으로서 925년 10월에 고울부의 能文이 고려에 투항하였을 때, 신라 수도에 가깝다는 이유로 신라 와의 관계를 고려하여 돌려보낸 예에서처럼 이 지역은 신라의 흥 망과 직결되는 곳이었다. 후백제가 이전에 경상도지역에서 잦은 군사활동을 진행하면서도 이 지역에 대한 침공을 시도하지 않은 것은 신라지역민의 민심이 이반되는 것과 고려를 지나치게 자극하 는 것을 염려한 때문으로 보여진다. 그러나 이 시기에 와서 고울부 를 공격하였다는 것은, 그리고 곧이어 신라의 수도인 경주마저 함 락시켰다는 것은, 앞서 언급한 바와 같이 경상도지역에서의 세력 열세로 인한 후백제의 위기감이 그만큼 컸다는 것을 보여준다.

고려는 이러한 후백제의 군사적 행동과 신라의 구원요청에 대해 1만의 병력을 파견하는 등 즉각적인 군사적 대응을 하였으나, 이 병 력들이 도착하기 전에 이미 경주는 함락이 되었다. 신라의 수도가 후백제에 의해 유린되고 또한 왕마저 살해 교체되었다는 사실은, 당시 경상도지역에서 상대적 우위를 확보해가고 있던 고려의 입장에서는 간과할 수 없는 중대한 사건으로서 왕건이 직접 5천의 정예 병력을 거느리고 이를 구원하기 위해 달려오게 되었던 것이다.

왕건이 온 행적은 대체로 忠州지역에서 鷄立嶺을 넘어[20] 聞慶 방면으로 온 것으로 파악되며, 문경지역에서 대구의 팔공산까지 이르는 과정은 자세하지 않다. 문경에서 대구로 오는 길은 醴泉지방을 거쳐 安東, 義城방면으로 진행하는 것과 店村지방을 거쳐 尙州, 善山방면으로 진행하는 두 가지 형태를 상정해 볼 수 있는데, 후술하겠지만 왕건이 패한 후 그 도주로가 星州지역으로 향하였던 점, 후백제가 공산싸움에서 승리한 후 성주와 칠곡지역을 공략한 점, 그리고 앞서 언급한 바와 같이 경주를 공격하기 전에 尙州지역이 공격대상으로 선택되었던 점등을 고려한다면 후자가 보다 신빙성이 있다고 하겠다.

대구의 공산지역까지 온 왕건의 고려군은 永川방면으로 진행하다가 더 이상 나아가지 못하고 견훤의 군사와 조우하게 된 것으로 보인다. 이처럼 왕건의 구원병이 경주지역까지 짓쳐들어가지 못하고 팔공산권역에서 멈추게 된 것은, 견훤의 후백제군이 곧 대응하여 병력을 이끌고 온 탓도 있겠지만[21] 이 시기의 대구지역이 후백

---

20) 『三國史記』에 의하면 鷄立嶺은 156년(阿達羅尼師今 3년)에 이미 개척되었다고 하였으며, 竹嶺은 이 보다 2년 늦은 158년에 개척되었다고 기록하고 있다(『三國史記』 卷2, 阿達羅尼師今 3년 4월조 및 5년 3월조).

21) 후백제군이 경주를 침공한 후 머문 기간과 관련해서는 『三國遺事』에 "羅末 天成年中에 正甫 崔殷含이 늦도록 아들이 없어 이 절(衆生寺)의 부처님 앞에 와서 기도하였더니 태기가 있어 아들을 낳았다. 석달이 못되어 백제의 견훤이 침습하니 성중이 크게 어지러워졌다. 은함이 아이를 안고 절에 와서 고하기를 이웃 군사가 갑자기 쳐들어와 일이 급합니다. 어린 자식이 누가 되어 둘 다 면하지 못할 듯 하니 진실로 대성

제의 세력권 아래 놓여 있었기 때문일 가능성이 더욱 크다 하겠다. 『三國史記』甄萱傳에서 후백제군이 공산지역으로 가게되는 상황을 '自隨以歸' 즉, '되돌아갔다'고 표현한 것은 대구지역이 영천과 경주지역의 침공로였을 가능성을 의미하며, 나아가 이곳이 후백제의 세력권이었음을 시사한다고 하겠다. 또한 위와 같은 자료에 나오는 왕건이 견훤에게 보낸 국서의 내용 중, 공산싸움과 관련한 표현에서 '桐藪望旗而潰散'라고 하여 왕건이 공산에 왔을 때 桐藪[22]의 병력이 고려군의 旗를 보고는 뿔뿔이 흩어져 도망갔다고 하였다. 이는 桐華寺를 중심으로 한 공산일대에 군사력으로의 전용이 가능한 집단이 존재해 있었을 가능성과 아울러 이들의 性向이 反高麗的인, 즉 後百濟支持 입장이었음을 말해준다. 이러한 상황은 신라를 구원하기 위해 달려온 고려군이 후백제의 정규군과 遭遇하기에 앞서 인적 물적인 소모는 물론 시간적 낭비까지 초래하였을 가능성 마저 있는 것이다.

여기서 공산지역에서 벌어졌던 고려군과 후백제군 사이의 전투과정을 살펴보기로 한다. 이 부분에 대해서는 역사자료에 구체적 기록이 거의 남아 있지 않다. 그러나 다행히 팔공산일원을 중심으로 한 대구의 각 지역에는 이 공산전투와 관련하여 비롯된 지명이나 설화 또는 속전들이 전해져 오고 있으며, 현재로서는 이를 중심

의 주신 바 일진대 大慈의 힘으로 護育하여 우리 부자로 하여금 다시 만나보게 해주소서 하고 울며 슬퍼하여 三泣三告하되 기저귀에 아이를 싸서 사자좌 밑에 감추어 두고 억지로 떠나갔다. 반달을 지나 적병이 물러간 뒤에 와서 찾아보니 … 이 사람이 곧 承魯니 위가 正位에 이르렀다."(『三國遺事』卷3, 塔像4 三所觀音 衆生寺)라고 하여 대략 보름 정도였을 것으로 추정된다.

22) 1987, 『八公山』, 경북대학교·대구직할시편 32~33쪽 참조. 桐藪는 팔공산 桐華寺로서 '藪'가 사찰을 의미함은 기왕의 연구에서 정리된 바 있다.

으로 당시 상황의 대략을 재구성해 볼 수밖에 없는 형편이다.23)

고려군의 진행로는 대체로 팔공산의 서쪽방면에서 동쪽방면으로 진행되었다. 현재의 東區 西邊洞지역에는 '無怠'라는 지명이 전해져오고 있는데, 그 지명의 유래는 왕건이 병사들에게 '警戒를 게을리 하지말고 怠慢함이 없도록 하라'고 한데서 비롯되었다는 설과 왕건이 이 지역을 지날 때, 이 지역 주민들의 부지런함을 보고 태만한 자가 없는 곳이라 하여 유래되었다는 설이 전해지고 있다. 두 설의 眞僞를 살필 수는 없으나 '무태'라는 지명이 왕건과 관련하고 있음은 사실이라 하겠다. 이 무태지역에서 桐華川을 따라 북동쪽으로 진행하다 보면 '研經'이라는 마을을 지나게 된다. 이 연경이라는 지명 또한 왕건이 이 지역을 지날 때, 마을 선비들의 글읽는 소리가 낭낭하게 들려와 붙여진 이름이라 전한다. 고려군은 이 연경에서 계속 동화천을 따라 동쪽으로 진행하여 智妙洞과 미대동을 거쳐갔을 것으로 보이며, 아마도 백안동 또는 내학동부근에서『三國史記』의 견훤전에서 언급한 桐藪의 병력을 제압한 것으로 여겨진다.

이때 桐藪 즉 동화사의 병력이 어떠한 성격의 것이었는지는 나타나있지 않으나, 대체로 동화사 인근의 지역민들이거나 또는 동화사의 隨院僧徒들이 아닌가 한다.『高麗史』兵志에

　　… 또 僧徒를 뽑아서 降魔軍을 삼았다. 국초에 중앙과 지방의 사원에는 모두 隨院僧徒가 있어서 勞役을 담당하였는데 마치 군현의 居民과 같았고, 恒産을 가진 자가 많아서 千百에 이르렀다. 매번 국가에서 군사를 일으킬 때 마다 역시 중앙과 지방의 여러 사원의 수원승도를 징발하여 諸軍에 분속시켰다(『高麗史』卷81, 兵志 1 兵制條).

---

23) 이 俗傳들은『慶北마을誌』나『慶北地名由來總攬』등을 참고하였으므로 註로서 일일이 그 전거를 밝히는 것은 생략한다.

라고 하여, 고려초에 이미 각 사찰에는 '隨院僧徒'라 표현되는 무리들이 존재하고 있었음을 알 수 있으며, 국가의 통제에 의해 군대에 소속된 것으로 미루어 소속사찰의 필요에 따라 군사적 기능도 가졌을 것으로 보인다.[24] 이러한 수원승도들이 동화사에도 존재하였을 개연성은 충분히 있으며, 후백제의 세력권하에 있었던 동화사의 수원승도 또는 동화사 인근의 지역민들이 왕건의 정예병력을 만나서는 대항 한번 제대로 하지 못하고 궤산하였던 것이다.

팔공산의 동화사 아래를 통과한 왕건의 고려군은 후백제군을 격파하기 위하여 능성고개를 넘어 계속 영천방면으로 진행하였던 것으로 보인다. 즉, 『新增東國輿地勝覽』에

> 太祖旨; 고을 서쪽 30리쯤 되는 곳에 있는데 전하는 말에, 고려 태조가 견훤에게 패해서 퇴병하여 公山 밑 한 조그만 봉우리를 보존하고 있었기 때문에 이렇게 이름한 것이다(『新增東國輿地勝覽』卷22, 永川郡 古跡條).

라고 하여 비록 俗傳이긴 하지만 고려와 후백제가 영천에서 전투를 벌였던 흔적이 나타나고 있는 것이다. 영천군의 邑治로부터 30리쯤 떨어져 있다는 太祖旨는 대체로 銀海寺 입구로 추정되고 있는데,[25] 현재는 그러한 지명이 전해지지 않는다. 이 태조지의 전투에서 패한 고려군은 후퇴를 하게 되는데, 그 후퇴로는 대체로 그들이 진출하였던 길과 동일하였던 것으로 여겨진다.[26]

---

24) 李相瑄, 1984, 「高麗時代의 隨院僧徒에 대한 考察」『崇實史學』2, 4쪽 참조.
25) 文暻鉉, 앞의 책, 338쪽. 이 시기의 銀海寺는 지금의 위치가 아니라 현재 운부암의 아래 자락인 해안평에 위치해 있었다.
26) 고려군의 진출로와 후퇴로가 대체로 일치할 것이라는 추론은 우선 전투에서 패한 고려가 후퇴하는 입장에서, 이미 진출할 당시의 과정에서 지형이 어느 정도 숙지된 길을 선택하는 것이 자연스러웠을 것이라는 측

桐華川邊을 낀 이 퇴로길을 따라 진행하다 보면 智妙1洞과 智妙 3洞사이에 나팔고개라는 지명이 전해지고 있음을 확인할 수 있다. 이 나팔고개의 지명유래와 관련해서는 '고려군이 이 고개 너머에 진을 치고 있는 후백제군을 향해 나팔을 불면서 진군했다는 설'과 '후백제군이 고려군을 에워싸고 진격하면서 나팔을 불었다는 설', '후백제군이 고려군을 격파하고 이 고개를 넘어면서 나팔을 불었 다는 설' 등 나팔을 분 주체가 서로 다른 설이 전해지고 있다. 당시 양국간의 전투 진행상황을 추론해 볼 때, 나팔고개의 명칭은 바로 고려군이 후퇴하는 과정에서 생성된 것 같으며, 표현상의 차이는 있으나 나팔을 불었던 주체를 후백제로 상정한 설들이 타당성이 있어 보인다.

고려군이 후백제군과의 첫 접전에서 패배한 후, 후퇴하여 군사 를 재정비한 곳은 현재 西邊川과 琴湖江이 합류하는 지점인 살내 [箭灘]로서, 이 하천을 경계로 양군이 대치하게 되었던 것 같다. 이 살내라는 명칭도 양군이 하천의 양쪽에 서로 대치하여 싸울 때, 서 로 쏜 화살이 강을 이루었다는데서 유래하고 있다. 이 살내를 중심 으로 양군이 대치하고 있을 때, 고려의 장군인 申崇謙과 金樂이 이 끄는 援兵이 합세하였던 것으로 보인다. 그래서 일시 원기를 회복 하여 전열을 정비한 고려군이 후백제군을 밀어붙이면서 진출한 곳 이 美利寺 앞이었다. 현재 미리사터로 추정되는 곳은 파군재에서 동화사로 올라가는 길과 파계사로 올라가는 길 사이에 위치한 지 묘동의 王山아래 산기슭으로서, 현재 申崇謙장군의 殉節壇과 신숭 겸장군이 순절한 곳을 의미하는 내용이 담긴 비각과 表忠壇이 서 있으며, 그 뒷산을 왕산이라 한다.

이 미리사 앞에서의 전투가 공산전투의 과정 중 가장 치열했던,

_____

면과 아래에서 살펴 볼 살내[箭灘]라는 지명의 유래에 근거한 것이다.

양국이 전력을 다한 전투였던 것이다. 미리사가 위치해 있었던 왕산아래서 전개된 전투는 현재 동화사와 파계사로 올라가는 갈림길이 시작되는 파군재라는 곳에서 고려군의 참담한 패배로 결말이 났다. 패배의 원인에 대해서는 후백제군은 경주를 함락시킨 사기와 경주지역을 함락시키는 과정에서 확보한 군량이 풍부했던 반면에 고려군은 5천의 정병이 개경으로부터 팔공산지역까지 급히 달려오느라 군사들이 피로에 지쳤으며, 또한 확보된 군량조차 후백제에 비해 열세였을 것으로 파악되고 있다. 이와 아울러 이 지역의 동향이 후백제지지 입장이었다는 것이 왕건으로 하여금 전쟁수행에 더욱 고초를 겪게 했을 것으로 보인다.

참패를 한 왕건은 그 병력의 대부분을 상실한 것으로 자료는 전하고 있으며, 왕건은 신숭겸과 김락 등의 도움으로 겨우 목숨을 부지하였다.[27] 즉, 전하는 바로는 신숭겸이 후백제군의 눈에 잘 드러나는 왕건의 戰服을 자신의 전복과 바꾸어 입고 후백제군을 자신에게로 유인함으로써 왕건의 위기를 구했다는 것이다. 현재 이 지역의 명칭이 智妙洞으로 전해지게 된 원인도 왕건을 구한 그 지혜가 교묘하였다는 데서 연유한다.

겨우 몸을 돌보게 된 왕건의 도주로는 파군재에서 남쪽으로 내려와 동화천을 따라 동쪽으로 향하였던 것으로 이해된다. 현재 지묘동의 동남쪽에 위치한 鳳舞洞에는 토성의 산기슭에 왕건이 도주

---

27) 『高麗史』卷92, 洪儒列傳附 申崇謙列傳. "崇謙初名能山 光海州人 長大有武勇 十年 太祖與甄萱 戰於公山桐藪 不利 萱兵圍太祖 甚急 崇謙 時爲大將 與元甫金樂 力戰死之 太祖甚哀之…" ; 『新增東國輿地勝覽』卷26, 大丘都護府 古跡條. "美理寺 在解顏縣 或云解顏 一名美理 甄萱 逼 新羅郊畿 景哀王求救於高麗 萱猝入新羅京都 戕王 立敬順王 盡取國帑珍寶兵仗子女百工之巧者 自隨以歸 太祖以精騎五千 要萱於公山下美理寺前 大戰 <u>將軍金樂申崇謙死之 諸軍敗北 僅以身免</u>".

하다가 앉아서 쉬었다는 속전이 전해지는 '獨座巖'이라는 바위가
남아있으며, 그 남쪽인 不老洞에서 동화천을 따라 道洞과 坪廣洞
쪽으로 진행되는 곳에는 아직도 왕건과 관련된 설화가 남아 있다.
현재의 동촌비행장 서쪽에 위치한 도동은 원래 獐山郡의 領縣인
解顔縣의 邑治가 위치해 있었던 곳인데, 속전에 의하면 왕건이 解
顔橋 다리가 있는 부근의 들판을 지날 때 혹 후백제군이 나타날까
걱정하였으나 무사하게 되자 마음이 놓여 "얼굴이 환하게 펴졌다"
고 하여 이 곳을 해안이라고 부르게 되었다는 것이다. 그러나『三
國史記』地理志에 의하면 雉省火縣이었던 이곳을 해안현이라고
부르게 된 것은 신라 景德王때라고 밝히고 있어,[28] 이곳의 지명과
관련한 속전은 신빙성이 없다고 하겠으며 단지 왕건과의 관련 가
능성을 짐작해 볼 수 있을 뿐이다.

　道洞을 거쳐 역시 不老川邊을 따라 동쪽으로 가면 坪廣洞에 이
른다. 이 평광동의 동쪽 끝은 동화천으로 이어지는 불로천이 발원
하는 곳으로서 이곳에서 산에 의해 길이 가로막히게 된다. 산아래
마을은 속칭 '시랑이'라고 불리워지는데, 원래 '失王里'였던 마을
이름이 점차 音이 변하여 그렇게 된 것이라 한다. 이러한 '실왕리'
라는 마을 이름의 유래에 대하여 속전에서는 왕건이 도주 중 이 평
광동의 뒷산으로 숨었는데, 이곳에서 쉬면서 나뭇군을 만나 주먹
밥으로 허기를 달래었으며, 후에 나뭇군이 나무를 다하고 내려와
보니 그 사람이 사라졌다는 것이다. 그리고 나중에 그 사람이 왕이
었다는 사실을 알고 '왕을 잃은 곳'이라 하여 이곳을 '실왕리'라고
부르게 되었다는 것이다. 이 마을에는 현재 신숭겸장군을 기리는
影慕齋와 신숭겸장군의 영정을 모셨던 곳이라는 내용을 담은 비각
이 보존되고 있다. 비문의 뒷면에 새겨진 글에 의하면 이곳은 왕건

28)『三國史記』卷34, 地理1 獐山郡條.

이 신숭겸의 명복을 빌기 위해 세웠던 美利寺와[29] 智妙寺 그리고
大悲寺중 신숭겸의 영정을 모시는 대비사가 있었던 곳이라 하고
있다. 신숭겸과 직접적 관련성을 찾아 볼 수 없는 이곳에 관련유적
이 있다는 것은 왕건과 관련된 앞의 속전에 신빙성을 보태고 있다.

불로천변을 따라 평광동의 시량이 마을까지 이르렀던 왕건은 이
곳에서 길이 막히자 산을 넘었던 것으로 보인다. 이곳에서 산을 넘
어 이를 수 있는 곳은 동쪽으로 환성산을 넘어 현재의 경산군 河陽
邑으로 가는 길과 동남쪽으로 산을 넘어 현재의 安心지역인 대구
시 동구 梅余洞으로 가는 길이 있는데, 속전에 전하는 왕건의 관련
행적으로 미루어 매여동 방면의 길을 택했던 것으로 여겨진다. 안
심지역은 속칭 '半夜月'이라 불려지며, 그 이름의 유래가 왕건이
이 지역에 이르렀을 때, 하늘에 반달이 떠서 그 도주로를 비춰주었
다고 한데서 연유한다. '安心'이라는 이름 또한 왕건이 이곳에 이
르러 비로소 안심하게 되었다고 전하는 속전에 근거하고 있다.

여기서부터 왕건의 행적이 전해지는 대구의 남쪽방면에 있는 속
칭 앞산지역까지는 그 도주로의 연결선이 명확하지 않다. 대체로
금호강을 건너 지금의 경산 押梁지역이나, 현재 대구시역에 포함
된 수성구 고모동방면을 지나 온 것이 아닌가 한다. 이곳을 지나

---

29) 조선후기에 세워진 이 碑의 碑文과 智妙洞의 表忠壇 안내간판에는 美
利寺가 申崇謙의 명복을 빌기 위해 세워졌다고 하였으나, 미리사는 이
미 그 전에 창건되었던 것으로 보인다. 『高麗史』의 申崇謙列傳에는 智
妙寺만 보이고 있으며, 『三國史記』甄萱列傳의 견훤이 왕건에게 보낸
국서의 내용 중 "左將 金樂의 해골을 미리사 앞에서 드러내게 하고"라
하여 이미 미리사의 존재가 나타나고 있다. 또한 미리사터로 추정되는
곳은 王山 바로 아래로서 현재 교회와 表忠齋가 서 있는 곳의 사이인
데, 지묘사터가 현재의 표충단 위치라고 한다면 그 거리가 100m 정도
밖에 되지를 않아, 겨우 100m를 사이에 두고 두개의 사찰을 거의 같은
시기에 창건하였다는 것은 불합리하다고 여겨진다.

앞산지경에 이르면 왕건의 행적을 유추해 볼 수 있는 속전들이 주로 사찰을 중심으로 전해지고 있다.

왕건의 도주로는 앞서 살펴 본 바와 같이 길을 잃지 않기 위해서 주로 川邊을 이용하거나, 또는 적대 세력의 이목을 피하기 위하여 산기슭의 외곽을 이용하였는데, 속칭 '앞산'지역에 이르러서도 이를 확인해 볼 수 있다. 앞산지역에 있어서 왕건의 행적을 유추해 볼 수 있는 곳으로 우선 隱跡寺를 들 수 있다. 앞산의 아랫봉인 琵琶山의 동쪽자락에 위치한 은적사의 창건유래는 '隱跡'이라는 용어에서도 느껴지듯이 왕건이 이곳에 은신하여 머물렀던 곳이라 하여 고려 태조 18년(936)에 영조스님이 창건하였다고 전해지고 있다. 여기서 서쪽방면으로 진행하면 역시 비파산의 서북쪽자락에 安逸寺라는 사찰이 있다. 이 안일사의 창건유래 또한 왕건이 이곳에서 편안히 쉬어 간 곳이라는데서 유래하고 있어 왕건의 자취를 느껴 볼 수 있다. 또한 앞산의 아랫자락에는 속칭 '안지랑골'이라고 있는데, 이곳에는 왕건이 이곳에 이르러 물을 마셨다는 王井이 남아 있으며 이 물을 將軍水라고 부르고 있다.

은적사에서 안일사 그리고 안지랑골로 이어지는 서쪽방면으로 앞산 순환도로를 따라 계속 진행하면 대덕산의 서쪽자락으로 현재의 대구시 달서구 상인동에 있는 臨休寺라는 사찰을 찾아 볼 수 있는데, 이 사찰의 창건유래 또한 왕건이 이곳에 臨하여 쉬어 간데서 연유하고 있음을 확인할 수 있다. 비록 사료적 뒷받침이 없는 속전의 내용이 중심이 되었지만, 이렇게 왕건의 도주로를 상정해 볼 때, 왕건은 대체로 팔공산자락에서 동화천변을 따라 해안현지역을 거쳤으며, 현재의 안심지역을 경유한 후, 대구의 앞산지역에 이르러서는 서쪽방면으로 진행하였던 것으로 보인다.

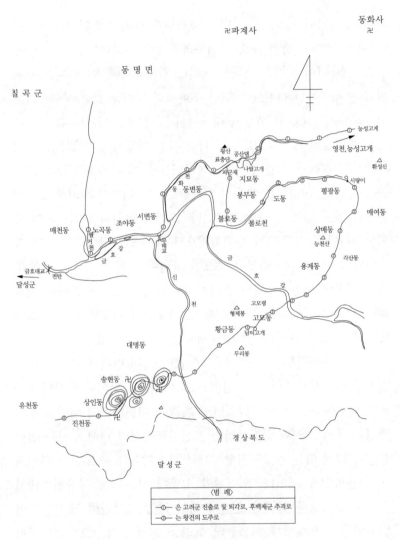

〈圖 3〉 公山戰鬪 상황도

 이후 왕건이 무사히 개경까지 돌아가게 된 경위에 대해서는 명확
하지 않으나, 지금까지 살펴 본 왕건의 진행방향으로 볼 때, 대체로
城西지역을 거쳐 낙동강변을 따라 성주지역으로 간 것이 아닌가 한

다. 성주지역이 처음으로 고려의 세력권에 들어가게 된 것은 923년 8월에 碧珍郡의 장군 良文이 귀부하면서부터였다고 할 수 있으며, 그 후 계속하여 고려의 세력권 내지는 지지세력에 속하였다고 보여진다. 특히 927년 11월에 있었던 후백제의 벽진군 침공시에는 索湘이 전사하였는데, 이 색상에 대하여서『高麗史』세가의 같은 조에서는 관직명이 正朝로, 또 같은 책에 실린 견훤이 왕건에게 보낸 국서에서는 都頭라는 관직명으로 나타나고 있어 비록 표현상의 차이는 있으나, 공산전투를 즈음한 시기에는 성주지역이 완전히 고려의 통제를 받고 있었던 것으로 보인다. 그래서 왕건이 의식적이던 무의식적이던 그 도주로가 성주지역으로 향하였던 것이 그가 목숨을 부지하여 재기할 수 있었던 중요한 원인이 되었던 것으로 보인다. 이는 견훤이 공산전투에서 승리한 후, 성주에 이르는 길목인 大木郡을 탈취하여 곡식을 불사르고, 그 다음달인 10월과 11월에 걸쳐 벽진군에 대한 공세를 강화한데서도 느껴 볼 수 있다.

이러한 공산전투 직후 양국은 국서를 교환하면서 서로의 국력을 기울인 대규모의 전투는 일정기간 소강국면을 맞이하게 된다. 929년 말에서 930년 초까지 있었던 古昌戰鬪 이전까지의 이러한 소강국면은 우선 고려의 입장에서는 공산전투에서의 패배로 인한 전력상실과 그에 따른 경상도지방에서의 활동영역의 축소가 그 원인으로 작용하였을 것이다. 후백제의 입장에서도 비록 공산전투에서 승리는 하였으나 전력의 손실이 적지 않았을 것이며, 공산전투의 발생배경이 후백제가 처음부터 고려를 전쟁의 대상으로 한 것이 아니라 고려가 신라를 구원하러 온데서 비롯된 것이므로 일단 이 전투에서의 승리로 경상도지역의 주도권 확보라는 소기의 목적을 달성하였다는 측면이 있다. 이는 공산전투 직후 결코 패전한 고려군을 추격하기 위하여 경상도 이북지역으로 진출하지 않았던데서도 확인이 된다. 이것이 공산전투의 성격과 한계로 여겨진다.

한편 양국은 공산전투 직후 그 전투에 대한 정리로서 국서를 교환하였는데, 먼저 927년 12월 견훤이 왕건에게 국서를 보내고 다음해 정월에 왕건이 이에 대한 답신을 보낸 형태로 이루어졌다. 양국이 교환한 국서는 『三國史記』의 後百濟 甄萱條와 『高麗史』 및 『高麗史節要』의 태조 10년 12월조와 태조 11년 정월조에 동일한 내용의 全文이 소개되어 있으며, 분량이 적지 않은 관계로 그 내용의 대강만 정리하기로 한다.

우선 견훤이 왕건에게 보낸 국서의 내용을 살펴보면 경주 침공의 당위성과 후백제의 勝勢, 그리고 吳越國王의 당부를 근거로 하여 평화적 관계를 희망한다는 의사의 전달로 구성되어 있다. 후백제가 공산전투와 벽진군의 공격 이후 이러한 화친의 의사를 담은 서신을 보낸 이유는 명확하지 않다. 다만 생각해 볼 수 있는 가능성은 후백제가 비록 공산전투에서 승리하였다고는 하나 고려의 국력이 여전히 유지되고 있고, 확보한 지역 역시 경상북도 남부지역에 불과하다는 한계와 경주를 함락시킴으로써 발생한 이반된 민심을 조금이나마 만회해 보겠다는 의도 등이 내포된 것이 아닌가 한다.

한편 이에 대한 왕건의 답신은 후백제의 화친의사에 대한 의심스러움을 보이면서, 그가 지난날 평화의 유지를 위해 많은 노력을 하였음과, 과거 있었던 화친의 약속을 후백제가 번번히 파기하고 경주마저 침공한데 대한 비판, 그리고 화친의 의사는 받아들이되 과거의 일을 바로잡아야만 한다는 전제 등으로 구성되어 있다. 그런데 왕건의 국서 내용을 살펴보면 후백제의 과거 처사에 대하여 맹렬히 비판하면서 "만일 죄과를 범하고도 능히 고치지 못한다면 그 때에는 후회하여도 수습하지 못 할 것이다"고 하여 공산전투에 패했음에도 불구하고 당당히 그 소신을 피력하고 있다. 이러한 자신감은 앞서 지적한 바와 같이 고려의 군사력이 여전히 강고히 유지되고 있으며, 후백제의 경주침공만은 용서될 수 없다는 왕건의 신념, 명분에서 절대적으로 유리하여 민심을 확보하고 있다는 판단 등에서 비롯된 것이 아닌가 한다.

그러나 후백제의 경주침공에 대한 반성과 고려가 납득할만한 사후조처는 이루어지지 않았으며, 공산전투에서의 승리를 계기로 후백제가 확보하게된 경상도지역에서의 주도권 장악과 계속된 군사행동은 결국 양국의 관계를 대립상태로 고착시키는 계기가 되었다고 할 수 있다.

제4장

古昌戰鬪 전후의 양국관계

앞 장에서 927년에 있었던 公山戰鬪에 대하여 살펴보았다. 이 공산전투 이후 고려와 후백제간의 세력판도에 영향을 주었던 대규모 전투는 929년 말에서 930년 초까지 慶尙北道 安東지역 일원에서 진행되었던 古昌戰鬪라[1] 할 수 있다. 따라서 본 장에서는 우선 공산전투 이후 고창전투가 일어나기 전까지의 정세분석을 통하여 당시 고창지역에서 고려와 후백제간의 대규모 전투가 벌어진 배경을 살펴본 후, 그 전투의 진행과정과 이후 후삼국정립기에 나타난 변화양상에 대해 검토해 보고자 한다.

Ⅰ. 古昌戰鬪의 발생배경

927년 公山地域에서 진행된 전투에서 참담한 패배를 당한 고려는 이후 경상도지역에서의 활동이 과거에 비해 위축될 수밖에 없었다. 그러나 신라를 구하기 위해 경상도지역으로 진출한 병력이 패한 것이기 때문에, 그 영향이 적다고는 할 수 없으나 고려 자체의 국력이 급격히 쇠잔하였다고는 여겨지지 않는다. 이는 이후 변경지역의 정비와 경상도 재진출을 위한 교두보의 확보에 진력하게 되는 고려의 꾸준한 활동과 노력에서도 확인되며, 앞 장에서 살펴

---

1) 전투의 명칭과 관련하여서는 다음 절의 고창전투의 진행과정에서 언급되겠지만, 甁山지역 전투 외에도 그에 앞선 저수봉전투와 그 후의 합전 교전투 등이 있어 병산전투라 명명하기보다는 이 모든 전투를 포괄할 수 있는 고창전투라는 표현이 보다 적절할 것으로 생각된다.

본 바와 같이 전쟁에서 패한 직후임에도 불구하고 굴하지 않는 자세를 보인 후백제에 보낸 국서의 내용에서도 확인이 된다. 또한 공산전투에서 패한 직후인 928년 정월에 溟州장군 順式이 무리를 거느리고 조회를 하였는데,[2] 특히 순식의 직접적 조회가 있었다는 것은 고려의 국력이 여전히 온존하고 있으며, 이러한 측면은 여타 지방의 고려 지지세력에게도 인식되었을 것으로 생각된다.

또한 후백제는 공산전투의 승리를 통하여 경상도지역에서의 주도권을 확보하였으며, 이를 기반으로 하여 경상북도지역에서의 군사적 활동을 활발히 전개하였는데, 고창전투 이전까지 양국의 활동양상을 다음의 사료들을 통하여 검토해 보기로 한다.[3]

A-1. 大相 廉相과 卿 能康 등을 보내어 安北府에 성을 쌓고 元尹 朴權으로 鎭頭를 삼아 開定군사 7백명을 거느리고 이를 지키게 하였다 (『高麗史節要』 卷1, 太祖 11년 2월).

   2. 왕이 湯井郡(온양)에 행차하였다(『高麗史』 권 1, 太祖 11년 4월 庚子).

   3. 運州의 玉山에 城을 쌓고 지키는 군사를 두었다(『高麗史節要』 卷1, 太祖 11년 4월).

   4. 忠州에 행차하였다가 돌아왔다(『高麗史節要』 卷1, 太祖 11년 8월).

   5. 이해에 왕이 北界에 巡幸하여 鎭國城(평남 肅川)을 옮겨서 쌓고 이름을 通德鎭이라 고치고 元尹 忠仁으로 鎭頭를 삼았다(『高麗史節要』 卷1, 太祖 11년 11월).

---

2) 『高麗史』 卷1, 太祖 11년 정월조. 한편 전쟁에 패한 직후라는 시기적 측면과 관련하여 이때의 조회의 의미는 패전에 대한 위로와 아울러 고려에 대한 계속된 충성의 서약이었을 것으로 여겨진다.

3) 본문의 사료는 『三國史記』・『三國遺事』・『高麗史』・『高麗史節要』 등에서 적출한 것인데, 역사서 간에 중복되는 내용은 보다 상세히 기술된 사료를 택하였다. 따라서 주로 『高麗史節要』의 사료가 많이 인용되었으며, 표현상의 차이나 시기의 착오 등은 사료의 분석과정에서 필요에 따라 언급하기로 한다.

6. 大相 廉相을 보내어 安定鎭(평남 順安)에 城을 쌓고 元尹 彦守考로서 이를 지키게 하며, 또 永淸縣(평남 水柔)에 성을 쌓았다(『高麗史節要』 卷1, 太祖 12년 8월).

7. 서경에 행차하여 州鎭을 순시하고 돌아 왔다(『高麗史節要』 卷1, 太祖 12년 4월).

8. 왕건이 基州(豊基)로 가서 州鎭들을 순행하였다 (『高麗史』 卷1, 太祖 12년 7월 己卯).

9. 剛州(경북 榮州)에 행차하였다(『高麗史節要』 卷1, 太祖 12년 9월).

10. 大相 式廉을 보내어 安水鎭에 성을 쌓고 元尹 昕平으로 鎭頭를 삼고, 또 興德鎭에 성을 쌓고 元尹 阿次城으로 鎭頭를 삼았다(『高麗史節要』 卷1, 太祖 12년 9월).

B-1. 元尹 金相과 正朝 直良이 강주를 구하려고 草八城을 지나다가 城主 興宗에게 패배하고, 金相은 전사하였다(『高麗史』 卷1, 太祖 11년 정월 乙亥).

2. 康州의 元甫 珍景 등이 古子郡으로 양곡을 운반하는데, 견훤이 몰래 군사를 보내어 강주를 습격하니, 珍景 등이 돌아와 싸웠으나 패하여 죽은 자가 3백명이나 되고, 장군 有文은 견훤에게 항복하였다 (『高麗史』 卷1, 太祖 11년 5월 庚申).

3. 왕이 친히 三年城(報恩)을 쳤으나 이기지 못하고 淸州로 행차하였는데, 후백제에서 장수를 보내어 청주를 침공하였다. 이때 庚黔弼이 명을 받고 湯井郡에서 성을 쌓고 있었는데, 꿈에 한 大人이 말하기를 "내일 西原에서 변란이 있을 것이니 빨리 가라"고 하였다. 黔弼이 놀라 깨어서 바로 청주로 달려가서 후백제 장수와 싸워서 이를 패주시키고 禿岐鎭에 이르러 죽이고 사로잡은 것이 3백여 명이었다 (『高麗史節要』 卷1, 太祖 11년 7월).

4. 8월에 왕이 忠州로 갔다. 견훤이 將軍 官昕으로 하여금 陽山에 성을 쌓게 하니 왕이 命旨城의 元甫 王忠을 率兵게 하여 보내어 이를 쳐서 달아나게 하였다. 관흔이 물러나 大良城을 지키며 군사를 놓아 大木郡의 벼를 베어가고 드디어 烏於谷에 둔을 치니 죽령길이 막혔다. 이에 王忠 등을 시켜 曹物城에 가서 정탐하게 하였다(『高麗史』 卷1, 太祖 11년 8월).

5. 견훤이 강한 군사를 뽑아서 烏於谷城을 쳐서 빼앗고 지키던 군사 천명을 죽이니, 장군 楊志 明式 등 6명이 항복하였다. 왕은 그들의

아내와 자식을 여러 군사 앞에서 조리돌리고 저자에서 목을 베어
죽였다(『高麗史節要』卷1, 太祖 11년 11월).

6. 견훤이 甲卒 5천으로 義城府를 침공하니 洪術이 전사하였는데, 왕
   건이 "나의 左右手를 잃었다"고 하였다. 견훤이 또 順州를 침공하
   니 장군 元逢이 도망하였다(『高麗史節要』卷1, 太祖 12년 7월).

7. 견훤이 장차 高思曷伊城을 치려 하니, 성주 興達이 이를 듣고 나가
   싸우려고 할 때, 목욕하다가 갑자기 오른팔 위에 '滅'자가 있음을
   보았는데, 그 후 10일만에 병들어 죽었다. 견훤이 加恩縣을 포위했
   으나 이기지 못하였다(『高麗史節要』卷1, 太祖 12년 10월)[4].

먼저 사료 A-에 나타난 고려의 변방개척의 대체적 의미를 검토
한 후, 사료 B-와의 관련성 속에서 양국간의 쟁패과정을 살펴보
기로 한다. 사료 A-는 변방정비 관련기사를 연대순으로 배열한
것인데, 1·5·6·7·10의 5개 기사는 북방개척과 관련한 내용이고 나
머지는 왕건이 남쪽 변방지역을 직접 순행한 기록이다.

고려가 국초부터 대북방정책에 많은 관심을 기울여 왔음은 주
지의 사실이며, 중국대륙의 5대(後梁·後唐·後晉·後漢·後周)
와는 국초는 물론 후삼국통일 이후에도 여전히 이들과 외교적 교
섭을 유지하였다. 후삼국의 통일 이전에는 삼국 통일전쟁을 自國
에 유리하게 이끌기 위한 것으로서 당시 대외관계를 통하여 정권
의 합법성과 정통성을 과시하려는 정치적 의도 때문이었으며,[5] 후
삼국의 통일 이후에는 渤海를 멸한 契丹을 견제하기 위한 것이 주
목적이었다. 이는 태조대에 후진에서 포교하던 西域僧인 襪羅가
고려에 온 것을 기화로 하려 고려가 후진에게 對契丹 협공을 제의

---

4) 이상의 사료에서 A-는 고려의 변방정비 관련 사료이며, B-는 양국의
   상호관련 사료인데, 이들 사료들을 같이 묶어서 제시한 것은 사료 A-
   에 보이는 고려의 변방정비가 당시 후백제와의 세력 쟁패과정과 무관
   하지 않기 때문이다.

5) 李基白, 1981,「高麗初期 五代와의 關係」『高麗光宗硏究』, 一潮閣.

하였던 사실이나6) 태조 25년(942년)의 萬夫橋사건에서 확인할 수 있다.7) 그래서 고려는 국초부터 북방지역에 대한 관리를 소홀히 하지 않았으며, 그 관리의 양상을 다음의 축성관련 도표를 통하여 살펴 볼 수 있다.

〈표 8〉後三國時代 高麗의 築城관련 기록8)

순서	시기	축성지역	현지명	전거	비고
1	918.9.	淸州	청주		
2	919.5.	平壤	평양		북계
3	919.10.	龍岡縣	용강		북계
4	920.3.	骨巖鎭	안변		북계, 유검필과 3천병
5	920.9.	咸從縣	중산		북계
6	920.9.	安北	안주		북계
7	921.12.	雲南縣	영변		북계
8	922.12.	西京 在城	평양		북계
9	925.	成州	성천	城堡조	북계
10	927.8.	拜山城	호계		
11	928.2.	安北府	안주		북계, 원윤 朴權(鎭頭)과 7백병
12	928.4.	運州 玉山	홍성		
13	928.7.	湯井郡	온양		
14	928.	鎭國城 移築	숙천		북계
15	928.11.	通德鎭	숙천		북계,원윤 忠仁(진두)

---

6) 李龍範, 1977,「高麗와 契丹과의 關係」『東洋學』7, 檀國大 東洋學研究所.

7)『高麗史節要』卷1, 太祖 25년 10월조.

8) 이 표는『高麗史』본기 및『高麗史節要』를 중심으로 작성하였으며,『高麗史』본기 및『高麗史節要』에서 빠진 부분은『高麗史』병지 2의 鎭戍조와 城堡조에서 보완하였다. 따라서『高麗史』본기 및『高麗史節要』에서 확인되는 경우는 표의 전거란에 표시하지 않았다.

16	929.3.	安定鎭	순안		북계,원윤 彦守考
17	929.3.	永淸縣	평원		북계
18	929.9.	安水鎭	개천		북계,원윤 昕平(진두)
19	929.9.	興德鎭	순천		북계,원윤 阿次城(진두)
20	930.2.	昵於鎭	신광	鎭戍조	
21	930	安北府	안주	城堡조	북계
22	930	朝陽鎭	개천	城堡조	북계
23	930.8.	馬山 安水鎭	개천		북계,정조 昕幸(진두)
24	930.8.	淸州 羅城	청주		
25	930.12.	連州			
26	934.9.	通海鎭	평원		북계,원보 才萱(진두)
27	935.12.	伊勿	회양		
28	935.12.	肅川	숙천		

후삼국시대에 고려가 축성한 경우는 모두 28건이 확인되고 있는
데, 이중 북방지역에 축성한 경우는 19건으로서 절대 다수를 차지
하고 있다. 물론 신라 또는 후백제와의 경계지역인 남쪽의 경우는
상호 쟁패양상에 따라 그 경계의 변동이 있을 수 있으며, 북쪽의
변방과는 달리 후백제와의 계속된 쟁패과정은 축성을 할 시간적
여유를 확보하기 어려웠을 가능성이 있다. 그러나 후백제와 통일
전쟁을 수행하면서도 앞의 <표 8>에 나타나듯이 북방지역에 축성
및 관리의 파견과 같은9) 많은 인적 물적 투자가 있었다는 것은 고
려의 입장에서는 북방지역 자체의 중요성만이 아니라 후백제와의

---

9) 본문의 표가 築城을 중심으로 한 것이기 때문에 931년 11월에 安北府
   의 剛德鎭에 元尹 平奐을 鎭頭로 파견한 것과 같은 예가 누락되어 있
   으며, 후백제와의 쟁패과정이었음에도 불구하고 국초에 西京을 정비하
   고 從弟인 王式廉을 留守로 파견한 이후 북방지역의 개척과 수비를 위
   해 鎭頭라는 직명을 가진 관리를 파견하고 있음을 확인할 수 있다.

전쟁에서 승리하기 위해서도 이 지역의 안정은 결코 소홀히 할 수 없었음을 의미한다고 할 수 있으며, 다음의<圖 4>에 나타난 축성 지역 분포도에서도 그 축성지역이 주로 현재의 평안남도를 중심으로 한 북방지역에 집중되고 있음이 확인된다.

또한 公山戰鬪 후 古昌戰鬪 이전까지의 시기인 927년 11월부터 929년 12월 사이의 2년간에 9건의 축성관련 기사가 나타나고 있어 년평균 4.5건의 축성 사실이 보인다. 앞의 표에서 축성이 이루어진 시기인 918년 9월부터 935년 12월까지의 만 17년간 28건의 축성이 이루어져 전체의 연평균이 약 1.6건인데 비하면 상당히 집중적인 축성이 있었다고 할 수 있다. 물론 성곽의 규모 등을 고려치 않은 단순 비교의 수치라는 한계는 있으나, 많은 인적 물적, 그리고 시간적 투자가 소요되는[10] 되는 축성이라는 작업의 성격상 9건의 축성이 공산전투에 패한 직후 2년간 집중되었다는 것은 당시의 시대 상황과 무관하지 않다고 여겨진다.

그 첫째는 시기적으로 공산전투에 패한 직후였던 관계로 경상도 지역을 중심으로 한 활동이 일정기간 위축될 수밖에 없었을 것이라는 측면이다. 따라서 공산전투에서 패한 손실을 복구하는 등 內治에 치중하면서 이러한 기회에 북쪽 변방의 개척과 수비를 더욱 튼튼히 하고자 하였을 것으로 여겨진다. 두번째는 거란이 926년에 발해를 멸망시키면서 동북아시아의 강자로 대두하게 됨에 따라 이에 대한 대비를 결코 소홀히 할 수 없었을 것이라는 측면이다. 후백제와의 쟁패라는 중요한 문제를 목전에 두고 있는 입장에서 고려가 거란에 대해서 취할 수 있었던 당시의 방책은 혹 있을 거란의 군사적 행동에 대비해 그 경계를 튼튼히 하는 것이었을 것이다.

---

10) <표 8>의 西京에 在城을 쌓은 경우는 그 소요기간이 6년으로 나타나고 있다(『高麗史節要』卷1, 太祖 5년 12월조).

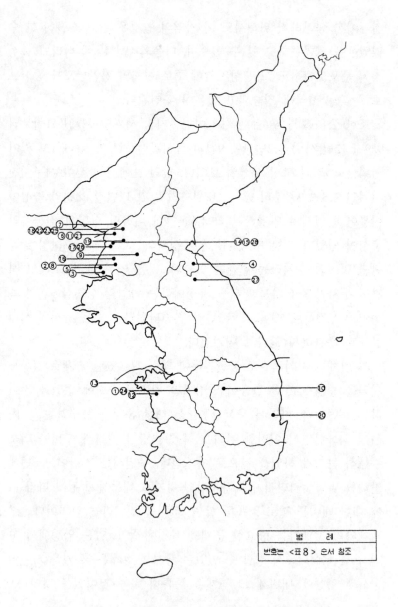

〈圖 4〉高麗 太祖代의 축성지역 분포도

9건의 축성 기록 중 7건이 북쪽 변방지역에 대한 것이며, 鎭國城을 移築한 외의 나머지 6건의 축성과 관련하여서는 반드시 鎭頭가 임명·파견되고 있음도 발해 유민의 안집 등 발해 멸망 이후의 사태 수습과 아울러 거란에 대한 대비에 많은 고민을 하였음을 보여주고 있다. 주로 북방지역의 축성을 중심으로 한 고려의 對거란 대비책은 후삼국시대에 거란과의 군사적 충돌이 없었다는 측면에서 일정정도 성공을 한 것으로 판단된다.

그런데 이러한 북방지역에 대한 관심 이상으로 왕건이 치중하였던 것은 당연히 삼국의 통일문제였으며, 그 관심표출의 예를 위 사료 A- 중 왕건의 순행기록에서도 느껴볼 수 있다. 검토의 편의를 위하여 사료에 나타난 고려의 순행기록들을 아래에 도표화하였다.

다음의 <표 9>에 보이는 후삼국시대 고려의 巡幸은 921년 9월의 撰行과 923년 4월의 庾黔弼, 932년 7월에 태자를 보낸 것을 제외하고서는 모두 왕건이 직접 간 것이다. 또 왕건이 직접 순행한 22차례의 경우 중 公山戰鬪와 古昌戰鬪 사이의 2년간 순행한 기록은 928년의 湯井郡 순행에서 929년 9월의 剛州 순행에 이르기까지 모두 7차례이다. 이는 앞서 축성의 경우에서처럼 순행에 있어서도 다른 시기에 비해 훨씬 빈도가 높음을 보여준다. 그리고 축성의 경우와 대비되는 것은 축성의 경우 그 지역이 북방지역에 집중된데 비하여 순행의 경우는 928년 11월의 北界와 929년 4월의 서경지역 순행을 제외한 5건의 순행이 충청도와 경상도 북부지역에 집중되고 있다. 이러한 순행빈도의 의미는 순행의 성격과 관련한 시기적 구분을 하였을 때 그 의미가 더욱 명료해 진다.

〈표 9〉 後三國時代 高麗의 순행, 위무 관련기록

순번	시 기	순행지역	순행자	순번	시 기	순행지역	순행자
1	919.8.	淸州	왕건	14	929.4.	西京 및 州鎭	왕건
2	920. 10.	北界	왕건	15	929.7.	基州(풍기)	왕건
3	921.9.	변방지역	郞中 撰行	16	929.9.	剛州(榮州)	왕건
4	921. 10.	西京	왕건	17	930.1.	昵於鎭(신광)	왕건
5	922.7.	北界	왕건	18	930.5.	西京	왕건
6	922. 11.	西京	왕건	19	930.8.	大木郡	왕건
7	923.4.	北藩	大匡 庚黔弼	20	930.8.	靑州	왕건
8	926. 12.	西京 및 州鎭	왕건	21	931. 11.	西京 및 州鎭	왕건
9	927.8.	康州(진주)	왕건	22	932.7.	北邊	正胤(太子)
10	928.4.	湯井郡(온양)	왕건	23	934.1.	西京 및 北進	왕건
11	928.7.	靑州	왕건	24	934.5.	禮山鎭	왕건
12	928.8.	忠州	왕건	25	935.9.	西京,黃州,海州	왕건
13	928. 11.	北界	왕건				

즉 국초부터 후백제와 경상도지역에서 대등한 일진일퇴의 공방을 벌였던 공산전투 이전까지의 시기를 1기로하고, 공산전투에서 패한 후 고창전투가 일어나기 전까지의 시기를 2기로, 그리고 고창전투에서 승리하여 후삼국시대의 주도권을 장악하였던 시기부터 후삼국통일까지를 3기로 편의상 분류한 후, 순행기록을 검토해 보면, 1기의 경우는 모두 9건의 순행기록 중 919년 8월의 淸州지역과 公山戰鬪 직전인 927년 8월의 晋州지역 순행을[11] 제외한 7건의 순

11) 왕건의 康州지역 순행기록은『高麗史』卷1, 太祖 10년 8월 丙戌條에 "王徇康州 高思葛伊城 城主興達歸款 於是 百濟諸城守 皆降附"라 하고『高麗史節要』卷1, 太祖 10년 8월조에 "王徇康州行 過高思葛伊城 城主興達先遣其子歸款 於是百濟所置守城官吏 亦皆降附"라 기록하고 있다. 이러한 왕건의 강주 순행기록과 관련하여 문경현은 高思葛伊城이 문경지역임에 주목하고, 따라서 지금의 진주지역인 康州는 지금의 榮州지역인 剛州의 誤記로 파악하였다(文暻鉉,『高麗太祖의 後三國統一硏究』132쪽). 물론 문경과 영주 및 진주지역의 지리적 위치를 고려할 때 수긍이 가는 해석이다. 그러나 두 책 모두 誤記를 했을까하는 의문과 관련하여 사료를 신빙한다는 입장에서 볼 때, 다음의 해석도 가능

행기록 모두가 西京을 비롯한 北邊地域의 순행이며, 고창전투에서
승리한 후인 930년 이후의 시기에도 9건의 순행기록 중 북변이 아
닌 경우는 3건에 불과하다. 특히 이 3기는 고창전투 승리 후 경상
도지역의 확보는 물론 후삼국시대 정국운영의 주도권을 장악한 시
기로서 그 순행의 성격이 앞서의 시기와는 차별성이 있다는 측면
을 고려할 때, 앞서 언급한 바와 같이 2기에서 순행이 잦고 그것도
후백제와의 접경지인 충청도와 경상도북부에 집중되고 있음은 당
시의 정세와 고려의 고민을 반영하는 것이라 여겨진다. 특히 928년
에 주로 충청도에 집중되었던 왕건의 순행지역이 고창전투 직전인

하지 않을까 한다. 우선 위의 『高麗史』와 『高麗史節要』는 동일한 내
용을 전하는 것으로서 『高麗史節要』의 내용이 보다 상세함을 파악할
수 있다. 『高麗史節要』에 의하면 왕이 강주를 순행하러 가는 도중에
高思葛伊城을 지났음을 보여준다. 영주지역인 剛州를 가기 위해서도
고사갈이성을 거쳐야하지만 비록 남쪽 먼거리에 있는 진주지역인 康州
를 가기 위해서도 거쳐야할 곳이다. 그런데 그 한달 전인 7월에 고려의
在忠과 金樂이 후백제의 경상도진출을 위한 교두보이자 진주지역의
북쪽에 위치한 大良城(경남 陜川지역)을 공격하여 장군 鄒許祖를 사로
잡는 등 이 지역을 공격하여 승리한 기록을 확인할 수 있다. 그리고 위
의 사료에서 후백제가 설치한 여러 성의 관리들이 항복하였다고 한 표
현과 관련하여, 이 시기 聞慶과 榮州를 중심으로 그 이북지역에 '百濟
諸城守'로 표현될 만한 관리의 파견이 가능했겠는가 하는 의문이 든다.
이는 오히려 문경에서 강주로의 南北連結路上의 후백제 파견관리로
보는 것이 타당하지 않을까 보아진다. 따라서 앞 장의 공산전투의 발생
배경에서도 언급한 바와 같이 이 시기 경상도지역에서의 유리한 전세
의 전개와 이를 기반으로 한 고려와 후백제 양국의 필쟁의 요충지인
大良城의 확보는 왕건의 입장에서는 고무적인 일이었으며, 대량성의
후방에 있으면서 국초부터 고려의 지지입장을 견지해 온 강주지역에
의 순행을 가능케 한 요인이었다고 여겨진다. 그리고 이러한 경상도지
역에서의 일련의 판세변화 과정은 왕건의 강주지역까지 이어지는 경상
도지역으로의 순행과정에서 후백제가 두었다는 여러 관리들의 귀부현
상으로 연결된 것이 아닌가 한다.

929년의 후반기에 이르러서는 豊基와 榮州 등 경상도 북부지역으로 전환되고 있음을 확인할 수 있는데, 이러한 순행지역의 변화는 앞의 사료 B-를 중심으로 한 양국간의 쟁패과정과 무관하지 않으리라 여겨진다. 따라서 여기서는 사료 B-의 내용을 개별 분석하면서 앞서 살펴 본 사료 A-의 내용과 종합하여 고창전투가 일어나기 이전의 시대상황을 검토해 보기로 한다.

먼저 사료 B-1과 B-2는 康州(晋州)지역을 둘러싼 양국의 쟁패 양상으로 B-1은 강주를 구원하기 위해 병력을 파견하였다가 패한 내용이며, B-2는 강주지역이 견훤의 공격을 받아 후백제에 항복하였음을 보여주는 내용이다. 강주는 고려의 건국초인 920년 정월에 강주장군 閏雄이 그의 아들인 一康을 보내어 고려에 귀부한[12] 이후 대체로 고려의 지지입장이었으며, 927년 7월에 후백제의 경상도진출 기반이었던 大良城을 격파한[13] 후 왕건이 직접 이 지역을 순행하기도 하였던[14] 곳이다.

그래서 비록 B-2의 사료에서 강주지역과 고려와의 직접적 관련성은 언급되지 않았으나 왕건이 강주를 순행하였던 시기인 927년 8월이 공산전투가 일어나기 바로 한달 전이었다는 측면과 元尹 金相과 正朝 直良이 강주를 구하려고 갔던 시기가 공산전투 직후인 928년 정월이었고 또 견훤이 강주를 습격한 시기가 그로부터 4개월 후인 928년 5월이었다는 사실은 공산전투를 전후한 시기에 이 지역이 고려의 세력권 내지는 지지입장이었다는 것을 의미한다.

---

12) 『高麗史節要』卷1, 太祖 3년 정월조.
13) 『高麗史節要』卷1, 太祖 10년 추7월조.
14) 『高麗史節要』卷1, 太祖 10년 8월조.

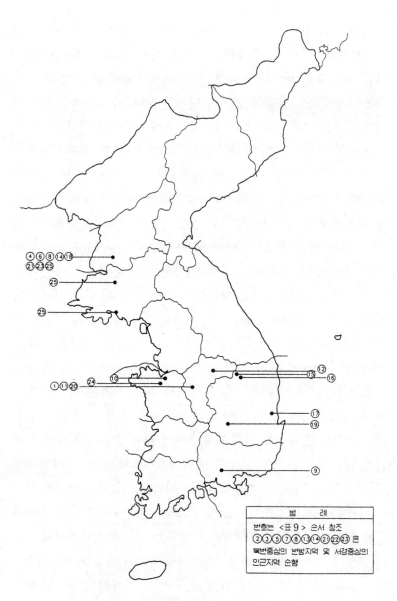

〈圖 5〉 高麗 太祖代의 순행, 위무지역

이제 사료 B-1과 B-2의 의미를 구체적으로 검토해 보기로 한다. 먼저 B-1의 내용은 928년 정월에 강주를 구하려다 실패하였다는 내용이고, B-2는 4개월 후에 견훤이 강주를 습격하였다는 내용이어서 언뜻 내용상 연결이 여의치 않다. 즉, 928년 정월에 고려가 강주를 구원하려 하였다는 것은 강주가 공산전투이후에도 여전히 고려에 협조적이었다는 것을 의미하며, 이때 고려가 구원을 시도하였다는 것은 강주지역이 후백제의 공격 내지는 압박을 받고 있었을 가능성을 보여준다. 그리고 강주에 이르기 전에 草八城에서 城主인 興宗에게 패하였다는 것은 구원이 실패하였음을 의미하는데, 이는 결국 강주지역이 후백제의 세력권에 포함되었을 가능성을 보여 준다. 그런데 그로부터 4개월 후에 후백제가 다시 강주지역을 공격하였다는 것은 의문의 여지가 있다. 위의 두 사료는 동일한 내용이 『高麗史節要』에도 기록되어 있어 사료의 내용을 신빙한다는 입장에서 볼 때 다음의 가능성을 상정할 수 있다. 첫째는 928년 정월의 후백제 공격시 강주지역이 후백제의 세력권에 포함되었다가 그로부터 4개월 후 후백제의 재차 공격이 있기 이전의 어느 시점에 다시 후백제로부터의 영향력을 배제할 수 있게된 상황설정이며, 둘째는 B-1의 사료에서 金相과 直良이 강주를 구하러가다가 강주에 이르기 전에 초팔성지역에서 이미 패하였는데, 비록 고려의 구원은 실패했으나 강주지역 스스로가 후백제의 공격을 극복하였을 가능성이다. 그런데 928년 정월에 있은 고려의 구원 실패가 곧 강주지역이 후백제의 세력권을 의미한다는 첫번째 가설의 경우 공산전투 이후 경상도지역에서 고려의 활동양상과 범위를 고려할 때, 다시 이 지역을 수복할 수 있는 여력이 있었다고 상정키는 어려우며, 또 공산전투 직후 경상도의 주도권이 후백제에 유리하게 전개되는 상황에서 강주지역 자체의 역량만으로 그 짧은

기간에 후백제를 배제할 수 있었다고는 여겨지지 않는다. 이 강주
지역은 후백제가 경상도지역에서의 원활한 군사활동을 지원하는
요충지인 합천지역을 위협할 수 있는 곳으로서 더구나 고려에 귀
부한 국초부터 계속하여 고려의 지지입장이었다는 지리적 중요성
을 전제할 때,15) 후백제의 입장에서 어렵게 확보한 이 지역의 관리
를 소홀히 하지는 않았을 것이며, 만약 이 때에 정말로 강주지역을
확보했다면, 오랜 기간 고려를 지지했던 이 지역의 분위기 변화를
위해서도 관리의 파견을 통한 직접관리를 시도하지 않았을까 여겨
진다. 따라서 두번째 가설이 더욱 신빙성있는 해석이라 여겨진다.
즉, 928년 정월에 강주지역에 대한 후백제의 공격 또는 압박이 있
었고, 비록 고려의 구원이 실패했다고는 하나 이 시기에는 후백제
가 강주지역을 완전히 확보하지 못한 것이 아닌가 한다. 물론 사료
가 뒷받침되지는 않으나 928년 정월에서 5월 사이에 어떠한 주변
상황의 변화가 있었을 가능성과 경상도지역에서의 고려의 패퇴로
이미 고립된 강주지역에 대한 후백제의 공세가 소홀했을 가능성
또한 배제할 수 없다. 그래서 그 해 5월의 공세에서 강주장군 有文
이 항복하는 등 후백제는 이 지역을 안정적으로 확보하게 된 것으
로 파악이 된다.

그런데 공산전투에 패한 직후임에도 불구하고 고려가 강주지역
을 구원하고자 하였던 사실은16) 이 지역이 국초부터 고려에 귀부
한 지지세력으로서 후백제의 경상도 진출을 견제할 수 있는 지리
적으로 중요한 위치에 있었던 관계로 고려의 입장에서도 차후의
정국운영과 관련하여 결코 포기할 수 없었기 때문이 아닌가 한다.

---

15) 公山戰鬪에서 패한 직후임에도 불구하고 元尹 金相과 正朝 直良을 보
   내어 康州지역의 구원을 시도했다는 사료 B-1의 내용 자체가 이 지역
   의 지리적 중요성을 보여주고 있다.
16) 앞의 註11) 참조.

즉, 이 시기에 있어서 고려의 군사행동은 후백제와의 쟁패에서 승리하기 위한 관건이 경상도지역의 안정적 확보에 있다는 것을 여전히 인식하고 있음을 보여주며, 비록 왕건이 직접 정병을 이끌고 참전한 공산전투에서 참패했다고는 하나 고려의 국력의 상당부분은 그대로 보전이 되고 있었기 때문에 가능했던 것으로 여겨진다.

다음의 위 사료 B-3은 고려의 충청도지역에서의 활동내용이다. 서술의 편의상 사료를 아래처럼 구분하여 살펴보기로 한다.

> ⓒ ①왕이 친히 三年城(報恩)을 쳤으나 이기지 못하고 ②청주로 행차하였는데, ③후백제에서 장수를 보내어 청주를 침공하였다. ④이때 庾黔弼이 명을 받들고 湯井郡에서 성을 쌓고 있었는데, 꿈에 한 大人이 말하기를 "내일 西原에서 변란이 있을 것이니 빨리 가라"고 하였다. ⑤黔弼이 놀라 깨어서 바로 청주로 달려가서 후백제 장수와 싸워서 이를 패주시키고 禿岐鎭에 이르러 죽이고 사로잡은 것이 3백여 명이었다(『高麗史節要』 卷1, 太祖 11년 7월).

우선 ⓒ ①의 왕건이 三年城을 직접 공격하였다는 부분에서 우리는 다음의 사실을 미루어 짐작할 수 있다. 첫째는 三年城 즉, 현재의 충북 報恩지역이 태조 11년 7월을 전후한 시기에 후백제의 세력권이었다는 점이며, 둘째는 이 지역이 경상북도 尙州와 인접해 있어 경상도지역 진출의 교두보를 확보하기 위한 고민이 담긴 군사행동이었을 것이라는 점이다. 뒤에 보다 구체적 언급이 되겠지만 고려가 공산전투에서 패하였다고는 하나 경상도지역에서의 지지세력 내지는 세력권이 완전히 몰락한 것은 아니라고 여겨진다. 즉, 이는 앞 장에서 서술한 바와 같이 후백제가 경주를 침공하기 전 상주지역인 近品城을 공격하였을 때와 공산전투에서의 승리 후 성주지역인 碧珍郡 등을 공격하였을 때 보여준 곡식을 불태우는 등의 군사행동은 이 지역을 안정적으로 확보한 것이 아니라는

측면을 보여준다. 따라서 고려의 입장에서는 여전히 그들의 지지
세력 기반으로 기능할 개연성이 있는 상주를 비롯한 경상도 북부
지역과의 연결선을 확보한다는 의미에서도 報恩지역의 확보는 긴
요하였을 것이라 여겨진다.[17] 특히 보은지역은 현재는 비록 충청
북도에 속하여 있으나 아래의 표에 보이듯이 고려 현종 9년에는
尙州牧에 來屬한 것으로 미루어 후삼국시대에도 이미 경상도 상
주지역과 같은 행정권 내지 생활권에 포함되었을 것으로 보인다.

〈표 10〉高麗初 忠淸道地域 屬郡縣의 慶尙道 來屬狀況

地 域	來屬時期	領郡縣
沃 川 郡	현종 9년	京 山 府
報 恩 縣	현종 9년	尙 州 牧
嶺 東 縣	현종 9년	尙 州 牧
黃 澗 縣	현종년간	京 山 府
靑 山 縣	고려 초	尙 州 牧

앞의 표는 현재의 충청도 권역으로서 고려시대에 경상도의 상주
와 성주에 來屬한 군현을 적시한 것이다. 이들 지역은 현재 충청북
도의 남부지역에 위치해 있으면서 경상도 서쪽지역인 尙州·善山
·金泉 등과 인접해 있다. 현재의 京釜線鐵道 또한 경북 김천에서
秋風嶺을 지나 黃澗－嶺東－沃川으로 이어지고 있으며, 보은은
옥천을 중심으로 그 북쪽에 그리고 청산은 그 동쪽에 위치해 있다.
이들 지역이 고려초 또는 현종 9년의 지방제도 개편시에 상주목과
경산부의 속현이 되었다는 것은 추풍령을 중심으로 두 권역이 서

---

17) 河炫綱, 1988,『韓國中世史硏究』, 一潮閣, 61쪽. 이러한 928년 7월의 고
    려의 군사행동에 대하여 河炫綱도 같은 맥락에서 낙동강 유역으로 진
    출하는 통로를 확보하기 위한 작전으로 이해하였다.

로 연결되어 있었으며, 鷄立嶺 또는 竹嶺 외에 추풍령 역시 고려의 경상도 진출을 위한 중요한 연결로 였다고 여겨진다.

셋째는 공산전투에서의 패전 여파로 인하여 종래의 죽령 또는 계립령을 이용한 경상도진출이 용이하지 않게 되었음을 보여준다. 그리고 왕건이 직접 출전하였다는데서 이 지역 확보의 중요성이 드러나며, 그럼에도 불구하고 삼년성의 공격에 실패하였다는 것은 보은지역을 경유한 경상도진출이 불가능해졌다는 것을 의미한다. 이는 다음에서 살펴 볼 앞의 사료 B−5이하의 내용에서 확인되는 것처럼 고려가 죽령로를 통한 경상도 진출을 선택하게 되는 한 요인이 될 것이다. 왕건이 삼년성의 공격에 실패하고 청주로 행차하였다는 C) ②의 내용은 청주지역이 이 시기에 고려가 안정적으로 확보한 충청도지역의 전방 하한선으로서 청주지역과 보은지역 사이에 양국의 경계가 형성되었음을 말해준다. 그리고 후백제가 청주지역을 공격하였다는 C) ③의 내용은 앞에서 언급한 바와 같이 후백제의 입장에서도 이 지역의 안정적 확보는 긴요하였을 것이며, 보은지역의 수비에 그친 것이 아니라 이 지역에서 승리한 여세를 몰아 청주지역까지 침공하였다는 것은 청주지역의 확보를 통한 세력확장과 아울러 어쩌면 지난 공산전투에서 성공하지 못한 왕건의 포획 내지는 살상등을 성취함으로서 후삼국통일의 완전한 승세를 확보하려는 의도가 내포되었을 가능성을 보여주고 있다.[18) C)

18) 文暻鉉,『高麗太祖의 後三國統一硏究』135쪽. 文暻鉉은 후백제의 淸州지역 공격이 태조가 청주를 떠난 직후로 보고 있으며, 뒤에 후백제군을 물리친 庾黔弼이 왕건에게 승리한 보고를 忠州에서 드렸다는『高麗史』의 庾黔弼傳의 내용을 그 근거로 하고 있다. 그런데 본문 자료의 원문에는 "秋七月 王自將擊三年城 不克 遂幸靑州 百濟遣將 來侵靑州 時庾黔弼 受命城湯井郡…"이라 하여 왕건이 三年城 싸움에서 이기지 못하고 청주로 갔을 때, 후백제가 병력을 파견하여 淸州로 내침하였으며, 이때 庾黔弼은 왕건의 명을 받아 湯井郡에 城을 축조하고 있었던

④는 유검필이 湯井郡에 축성하고 있음을 전하는 내용이다. 앞의 A-2의 사료에 보이는 것처럼 탕정군은 928년 4월에 이미 왕건이 순행한 바 있으며, 후방에서 청주지역을 지원하고 차후 보은지역을 공략하기 위한 교두보로서 이 지역의 안정적 확보를 목적으로 축성이 명해졌을 것으로 여겨진다. C) ⑤에서는 탕정군에서 축성을 지휘하고 있던 유검필이 왕건의 위급함을 구하고 후백제를 패주시킨 내용을 기록하고 있는데, 그 후 연결된 내용이 없는 것으로 미루어 유검필의 활동은 보은지역 등 여타지역으로 확대되지 못하고 청주지역 및 그와 인근한 지역으로 짐작되는 禿岐鎭에서 머무른 것으로 보인다. 이는 왕인 왕건이 이끄는 주력부대가 패퇴한데다가 그 역시 축성작업 과정에서 급히 구원병력을 구성하여 온 까닭에 더 이상의 군사행동의 확대에는 여력의 한계가 있었을 것으로 여겨진다.

이상의 사료 B-3의 내용검토에서, 비록 실패하기는 했으나 고려가 공산전투에서 패한 후에도 꾸준히 경상도지역으로의 진출을 위한 모색을 하고 있으며, 특히 공산전투에서 패한지 1년도 채 지나지 않은 시점에서 왕건이 직접 率兵하여 활동하고 있다는 사실은 경상도지역의 확보만이 후백제와의 쟁패에서 승리할 수 있는 관건이 된다는 문제의 심각성과 시기를 늦추게 될 경우 불리해진 전세를 다시 만회하기 어려워질 것이라는 절박성, 그리고 고려의 국력이 여전히 이러한 군사행동을 전개할 만큼 유지되고 있다는

것으로 기술하고 있다. 그래서 후백제가 청주를 공격한 것은 이미 패한 왕건과 고려의 殘兵들을 대상으로 한 것이며, 청주가 공격을 받고 있는 다급한 상황에서 유검필의 원병이 당도하였던 것으로 이해된다. 그 후 유검필이 승세를 점하자 이 기회를 빌어 왕건은 忠州로 옮겨간 듯하며, 유검필은 패주하는 후백제군을 계속 추격하여 禿岐鎭에서 승리한 후 왕건에게 이를 복명한 것으로 재구성해 볼 수 있지 않을까 한다.

안정성 등이 혼효된 결과가 아닌가 한다.

　사료 B-4는 앞에서 살펴 본 청주 등지에서의 왕건과 유검필의 활동 바로 다음 달에 있었던 상황을 전하는 내용인데, 이 사료에서는 陽山, 命旨城, 大良城, 大木郡, 烏於谷, 曹物城 등의 다양한 지명이 나타나고 있으며, 이들 중 일부는 그 위치비정이 명확하지 않아 당시 상황을 재구성하는데 어려움을 주고 있다. 앞서의 경우처럼 내용을 세분하여 분석해 보기로 한다.

　　D) ①견훤이 장군 官昕을 시켜 陽山에 성을 쌓으니 ②왕이 命旨城의 元甫 王忠을 보내어 이를 쳐서 달아나게 하였다. ③官昕이 물러나 大良城을 지키며 군사를 놓아 大木郡의 벼를 베어가고 ④드디어 烏於谷에 둔을 치니 竹嶺길이 막혔다. ⑤이에 王忠 등을 시켜 曹物城에 가서 정탐하게 하였다(『高麗史節要』卷1, 太祖 11년 8월).

　먼저 D) ①에서 陽山이라는 지명이 나오고 있는데, 이 양산은 管城縣(충청도 옥천)의 屬縣으로 나타나고 있으며,[19]『新增東國輿地勝覽』의 沃川郡 屬縣條에 옥천군의 남쪽 59里라고 밝히고 있어 대체로 沃川과 永同 사이가 아닌가 여겨진다. 이 지역에 후백제가 축성을 하였다는 것은 위 사료 B-3의 분석과정에서 언급한 바와 같이 공산전투직후 고려가 경상도진출의 교두보 확보를 위해 심혈을 기울였던 지역과 연결선상에 있으며, 고려가 유검필에게 湯井郡에 축성케 한 사실과 대응되는 의미라 할 수 있다. 즉, 후백제가 陽山지역에 축성을 시도한 것은 고려의 남하를 차단하기 위한 의

---

19)『高麗史』卷57, 地理 2, 京山府屬縣條. "管城縣 顯宗九年來屬 仁宗二十一年 置縣令 明宗十二年 縣吏民執縣令洪彥幽之 有司奏除官號 忠宣王五年 陞知沃州事 割京山府所屬 利山安邑陽山縣以屬之." "陽山縣 本新羅助比川縣 景德王改今名爲管城郡領縣 顯宗九年來屬 明宗六年 置縣令".

도였으며, 특히 충청도 남부지역은 그 확보를 위해 왕건이 직접 출전할 정도로 관심을 가진 지역이었던 까닭에 후백제의 입장에서도 축성을 통한 안정적인 방어선의 구축과 향후 충청도 이북 너머 지역으로 진출하기 위한 교두보를 확보할 필요성이 있었다고 하겠다. 따라서 이 양산지역의 축성은 결코 고려로서는 좌시할 수 없는 사안이었으며, 병력파견을 통한 이의 저지를 보여주는 D) ②의 내용은 당연한 결과라 하겠다.

그런데 D) ②에서 이때 병력 파견을 命旨城의 王忠에게 명하고 있음을 보여준다. 이 명지성은『高麗史』에서

> 抱州; 본래 고구려의 馬忽郡(命旨라고도 한다)인데, 신라 景德王이 堅城郡으로 고쳤으며, 고려초에 지금의 이름으로 고쳤다. 成宗 14년 에는 團練使를 두었다가 穆宗 8년에 이를 罷하였으며, 顯宗 9년에 본 州(楊州)에 속하게 하였다. 明宗 2년에 監務를 두었으며, 清化라고도 한다(成宗이 정한 바이다)(『高麗史』卷56, 地理 1, 抱州).

현재의 경기도 抱川임을 적시하고 있다.[20] 그런데 이 사료를 신빙하여 命旨城을 현재의 경기도 포천지역으로 보는 견해와[21] 아울러 경상북도 문경지역으로 보는 견해도 있다.[22] 명지성을 문경으로 비정할 수 있는 사료상의 근거를 찾을 수 없음에도 문경지역으

---

20) 이는『新增東國輿地勝覽』의 抱川縣 建置沿革條와 郡名條에서도 확인 할 수 있다.

21) 命旨城을 抱川으로 보는 견해로는 金甲童(『羅末麗初의 豪族과 社會變 動研究』98쪽), 申虎澈(『後百濟 甄萱政權研究』61쪽 도표), 이재호(『국 역 高麗史節要』1권 국역 42쪽),『조선전사』(6권 중세편 19쪽 도표) 등 이 있다. 다만『조선전사』의 경우 도표에서 명지성을 경상북도 포천군 으로, 그리고 그 아래에 있는 벽진군을 경기도 성주군으로 표기하였는 데, 이는 경기도와 경상북도가 서로 바뀐 명백한 誤記이다.

22) 李炯佑, 1993,「古昌地方을 둘러싼 麗濟兩國의 角逐樣相」『嶠南史學』 창간호, 61쪽.

로 비정한 견해는 당시의 쟁패과정과 관련한 추론으로 생각된다.
물론 충청북도 남부지역에서의 군사적 행동을 경기도 포천지역의
병력을 동원하여 해결하려 한다는 측면은 선뜻 수긍키 어려운 측
면이 있다. 그러나 포천지역이 충청도 남부나 경상도 북부지역과
지리적으로 많이 격해 있다는 이유만으로 사료상의 근거를 부정할
수는 없으며, 특히『高麗史』地理志에 聞慶郡을 '一云高思曷伊城'
이라 하고 있고,[23] 命旨城이 존재했던 시기인 927년(태조 10년) 8
월에 고사갈이성의 성주인 興達이 고려에 귀부한 바가 있어[24] 문
경지역에 명지성과 고사갈이성의 두 성이 동시에 존재했다는 것은
성립키 어려운 입론이다.

이제 명지성을 경기도 포천으로 비정한 사료의 내용을 신빙하는
입장에서 그 가능성을 상정해 보기로 한다. 포천지역은 開京의 동
남쪽에 위치한 인접지역으로서 고려의 개국초기인 923년 3월에 고
려에 귀부하였다.[25] 고려에 귀부한 후 명지성지역의 활동양상은
현재 살피고 있는 사료 B-4외에는 잘 찾아지지 않으나, 귀부이후
후삼국의 통일기까지 고려의 지지세력내지는 그 영향력하에 놓여
있었던 것으로 여겨진다.[26] 양산지역의 지리적 중요성과 관련하여
후백제의 축성을 제지하지 않을 수 없었던 당시의 절박한 상황과
공산전투에서 패하여 경상도지역에서의 활동에 많은 제약을 갖게

---

23)『高麗史』卷57, 地理2 聞慶郡條.
24)『高麗史』卷1, 太祖 10년 8월 丙戌條.
25)『高麗史節要』卷1, 太祖 6년 봄3월조.
26) 다만 歸附時에는 命旨城의 將軍이 城達로 나타나 있는데, 928년의 陽
    山 공격시 王忠에게 命을 내린 것으로 보아 開京에 인근한 명지성을
    고려가 직접 관리를 파견하여 관장하였을 가능성과 성달에서 왕충으로
    의 지배세력의 변화가 있었을 가능성 및 왕충이 성달의 지휘아래 있으
    면서 왕건의 명을 받아 이를 수행했을 가능성 등이 있다. 그러나 주어
    진 사료의 한계로 그 가능성에 대한 가부의 판단은 보류하기로 한다.

된 상황 및 그 전달에 비록 庾黔弼의 도움으로 청주지역으로 온 후백제군을 물리치기는 했으나 왕건 자신이 이끈 정예병력이 보은에서 패한 상황은 결국 그 북쪽에 위치해 있으면서 활용이 가능한 병력을 보유하고 있었던 명지성을 택하게 된 까닭이 아닌가 한다.

다음의 D) ③은 명지성의 元甫 王忠에게 패한 官昕이 大良城에 입보하여 大木郡을 공격한 내용이다. 대량성은 지금의 합천지역이며, 대목군은 지금의 若木지역이다. 충청도의 沃川 남쪽 59里지점에서 패주하여 경남지역(합천)까지 퇴각했다고 했을 때, 그 거리가 먼 듯이 느껴지기도 하나, 충청북도의 최남단과 경상남도의 북단에 위치한 이들 지역은 실제 지도상으로는 경상북도 星州郡일부 또는 金陵郡만을 격한 인접지역으로서 대량성(합천)이 후백제의 경상도지역 진출을 위한 교두보였다는 측면을 고려할 때 충분히 수긍할 수 있는 내용이다. 그리고 대목군을 공격하였는데, 이때 벼를 베어갔다는 것은 고려의 공격을 차단하기 위한 의도에서 이루어진 것으로 아직 후백제가 이 지역을 완전히 장악하지 못하고 있음을 의미한다고 할 수 있다.

다음으로 D) ④는 후백제군이 烏於谷에 주둔하여 竹嶺路를 차단하였다는 내용이고 D) ⑤에서는 왕충이 曹物城에서 후백제를 정탐하였다는 내용이다. 여기에 나오는 오어곡과 조물성은 각종의 史書와 地理書 등에서 그 위치를 비정할 만한 단서가 제공되지 않아 당시 상황의 구성에 많은 어려움을 주고 있다.

우선 조물성의 위치에 대해서는 金烏山城에 비정하고 있음을 앞의 2장에서 언급한 바 있으며, 오어곡의 위치비정과 관련하여서는 우선 동일지명이 나오는 예로서 奎章閣 所藏 邑誌의[27] 眞寶邑

---

27) 製作年代 未詳의 이 邑誌는 奎章閣 所藏本으로서 圖書番號가 12174이며, 필자는 嶺南大學校 民族文化硏究所가 所藏한 複寫本을 참조하였다.

誌 坊里條에 '烏於面 美谷; 西로二十五里'라고 하는 표현이 찾아
지는데, 이 자료의 烏於面 美谷이 곧 烏於谷이라 한다면 오어곡은
眞寶의 서쪽 인근지역으로 비정될 수밖에 없다. 그런데 합천지역
에서 약목지역으로 진출한 후, 오어곡에 주둔하여 죽령로를 막았
다는 사료의 내용으로 미루어 오어곡을 진보지역으로 비정하기에
는 어려움이 따르며, 이미 진보를 중심으로 한 지역을 장악하고 있
는 善弼의 존재도 그러한 선택을 망설이게 한다. 한편『東史綱目』
에서는 오어곡성을 '一名 缶谷城'이라 하였는데,[28] 이러한 표현과
관련하여 부곡성을 義興郡 즉, 현재의 軍威 缶溪로 비정하는 견해
가 있다.[29] 缶谷과 缶溪를 音似한 것만으로 동일지명으로 연결시
키기에는 근거가 박약하나 당시의 쟁패상황과 관련하여 충분히 수
긍할 수 있는 견해라 여겨진다.[30] 특히 이 의흥지역은 竹嶺에서 豊
基－榮州－安東－義城으로 이어지는 연결선과 鷄立嶺에서 龍宮
－義城으로 이어지는 연결선 및 尙州지역에서 경상도 중부지역으
로 진출하는 교통의 요지로서[31] 죽령에서 경주 및 후백제의 세력
권에 복속된 경상북도 남부지역 진출로의 길목에 위치해 있었던

---

28)『東史綱目』卷5下, 戊子 金傅 2년, 太祖 11년 8월조.
29) 文暻鉉, 앞의 논문, 135쪽 참조.
30) 다만 경상북도의 남쪽에 위치한 缶溪지역을 확보한 것으로 경북과 충
　북의 접경지에 위치한 竹嶺路를 차단하였다고 하는 표현을 이해하기
　에는 검토의 여지가 있다. 이러한 문제와 관련하여 文暻鉉은 "慶州에
　서 高麗로 가는 竹嶺路가 두절되었다"고 표현하여 사료에 보이는'竹嶺
　路塞'의 의미를 신라 중심의 표현으로 이해하고자 하였다(위의 註와
　같음). 그런데 公山戰鬪 직전에 이미 신라를 침공하여 경주를 함락시키
　고 敬順王을 옹립하는 등의 활동을 했던 후백제의 입장에서, 그리고
　계속되는 고려와의 쟁패라는 현실상황을 고려할 때, 竹嶺路 遮斷의 의
　미는 고려의 남하를 대상으로 한 것으로 보아야 타당하지 않을까 한다.
31) 崔永俊, 1990,『嶺南大路－韓國古道路의 歷史地理的 硏究－』83쪽,
　圖 9 (사로국의 팽창과 도로발달) 참조.

것이다.

사료 B-5에서는 928년 11월에 견훤이 烏於谷城을 공격하여 빼앗은 내용을 전하고 있는데, 이는 사료 B-4에서 후백제군이 오어곡에 병력을 주둔시켰다는 내용과는 상치되는 것이다. 이러한 상황은 약 3개월간의 사료상의 공백기에 오어곡지역이 고려에 의해 점령되었다는 사실을 말해준다. 이때의 싸움에서 戍卒 1천이 죽고 楊志와 明式 등 6명의 장수가 후백제에 항복하였다고 하며, 왕건은 이들 6명의 가족들을 저자거리에서 처형하였다고 하고 있다. 자료의 문맥으로 보아 후백제에 항복한 여섯 장수의 가족들은 開京이나 그 인근에 거주하고 있었던 것으로 파악되며, 이는 곧 6명의 장수가 고려의 중앙정부에서 파견된 정규군의 지휘관이었음을 의미한다고 할 수 있다. 그리고 후백제에 항복한 장수의 가족들에게 가해진 가혹한 처벌에서도 느껴 볼 수 있듯이 당시 오어곡은 고려의 입장에서 경상도지역의 진출을 위해 반드시 확보해야 할 교두보로서 이 지역의 상실이 고려에 미친 영향이 지대하였음을 보여준다.

이상의 사료 검토에서 알 수 있듯이 고려는 많은 노력을 기울였음에도 불구하고 충청북도의 남쪽지역을 교두보로 한 경상도진출에 소기의 성과를 거두지 못하였으며, 특히 조물성과 오어곡이 후백제의 세력권에 귀속됨에 따라 죽령로를 통한 진출마저도 여의치 않게 되었다. 오어곡을 후백제에 상실한 928년 11월의 전투이후 사료상 다음해 7월의 의성전투까지 약 8개월간 고려와 후백제간의 직접적 전투는 잘 확인되지 않는다. 다만 앞서 왕건의 순행기록과 축성기록에서 살폈듯이 928년 11월의 북계지역 순행과 929년 4월의 서경 및 인근 州鎭 순행, 그리고 의성전투와 연결되는 929년 7월의 基州(豊基지역) 순행 및 北界지역을 중심으로 한 집중적 축성

기록 등이 사료상에 나타나는데, 이러한 현상은 고려의 입장에서 경상도지역으로의 진출이 여의치 않게 된 저간의 사정을 반영하는 것이 아닌가 여겨진다.

이제 이 시기 고려와 후백제의 세력판도를 유추하면서 사료 B-6의 義城戰鬪를 검토해 보기로 한다.

928년 7월에 있었던 의성전투는 시기적으로 왕건의 基州순행 직후에 이루어진 것이며, 왕건이 죽령로를 경유하여 기주지역으로 순행하였다는 것은 이 시기에 최소한 豊基지역은 고려가 안정적으로 확보하였다는 의미가 된다. 그리고 사료 B-4의 검토과정에서 지적한 바와 같이 후백제가 大木郡의 곡식을 베어갔다는 기록은 곧 이때에 후백제가 대목군지역을 제대로 확보하지 못하였음을 의미하며, 사료 B-5에서 후백제가 烏於谷을 공격하였다는 것은 3달전에 확보했던 이 지역을 상실했다는 의미이다. 또한 이제 살필 사료 B-6에서 의성지역을 공격하고 그 여세를 몰아 順州(豊山지역)까지 공격하였다는 것은 의성전투 직전까지 후백제의 세력판도가 이미 확보한 烏於谷(缶溪지역)을 중심으로 한 軍威지역 정도가 아닌가 한다. 한편 고려는 비록 공산전투에서 패하였고, 경상도 지역에서의 군사활동이 과거에 비해 위축되기는 하였으나 순주의 元逢과 의성의 洪術의 예에서처럼 여전히 적잖은 지방의 지지세력이 존재하였으며, 한때 大邱에 인근한 缶溪지역까지 확보하여 주둔군을 파견할 정도로 그 활동영역을 착실히 확대하여 왔다. 이러한 양국의 세력판도 속에서 후백제의 의성지역 침공이 있게 되었으며,[32] 이 전투에서 승리한 여세를 몰아 순주까지 침공하였던 것이다.

순주는 주지하다시피 922년(태조 5년) 6월에 고려에 귀부한[33] 반

---

32) 이 義城지역 전투의 의미에 대해서는 앞 장 1절의 公山戰鬪의 發生背景과 관련한 서술과정에서 이미 언급하였다.

대급부로 이듬해 3월 下枝縣에서 順州로 승격하였던[34] 지역으로
현재의 安東 豊山지역이다.[35] 즉, 후백제는 의성지역을 공격하여
장악한 후, 곧바로 북상하여 현재의 安東邑治 서쪽에 위치한 순주
를 장악하였던 것이다. 929년 7월에 순주를 확보한 후백제는 위의
사료 B-7에서 확인되듯이 그 해 10월에 高思葛伊城과 加恩縣을
공격하는 등 경상도전역을 확보하기 위한 공세를 늦추지 않았다.

현재의 聞慶지역인 고사갈이성에[36] 대한 후백제의 침공사실은
『高麗史節要』에만 기록되어 있고『高麗史』의 세가에는 보이지 않
으나, 성주 興達이 병몰한 사실이 설화적 요소와 가미되어『高麗
史節要』에 상세히 기술되고 있는 것으로 보아 사실로 여겨진다.
이 고사갈이성은 공산전투 직전인 927년 8월 8일에 고려에 귀부한
이후[37] 929년 10월의 후백제 침공시까지 고려의 지지세력으로 존
재하였으며, 이때에 성이 함락되었는지는 사료에 구체적 언급이
없어 자세하지 않으나 성주인 흥달의 사망 및 곧이은 가은현에 대
한 공격으로 미루어 함락되었을 것으로 추정된다. 후백제는 고사
갈이성의 공격 후 그 남쪽에 있는 가은현을 침공하게 되는데, 가은
지역에 대한 공격이 비록 실패하였다고는 하나 이러한 문경 및 가
은지역에 대한 후백제의 공세는 鳥嶺을 통한 고려의 남방진출을
차단하기 위한 의도가 내포된 것으로서 문경에서 풍산—의성으로
이어지는 조령을 통한 진출로를 장악하는데는 소기의 성과를 거두
었다고 여겨진다.

---

33)『高麗史節要』卷1, 太祖 5년 6월조.
34)『高麗史節要』卷1, 太祖 6년 3월조.
35)『高麗史』卷57, 地理2 安東府 豊山縣條.
36)『高麗史』卷57, 地理2 尙州牧 聞慶郡條. "聞慶郡本新羅冠文縣(一云冠
   縣一云高思葛伊城)…"
37)『高麗史』卷1, 太祖 10년 8월 丙戌條.

이상의 사료검토를 통하여 다음의 몇가지를 정리해 보고자 한
다. 첫째는 비록 공산전투에서 왕건이 직접 정병을 이끌고 출전하
여 참패했다고는 하나 이는 신라를 구하기 위해 경상도에 보내진
구원병의 상실로서 고려의 국세는 여전히 온존했다는 측면이다.
둘째는 이와 관련하여 과거 고려에 귀부한 경상도지역의 지지세력
또한 온존해 있었다는 사실로서 이는 공산전투 후 후백제가 공략
코자한 지역에 대한 분석에서도 확인이 된다. 셋째는 고려가 공산
전투에서 패한 후 비록 경상도지역의 경영이 과거보다는 위축되었
으나 그 진출을 위한 노력이 끊임없이 지속되었다는 측면인데, 이
는 왕건의 경상도지역에 대한 순행과 이 시기 양국사이의 쟁패에
서도 확인이 된다. 다음 넷째로 양국사이의 쟁패양상을 분석해 보
면 공산전투 직후에는 충청북도 남부지역 및 이와 인접한 경상북
도 서부지역이 주된 쟁패지가 되고 있어 고려의 경상도진출을 위
한 노력이 충청도 남부를 기반으로 한 秋風嶺路에 집중이 되고 있
음을 확인할 수 있다. 그러나 烏於谷의 상실을 전후하여 추풍령로
는 물론 竹嶺路를 통한 경상북도 남부지역인 군위 이남의 후백제
세력권 접근이 여의치 않게 되었으며, 후백제는 나아가서 의성에
서 풍산, 문경지역을 공략하여 조령을 통한 고려의 남방진출로를
마저 차단하고 있음을 확인할 수 있다.38) 그래서 고려의 경상도 진
출로는 開京에서 天安－淸州－報恩－沃川으로 이어지는 秋風嶺

---

38) 한편 公山戰鬪時 왕건의 고려군이 넘어 온 鷄立嶺은 그 위치가 충청북
도 上芼面 彌勒里에서 경상북도 聞慶邑 觀音里로 통하는 해발 525m의
布岩山과 釜峰사이의 鞍部인 하늘재[寒暄嶺]로 비정되기 때문에 문경
지역의 확보는 鳥嶺은 물론 鷄立嶺의 차단까지 의미한다고 할 수 있
다. 한편 이러한 계립령의 위치비정과 관련해서는 崔壹聖의 「歷史地理
的으로 본 鷄立嶺」(『湖西史學』 14집)과 金顯吉의 「忠州地域의 歷史地
理的 背景」(『國史館論叢』 16집)이 참고가 된다.

路와 廣州－利川－陰竹－延豊－聞慶으로 이어지는 鳥嶺路 및 이
와 인접한 鷄立嶺路는 거의 차단이 되었으며, 동쪽으로 훨씬 우회
하는 竹嶺路를 택할 수밖에 없게 되었던 것이다. 앞서 살펴 본 풍
기와 영주지역에 대한 왕건의 순행도 경상도진출을 위한 죽령로의
안정적 확보를 위한 것이었다고 할 수 있다.[39]

 따라서 후삼국통일을 이루기 위해서는 경상도지역으로의 진출
및 확보가 전제가 된다고 할 때, 특히 加恩縣의 공격에 실패했던
후백제가 군사를 돌려 古昌郡(안동지역)을 포위함에 이르러서는
竹嶺路 마저 후백제에 의해 차단될 수 있는 위기상황이었다고 여
겨진다. 이는 고창군을 구하기 위해 禮安鎭에 이르러 여러 장수와
의논할 때, "싸우다가 이기지 못하면 장차 어떻게 하겠는가"라는
태조의 질문에 大相 公萱과 洪儒가 대답하기를 "만약 이기지 못하
면 마땅히 샛길로 갈 것이요, 竹嶺으로는 갈 수가 없습니다"고
한[40] 사실에서도 확인이 된다. 이러한 정세는 왕건이 직접 정예병
력을 이끌고 참전하지 않을 수 없는 상황이었으며, 고창전투의 발
생배경이 여기에서 기인한다고 할 수 있다.

Ⅱ. 古昌戰鬪의 진행과정과 결과

 古昌戰鬪는 929년(태조 12년) 12월에 후백제군에 의해 포위된
고창지역을 구원하기 위한 고려의 원병 파견에서 비롯되어 이듬해

---

39) 비록 사료에서 後百濟가 鳥於谷을 확보하여 竹嶺路를 막았다고는 하
 나 이는 죽령 그 자체를 차단한 것이 아니라 당시 후백제의 세력권인
 軍威 이남지역에 대한 고려의 진출을 차단하였다는 의미가 될 것이다.
40) 『高麗史節要』卷1, 太祖 12년 12월조.

정월까지 약 2개월간에 걸쳐 이루어졌는데,[41] 우선 당시 전투의 진
행과정을 살펴보기 위하여 관련 사료부터 정리해 보기로 한다.[42]

E-1. 12월에 견훤이 古昌郡을 포위하였으므로 왕이 가서 이를 구원하려
고 禮安鎭에 이르러 여러 장수와 의논하기를, "싸우다가 이기지 못
하면 장차 어떻게 하겠는가"하니 大相 公萱과 洪儒가 아뢰기를 "만
약 이기지 못하면 마땅히 샛길로 갈 것이요, 竹嶺으로는 갈 수가 없
습니다"고 하였다. 庾黔弼은 아뢰기를 "臣이 듣자옵건데 군사는 흉
한 것이요, 전쟁은 위태로운 일이라 하니, 죽을 마음만 가지고 살려
는 계책이 없어야만 최후의 승리를 얻을 수 있는 것인데, 지금 적군
의 앞에 나아가 싸워보지도 않고 먼저 패배할 것을 염려함은 무슨
까닭입니까. 만약 급히 구원하지 않으면 고창군의 3천여 명을 그냥
적에게 주는 것이니 어찌 원통하지 않겠습니까. 신은 진군하여 급히
공격하기를 원합니다"하니 왕이 그 말에 따랐다. 이에 猪首峰으로부
터 힘껏 싸워서 크게 이겼다. 왕이 그 고을에 들어가서 검필에게 이
르기를 "오늘의 일은 卿의 힘이다"고 하였다(『高麗史節要』 卷1, 太
祖 12년 12월)[43].

2. 왕이 친히 군사를 거느리고 古昌郡의 甁山에 진을 치고 견훤의 군
대는 石山에 있었는데, 서로간의 거리가 5백보 가량이었다. 드디어
서로 싸워서 견훤이 패하여 달아났다. 侍郎 金渥을 사로잡았으며,
죽인 자가 8천여 명이었다. 고창군에서 아뢰기를 "견훤이 장수를 보
내어 順州를 쳐서 함락하고 人戶를 약탈하여 갔습니다"하니 왕이
곧 순주로 가서 그 성을 修築하고 장군 元逢을 죄주었으며, 다시 순
주를 降等시켜 下枝縣이라 하였다. 古昌城主 金宣平을 大匡으로

<hr>

41) 기존의 사료만으로는 당시 전투의 진행과정을 재구성하기에 한계가 있
어 앞장에서 살펴본 공산전투의 진행과정에 대한 서술방식과 마찬가지
로 현지 답사와 아울러 이 지역의 향토지 등에 실린 설화자료 또한 필
요에 따라 보완자료로 활용하였다.

42) 『高麗史節要』 외에도 『三國史記』 본기와 견훤열전 및 『三國遺事』의
후백제 견훤, 그리고 『高麗史』의 세가와 열전 등에도 고창지역에서의
전투내용이 빠짐없이 기록되고 있으나,『高麗史節要』의 내용이 상대
적으로 가장 풍부하며, 여타 사료의 내용과 어긋남이 없어 『高麗史節
要』의 사료만 제시하였다.

43) 『高麗史』 卷92, 庾黔弼傳에도 같은 내용이 기록되어 있다.

삼고 權幸과 張吉을 大相으로 삼았으며, 그 고을을 승격시켜 安東
府라 하였다(『高麗史節要』卷1, 太祖 13년 정월)[44].

위의 사료 E-1은 견훤의 古昌郡 포위 후 庚黔弼이 猪首峰戰鬪
에서 승리하는 과정까지를 담고 있다. 우선 왕건의 고려군이 禮安
鎭까지 온 경로를 유추해 보면, 竹嶺을 넘어 豊基와 榮州를 거쳐
奉化방면으로 진행한 것으로 짐작이 되며, 봉화에서 봉화군 명호
면 및 명호면의 태자리를 거치고 또 안동시 도산면 운곡리를 경유
하여 禮安지역에 이른 것이 아닌가 한다. 이러한 진행경로의 유추
는 우선 竹嶺을 넘어 古昌(안동지역)으로 직행하지 못하고 먼저 禮
安鎭으로 향했다는 사료의 내용과 아울러 大王藪와 관련한 아래
의 내용과 관련한 것이다. 즉, 『新增東國輿地勝覽』에

　　崔詵의 龍壽寺記에 龍頭山의 남쪽에 동네가 있으며, 동네의 입구
　에 숲[藪]이 있어 마을 사람들이 大王藪라 칭하였다. 우리 태조가 남
　방으로 땅을 경략할 때 이곳에 병력을 주둔하였으며, 3일 후에 갔다
　… (『新增東國輿地勝覽』禮安郡 古跡).

한 것이 그것인데, 龍頭山은 현재 도산면 태자리와 온혜리 사이
의 운곡리에 위치하고 있어 大王藪 역시 그 인근에 비정해 볼 수
있다. 따라서 위 사료를 신빙할 경우 고려군은 봉화에서 예안으로
진출하기 전에 이 대왕수가 있는 도산면지역을 경유하였을 것으로
여겨진다.

　한편 안동지역을 구원하기 위해 예안지역에 진출한 고려군은 왕

---

44) 『高麗史』의 세가에도 같은 내용이 기록되어 있으나 『高麗史節要』의
　　내용이 상대적으로 자세하다. 다만 『高麗史』에서는 병산에서의 전투
　　를 930년 정월 병술일에, 김선평 등에 대한 논공행상을 같은 달 경인일
　　에 기록하는 등 구체적 날자를 명기하고 있는 점은 달리 참고가 된다.

건 자신과 고려 제일의 명장이라할 수 있는 庾黔弼 및 고려 개국
의 일등공신인 洪儒가 참전한 것으로 보아 고려 최대의 정예병력
이 출전하였을 것으로 생각되며, 또 基州(豊基지역)의 知州諸軍事
인 康公萱과[45] 후술될 金宣平을 비롯한 안동지역의 鄕軍 역시 고
려의 지원세력으로 활동한 것으로 미루어 이들 외에도 여타 지역
의 지원군 또한 합류하였을 가능성이 있다. 또한 猪首峰戰鬪 승리
후, 그리고 甁山戰鬪 직전에 고려에 귀부한 載巖城 城主인 善弼의
존재[46] 또한 그러한 가능성을 점증케 한다.

  고창전투의 출발은 유검필이 이끄는 고려의 선봉군이 저수봉에
도착하여 후백제군을 격파함으로서 비롯된다. 이 저수봉은 현재
安東市 臥龍面 西枝洞의 서남쪽에 위치한 봉우리로서[47] 安東女中
의 뒷편쪽으로 바라보이는 곳에 위치해 있다. 이 지역은 후백제가
고창지방을 포위했을 때, 그 세력권에 포함되어 고려의 고창군 진
입을 막는 북쪽방향의 전초기지 역할을 하였던 것으로 생각된다.

  그러나 이 저수봉에서의 전투과정은 사료나 俗傳 등에서 그 흔
적을 찾기는 어렵다. 다만 후술하겠지만 甁山에서의 전투가 다음
해 1월 21일에 있었는데, 12월에 저수봉전투에서의 승리 후 왕건이
이끄는 고려군의 본대가 병산지역에 둔치하기까지 소요된 시간으
로 보아 저수봉전투 역시 치열한 것이 아니었나 추론케 된다. 한편
위의 사료 E-1에서 왕건이 禮安鎭에서 군사회의를 가지면서 "싸
우다가 이기지 못하면 장차 어떻게 하겠는가"하는 표현과 大相 公
萱과 洪儒가 그에 따른 대답에서 "만약 이기지 못하면 마땅히 샛
길로 갈 것이요, 죽령으로는 갈 수가 없습니다"고 한 표현은 당시

---

45) 「砥平 菩提寺 大鏡大師 玄機塔碑文」 『朝鮮金石總覽』 상, 132쪽.
46) 『高麗史』 卷1, 太祖 13년 정월조.
47) 李炯佑, 1993, 「古昌地方을 둘러싼 麗濟兩國의 각축양상」 『嶠南史學』
   창간호, 65쪽.

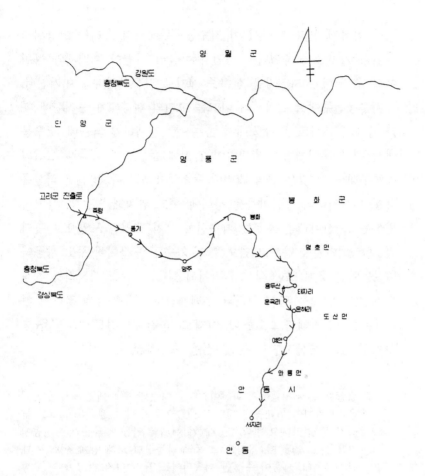

〈圖 6〉 古昌戰鬪時 高麗의 진출로

후백제의 군세가 막강하여 승리를 장담할 수 없었던 사정을 보여
주며,[48] 저수봉전투의 승리 후 庾黔弼에게 "오늘의 일은 卿의 힘
이다"고 그 공을 치사한 표현은 이 전투의 승리가 가져다 주는 의

---

48) 고려군이 고창지방으로 곧장 진행하지 못하고 예안진에 일정기간 둔
    치한 후, 유검필의 선봉대를 먼저 보낸 것도 이러한 사정에 기인한 것
    이 아닌가 한다.

미를 짐작케 한다. 따라서 이 저수봉전투에서의 승리는 고창지역 진입의 기반을 구축했다는 측면과 아울러 왕건이 후백제와 싸워 이길 수 있다는 자신감을 심어준 계기로 작용하였다고 여겨진다.

저수봉전투에서 유검필이 이끄는 고려의 선봉대가 승리함에 따라 왕건의 본대도 곧 禮安에서 古昌으로 진행하게 되는데, 저수봉에서 패한 후백제병이 후퇴하여 石山에 둔치함에 따라[49] 고려의 주력부대도 그 맞은 편의 甁山에 둔치하게 되었다. 병산과 석산은 와룡면 서지리의 절골마을을 사이에 두고 위치해 있는데, 북편의 병산은 그 산아래를 흐르는 가수천이 마치 호리병 모양으로 흘러 절골[寺洞]터널을 향하고 있으며, 이 가수천을 사이에 두고 사동터널 못 미친 곳에 또한 석산이 위치해 있다. 현재도 서지리를 중심으로 한 인근에는 당시 고려와 후백제간의 전투양상을 짐작케 하는 俗傳들이 전해지고 있는데, 이제 그 속전 중 '진모래전설'을 중심으로 당시 병산전투의 진행양상을 유추해보기로 한다.

> F) 甄萱은 원래 지렁이의 화신이었다고 하는데, 戰時에는 모래땅에 진을 쳐 신변이 위태롭게 되면 모래속으로 들어가 웬만해선 그를 물리칠 수 없었다고 한다. 三太師가 현재의 안동군 와룡면 서지동에 진을 치고 있을 때, 견훤은 그 동쪽 낙동강변 모래 땅에 진을 쳐 대전하였는데, 싸움이 수십번 계속되어도 끝이 나지 않고 견훤은 싸우다가 불리해지면 모래속으로 들어가니 어찌할 도리가 없었다. 이에 삼태사 군사들은 전략을 세워 흐르는 강을 막아 못을 만들어 물속에 소금을 수없이 넣어 鹽水를 만들어 놓고 접전을 했다. 그러나 어느 때보다 치열한 싸움이었다. 견훤은 싸움이 점점 불리해지자

---

49) 저수봉에서 패한 후백제군은 견훤이 이끄는 주력부대로 보아지지는 않으며, 저수봉일대를 중심으로 포진해 있던 후백제군이 고려의 선봉대에 패한 후 견훤이 이끄는 본대와 합류하여 석산에 둔치한 것이 아닌가 추론된다. 다만 이 시기에 후백제군의 본대가 어디에 위치해 있었는지는 잘 알 수가 없다.

당황하여 지렁이로 둔갑해서 모래 속으로 기어들었다. 삼태사군은
이때다 하여 염수의 못물을 터뜨렸다. 소금물이 흘러내리니 아무리
둔갑한 지렁이일지라도 견딜 재주가 없었다. 견훤은 겨우 목숨만
건져 패주하여 안동땅에서 물러갔다고 한다. 지금도 이 내를 소금
물이 흘러갔다고 하여 간수내(가수내)라 부르고 견훤이 숨은 모래
를 진모래(진몰개,긴모래)라고 한다. 지금은 안동댐 수몰로 모래를
볼 수 없다(『慶尙北道 地名由來總覽』 63쪽)50).

우선 위의 자료에서 견훤이 지렁이의 화신이었다는 표현과 계절
적으로 보아 물에 소금을 풀어 전쟁을 승리로 이끌었다는 표현은
신빙하기 어렵지만,51) 다음의 몇가지 사실은 주목해 볼 수 있다.
첫째는 승리하였으나 어려운 싸움이었다는 것이고, 둘째는 金宣平
·權幸·張吉 등이 이끄는 鄕軍의 협조활동이며, 셋째는 그 전략
이 지형을 활용한 것이었을 것이라는 점이다.

앞서 언급한 바와 같이 이 병산을 중심으로 한 전투는 왕건과 견
훤이 출진한 양국의 주력군이 遭遇한 전투였으며, 사료 E-2에서
전쟁에서 패한 후백제군의 전사자가 8천여 명이었다고 표현한 것
은 그 숫자가 조금은 과장되었을 것이라는 개연성을 염두에 둔다
하더라도 양국간의 피해가 엄청난 치열한 전투였을 것이라는 점은
짐작할 수 있겠다. 특히 이 병산전투가 있게 된 시기가 930년 1월
21인데,52) 고창지역에서의 마지막전투라 할 수 있는 합전교전투가

---

50) 이 자료는 柳增善,『영남의 전설』227~228쪽 및 李炯佑, 앞의 논문, 10
쪽과 權進良, 1993,「甁山大捷考」『安東文化研究』7, 156쪽 등에도 인
용되고 있다.
51) 李炯佑는 1월의 혹심한 추위와 관련하여 鹽水를 이용한 전략은 계절적
으로 신빙하기 어렵다는 견해를 표하였다(李炯佑, 앞의 논문, 10쪽 참
조).
52)『高麗史』에서는 왕건이 병산지역에 둔치한 것을 정월 丙戌條에 기록
하고 있는데, 930년1월 병술일은 진단학회편『韓國史年表』의 朔閏表
에 따르면 1월 21일에 해당한다.

끝나고 김선평 등에 대한 논공이 있었던 시기가 1월 25일로서[53] 그럴 경우 병산전투에서 후술할 합전교전투로 이어지는 과정까지 3~4일정도가 소요되었다는 계산이 가능해진다. 이러한 짧은 기간 동안에 수천을 헤아리는 전사자를 내었다는 사실 또한 당시 전투의 치열성을 보여주는 한 예가 될 것이다.

또한 자료 F의 내용으로 미루어 저수봉전투 당시에는 그 활동 흔적이 명확하지 않던 향군의 활동이 나타나고 있는데, 이는 아마도 유검필의 고려 선봉대가 저수봉전투에서 승리하여 古昌郡을 포위하고 있는 외곽을 격파함으로써 고창군에 고립되어 외롭게 싸우고 있던 향군과 연결되어 진 것이 아닌가 여겨진다. 그런데 자료 F를 포함하여 현재 안동지역에서 전해지는 설화들의 상당수는 오히려 三太師를 중심으로 한 향군의 활동이 고려군의 활동보다 주도적인 것으로 표현하고 있기도 하다. 현재 주어진 사료만으로 향군과 고려군의 활동에 대한 경중을 가리기에는 한계가 있으며, 또한 자신들의 고향을 지켜야 하는 상황과 추풍령과 조령·계립령으로의 경상도 진출로가 막힌 상황에서 죽령로 마저 잃을 수 없는 절박한 상황이라는 양측의 상황에서 모두가 전력을 기울였을 것이라는 측면을 고려한다면, 경중을 논한다는 것 자체가 무의미한 것으로 생각된다. 다만 고창전투에서 승리한 후 金宣平에게 大匡을, 權幸과 張吉에게 大相을 주었는데,[54] 이는 고려에 귀부해 온 여타호족들에게 주어진 관직과 비교해 볼 때, 극히 이례적인 고위직이었으며, 또한 아래의 사료에 보이는 바와 같이 고창군의 읍격도 안동부로 승격되는데,

---

53) 이러한 내용은 『高麗史』 卷1, 太祖 13년 정월 庚寅條에 기록되어 있는데, 이 역시 『韓國史年表』의 삭윤표에 따라 환산해 보면 1월 25일이 된다.
54) 『高麗史』 卷1, 太祖 13년 정월 庚寅條.

安東府. 본래 신라 古陁耶郡으로 경덕왕이 古昌郡으로 고쳤다. 태
조 13년에 후백제의 견훤과 더불어 郡地에서 싸워 이를 격패시켰다.
郡人인 金宣平・權幸・長吉이 태조를 보좌한 공이 있어 선평은 大
匡에, 권행과 장길은 大相에 拜하고 군을 안동부로 승격시켰으며, 후
에 永嘉郡으로 고쳤다. 성종 14년에 吉州刺史로 칭하고 현종 3년에
按撫使로 하였다. 9년에 知吉州使로 고치고 21년에 지금의 이름으로
고쳤다(『高麗史』 卷57, 地理2 慶尙道 安東都護府條)[55].

위의 사료에 의할 것 같으면, 930년의 고창전투에서 김선평・권
행・장길 등이 이끄는 향군의 활동이 안동부 승격의 원인이었고,
그 시기도 고창전투에서의 승리 직후라는 것이다.[56] 이처럼 각별
한 포상은 당시 김선평 등 향군의 공이 컸다는 의미와 아울러 당시
전투의 중요성을 역설적으로 보여주는 예라고도 할 수 있다.

또한 '밤박골의 안중할머니' 설화는 당시 향군외에도 일반 고창

---

55) 이러한 내용은『世宗實錄地理志』와『新增東國輿地勝覽』에서도 확인
   이 된다.
56) 한편 安東府는 그 지리적 중요성에도 불구하고 古昌戰鬪 이전까지는
   고려에 귀부하였다는 기록을 찾아볼 수 없다. 그래서 종래 歸附意思를
   표시하지 않은 안동지역이 고창전투시에는 고려의 승리에 큰 기여를
   하였다는 것이 고려의 태조를 더욱 고무시킨 측면이 되었을 것이며, 향
   후 이들의 계속적인 지지와 충성을 기대하는 측면에서도 타 지역에 비
   해 이례적인 논공행상이 이루어졌다고 여겨진다. 이 안동부의 성립에
   서는 다른 府의 성립에서 보이는 군현의 통합현상은 사료상 나타나고
   있지 않다. 이는 안동부가 여타지역의 통합을 필요로 하지 않는 巨邑이
   었을 가능성이나 인근 군현을 통합했음에도 사료상에 나타나지 않았을
   가능성, 그리고 고창전투가 있은 직후의 논공행상 과정에서 이루어진
   관계로 타 지역을 통합할 여건이 되지 못했을 가능성 등 어떠한 이유
   가 있었을 것이나 확실하지 않다. 다만 안동부는 그 성립시기가 구체적
   으로 명기된 여타의 府와 비교할 때 그 성립시기가 가장 빠르며, 어쩌
   면 고창군을 안동부로 승격시키면서 이후 지리적으로 중요한 거읍을
   중심으로 지방행정 운용의 편의를 도모하기 위해 부를 설치 설치한 것
   이 아닌가 한다.

지역민 또한 고려에 대한 협조가 적지 않았을 것임을 짐작케 한다. 즉, 가수천의 마을 위 곧 아름달 들어가는 입구에 위치해 있는 밥박골은 안중할머니라는 분이 병산전투시 三太師軍에게 밥을 지어 날라 주었다는데서 마을이름이 유래하며, 또한 이 안중할머니는 고삼뿌리를 썩은 독한 술을 빚어서 이를 후백제군의 장수들에게 제공하여 대취하게 한 후, 이 사실을 三太師軍에게 통지하여 전쟁을 승리로 이끌었다는 것이다.57) 이러한 양상은 이 지역의 민심이 자기의 고장을 지키겠다는 애향심과 관련하여 고창지방을 공격한 후백제와 이를 구원할 목적으로 온 고려 사이에 어느쪽에 협조적으로 작용할지는 의문의 여지가 없으며, 『新增東國輿地勝覽』의 권행에 대한 언급에서 권행이 후백제가 신라의 왕을 죽인 사실에 분격하여 후백제를 적으로 돌린 사실과 관련하여서도58) 당시 이 지역의 민심을 유추해 볼 수 있겠다.

한편 병산전투에서 전사한 후백제의 전사자가 8천여 명을 헤아린다고 했을 때59) 후백제군의 병력이 1만을 헤아리는 엄청난 규모였을 것이며, 고려군 또한 927년에 경주를 구원하기 위해 1만병이 출병하였다고 하고, 경주가 함락된 후 왕건이 직접 정병 5천을 거

---

57) 이상의 내용은 權進良, 앞의 논문, 158쪽 및 161쪽 참조. 한편 이 밥박골과 안중할머니이야기는 권진량이 답사과정에서 발굴 채록하였음을 필자에게 전한 바 있다.

58) 『新增東國輿地勝覽』 卷24, 安東大都護府 人物條. "權幸; 本姓金 新羅大姓也 當羅季 守古昌郡時 甄萱入新羅弑王 幸謀於衆曰 萱義不共戴天 盖歸王公以雪 我恥遂降 高麗太祖喜曰 幸能炳幾達權 乃賜姓權 陞安東郡爲府"

59) 8천여 명이라는 숫자의 표현은 혹 과장되었을 가능성도 배제할 수 없으나 전사자의 규모가 그에 준할 정도로 적지 않았을 것임은 신빙하고 싶다. 다만 8천여명의 전사자가 병산전투에서만 전사한 후백제군 전사자의 규모인지 저수봉전투와 합전교전투 등을 포함한 고창전투의 전 과정에서 전사한 후백제군의 규모인지는 명확히 하기 어렵다.

느리고 진출한 사실과 관련하여 이때에도 5천 이상의 병력이 출병하였으리라 짐작된다. 또한 여기에 基州(豊基지역)의 公萱이 출진한 예와 猪首峰戰鬪와 甁山戰鬪 사이에 載巖城의 善弼이 歸附한 예에서처럼 고려를 지지하는 지방세력들이 적잖게 동참하였을 개연성이 있다. 그리고 향군의 경우 사료 E−1의 庾黔弼이 언급한 "만약 급히 구원하지 않으면 古昌郡의 3천여명을 그냥 적에게 주는 것이니 어찌 원통하지 않습니까"라고 한 표현에서 시간의 경과에 따라 약간의 가감은 있었겠으나 당시 3천을 헤아리는 향군의 규모가 고려의 구원병이 오기 전까지는 후백제와 대치하여 싸웠으며, 고려의 구원병이 온 후에는 이들과 합세하여 공동전선을 형성하였던 것이다. 이렇게 막연하나마 양군의 병력규모를 산출할 경우 이 많은 병력이 3∼4일의 짧은 기간에 승부를 결했다면 수천명을 일거에 참살할 수 있는 비상한 전략이 동원되지 않으면 안되었을 것이며, 이와 관련하여 상정해 볼 수 있는 가능성은 이 지역의 지형적 조건이다. 이러한 지형적 조건과 관련하여 이형우는 "현재의 저수봉과 서지동 앞을 흐르는 냇물을 '가수내' 혹은 '간수내'라고 하며, 또한 서지동 앞 중앙선 철도와 퇴계로의 교차점에서 서쪽 500m 지점에 '가수천'을 東流에서 西流하게 하는 '진목'이 있다. 총 길이 200여m, 높이 약 10m로 흡사 인공으로 저수지를 만든 둑처럼 길게 동으로 뻗혀있는데, 부근 지형으로 보아 인공축조라기보다는 자연적으로 형성된 것 같으며, 조금만 인공을 가하면 쉽게 호수를 이룰 만큼 유리한 지형적 특성을 갖고 있다. 또한 이 '긴목'의 맞은 편 산등성이를 이 지방 사람들은 '물불등'이라 하는 것은 '긴목'을 막음으로서 지금의 서지동 일대가 저수지로 변하여 물이 산등성이를 잠그어 붙여진 것으로 해석하여 볼 수 있다"고 하였는데,[60] 이러한 평가는 전쟁무기의 우열과 같은 조건을 고려할 수 없

는 당시 상황에서 이 지역의 지형적 조건을 활용한 水攻이 행하여
졌을 가능성을 점증시켜 준다. 또한 '역등'이라고도 하는 '물불등'
은 그 지명의 유래가 막아 둔 물을 터뜨려 견훤의 군사들이 죽임을
당하였으며, 가수천 물이 쌓인 이들의 시체로 인하여 역수하여 물
이 불은 산등성이라는데서 비롯되었다는 것에서도[61] 저간의 상황
을 짐작케 한다.[62]

한편 『東史綱目』에서는 이 당시의 전투상황과 관련하여

> … 병술일에 麗王軍이 郡 북쪽의 瓶山에(지금 안동군 북쪽 10리에
> 있다) 있고 甄萱의 軍은 石山에 있었는데, 서로 간의 거리가 5백보 가
> 량되었다. 드디어 전투를 하였는데, 저녁에 이르러 黔弼이 猪首峰으
> 로부터 날랜 병사를 이끌고 와서 이를 격파하였다. 견훤이 패주하고
> 侍郞 金渥이 사로 잡혔으며, 후백제군의 죽은 자가 8천여 인이었다
> (『東史綱目』卷2下, 敬順王 4년).

라고 하여 다른 사료에서 보이지 않는 瓶山戰鬪에서의 庾黔弼의
활동상황이 보이고 있다. 위 사료를 신빙할 경우 유검필은 저수봉
에서의 승리 후 왕건의 주력부대가 병산에 둔치하였을 때도 여전
히 저수봉에 주둔해 있었으며, 병산전투가 시작되자 저수봉에서

---

60) 李炳佑, 앞의 논문, 66~67쪽.
61) 權進良, 앞의 논문, 157쪽 참조.
62) 한편 猪首峰에서의 승리가 929년 12월이었고, 瓶山戰鬪의 출발이 1월
    21일이었으며, 古昌 지역에서 후백제군이 완전히 패퇴하고 勝戰에 따
    른 논공행상이 1월 25일에 행해졌다고 볼때, 양군의 주력이 조우한 전
    투에서는 4~5일 정도의 짧은 기간이 소요되었음에도, 저수봉전투의
    승리 후 병산전투에 임하기까지에는 20여 일이 소요되었다는 계산이
    성립한다. 이는 고려의 본대가 예안으로부터 오는 과정에서의 소요시
    간으로 보기에는 길다고 여겨지며, 따라서 水量이 적은 겨울에 둑을 막
    아 적에게 타격을 줄 정도의 수량을 확보하는 기간도 포함된 것이 아
    닌가 여겨진다.

지근거리에 있는 병산으로 와서 고려의 승리에 크게 기여하였던 것으로 보인다.

병산과 석산을 사이에 두고 벌어졌던 이때의 전투는 고창지역 전투 중 가장 치열했던 것이었으며, 여기에서 견훤의 주력군이 패퇴하여 가수천변을 따라 낙동강쪽으로 밀려간 것으로 보인다. 이는 자료 F)의 '진모래' 설화와 관련한 추론으로 현재 진모래의 위치는 법흥동에서 안동댐 진입로를 따라 2km쯤 올라가면 중앙선 철교가 보이고 그 철교 아래에 성낙교가 있는데, 여기서부터 이 다리를 건넌 우측에 시멘트로 포장한 광장(헬기장)과 연결된 잔듸공원이 끝나는 지점까지이다.[63] 그래서 이 지점까지는 병산전투의 戰場과 연계된 것으로 생각되며, 이 이후 고창지역에서의 마지막 전투라 할 수 있는 합전교에 이르는 과정까지는 그 진행로가 자세하지 않다. 다만 진모래가 象牙里의 낙동강변에 위치해 있는 것으로 보아 낙동강변을 따라 法興里 방향으로 진행한 것으로 보인다.

서지리의 병산 아래에서 상아리의 낙동강변에 이르는 과정에서 병력의 상당부분을 상실하면서 패퇴하였던 후백제군은 합전교에서 고창지역에서의 마지막 전투를 치르게 된다. 앞서 언급한 바와 같이 낙동강변을 따라 패주하던 후백제군과 고려의 추격군은 말구리재를 거쳐 합전교에 이르러 이를 사이에 두고 서로 대치한 것으로 보인다.[64] 합전교에서 고창지역에서의 마지막 전투가 있었을 것으로 보는 데는 후백제의 殘兵들이 그 전에 점령한 바 있었던 豊山방면으로 도망했을 가능성이 크다는 측면에서 합전교가 안동에서 풍산지역으로 진행하는 과정에 위치해 있다는 점이며, 또 하나

---

63) 안동교육청, 1992,『安東의 說話』, 218쪽.
64) 말구리재는 현재 안동시 태화리의 삼거리에서 예천 통로로 가는 약 500m 지점에 위치해 있는 재로서 고개 이름은 견훤이 이곳에서 말에서 굴러 떨어졌다는 데서 유래하고 있다. 權進良, 앞의 논문, 156쪽 참조.

는 양군이 강을 사이에 두고 이 곳에 대치하여 싸웠다는 합전교의
지명유래와 관련한 속전의 내용이다.

그런데 이 합전교의 위치비정과 관련하여서는 두가지 견해로 갈
려지고 있다. 첫째는 안동시 松峴里에서 풍산읍 幕谷里 사이의 松
夜川을 건너는 松夜橋[소밤다리, 소빰다리]를 합전교로 보는 견해
이며,65) 다른 하나는 안동시 송현동의 송현초등학교 조금 못미쳐
있는 조그마한 다리를 합전교로 보는 견해이다.66) 전자인 송야교의
경우 松夜川의 강폭이 넓고 강의 양쪽 편으로 넓은 평지가 형성되
어 있어 대규모의 병력이 서로 대치할 수 있는 지리적 조건을 갖추
고 있어 이 교량이 합전교일 가능성이 없지 않다. 그리고 후자의 경
우 현재는 수량이 극히 적고 교량의 폭이 좁아 양군의 병력이 대치
하기에는 적당하지 않은 모습을 보여주나, 과거에는 하천과 교량의
폭이 훨씬 넓었다고 한다. 특히 『慶北마을誌』에서는 '(34번)국도로
조금 더 가면 鄕土師團의 營門이 오른쪽에 있고 송현국민학교 못
미쳐 조그마한 다리를 합전다리라고 부른다. … 합전다리 북쪽에
무나무골이 있고 그 북쪽 골짜기를 몰개골이라 부르며, 이 골짝은
빈수골·쏙은 빈수골·독집골로 나뉘어지는데, 그 옛날 왕건의 군
사와 안동향민으로 편성된 고려군이 견훤의 8천군사를 몰살시킨
곳이라고 몰개골이라 부른다. 합전다리에서 오른편에 송현국민학
교를 바라보면서 넘는 고개는 솔티고개라 하는데, 송티[松峙]·松
里고개 등으로도 부른다. 합전다리 남쪽의 조그마한 골짜기는 반
골·방골로 불리는데 물이 얼마 되지 않아서 그렇게 부르게 되었다
고 한다. 솔티고개를 넘으면 왼편으로 豪嚴마을로 들어가는 길이

---

65) 李炳佑, 앞의 논문, 67~68쪽 및 『安東의 說話』 72쪽.
66) 權進良, 앞의 논문, 156쪽 및 『慶北마을誌』(경상북도·경상북도 향토
    사연구협의회 28~29쪽.

있고 솟밤다리에 이른다. 松夜橋라 公稱되는 이 솔밤다리는 놋다리
밟기의 오랜 얘기를 남긴 다리이다'고 하여[67] 합전교와 송야교를
엄격히 구분하면서 합전교전투와 관련한 인근의 지명유래도 담고
있어 신뢰감을 주고 있다.[68] 그래서 이 다리를 합전교로 상정할 경
우 안동시내 방향으로는 현재 영남아파트가 들어서 있는 지역이 고
려군의 집결지로 추정되며, 후백제군은 다리 건너 풍산방향으로 좌
측편에 자리한 조그마한 야산이 그 주둔지로 추정된다.

따라서 필자는 합전교로 엇갈리게 비정되고 있는 이 두 교량이
안동시 송현리에 속하여 가까운 거리에 있으며, 안동에서 풍산으
로의 같은 진행방향에 위치해 있어 당시 전투상황과는 무관할 수
없으리라는 판단이 없지는 않으나 송현초등학교 옆에 위치한 교량
이 합전교일 것이라는 견해가 보다 타당할 것으로 보고자 한다.

앞서 언급한 바와 같이 병산에서의 고려군의 둔치가 930년 1월
21일이었고, 고창전투의 종료 후, 논공행상이 있었던 시기가 1월
25일이었다고 할 때, 이 합전교에서 전투가 있었던 시점은 1월 24
일을 전후한 시점이었다고 볼 수 있다. 따라서 병산전투에서 합전
교전투까지는 연계선상에 있었던 것으로 합전교전투를 굳이 구분
하게 되는 것은 서지리의 병산아래에서 시작하여 상아리의 진모래
지역을 포괄하는 지역에서 패퇴한 후백제군이 이 합전교에 이르러
한숨을 돌려 하천을 사이에 두고 고려군과 대치하였다는 측면과
여기서의 접전에서 패퇴하여 고창지역에서 완전히 물러갔다는데
에 그 의미가 있을 것이다.

929년 12월에 후백제가 고창군을 포위하고, 고려가 구원병을 파

---

67)『慶北마을誌』28~29쪽.
68) 안동지역의 답사시 구해 본 안동시 지도에서도 송현초등학교 쪽의 다
    리를 합전교로, 그리고 풍산의 막곡리에 접해 있는 다리를 송야교로 명
    확히 구분하여 작성해 놓고 있다.

견함으로써 비롯된 양국간의 고창전투는 이 합전교에서의 전투를
마지막으로 고려의 승리로 막을 내리게 되었다. 고려는 이 전투에
서의 승리로 말미암아 927년 공산전투의 패배로 인해 약화되었던
전세를 일거에 만회하게 되었으며, 나아가서 후삼국정립기의 운영
을 주도하는 계기 또한 마련하게 되었던 것이다. 한편 후백제는 견
훤이 직접 정예병을 이끌고 참여한 전투에서 8천의 병력이 전사하
는 등 심각한 타격을 입게 되어 향후 군사활동에 많은 지장을 초래
하게 되었으며, 안동지역을 확보함으로써 죽령로를 통한 고려의
경상도진출을 봉쇄하려던 계획 또한 수포로 돌아가게 되었다.

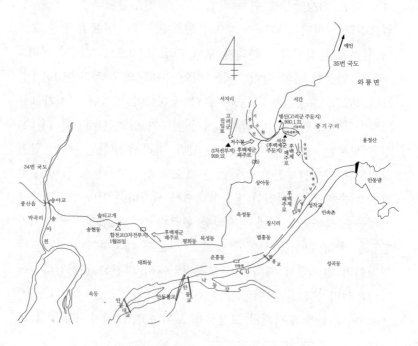

〈圖 7〉古昌戰鬪의 진행상황도

Ⅲ. 古昌戰鬪 이후의 정국변화

古昌地域의 전투에서 승리한 왕건의 고려군은 앞 절의 사료 E-2에 보이듯이 929년 7월 후백제에 함락된 바 있는 順州(豊山지역)까지 진출하여 성을 수축하는 한편 순주를 다시 下枝縣으로 강등시키고, 성주였던 元逢을 치죄하는 등의 문책을 단행하였다.[69] 이러한 문책이 있은 다음 1월 25일에 고창지역 鄕軍의 지휘관인 金宣平 등에 대한 관직 수여와 古昌郡의 읍격을 安東府로 승격시키는 논공행상이 뒤따랐으며, 이때의 논공행상은 곧 고창지역에서의 전투에 대한 종결을 의미하는 것으로 이해된다. 이제 고창전투 이후의 정국변화를 다음의 표를 통하여 살펴보기로 한다.

다음 <표 11>에서는 古昌戰鬪의 종결 후 곧 경상도를 중심으로 한 각 지역의 고려에 대한 歸附가 잇다르게 됨을 확인할 수 있다. 우선 고창전투의 승리에 따른 논공행상이 이루어질 즈음에 永安·河曲·直明·松生 등 30여 군현들이 고려에 귀부하였으며, 다음달 乙未에는 동해연안의 여러 성들이 귀부하여 강릉지역에서 울산지역에 이르기까지 110여 개의 성의 고려에 귀부한 바가 되었다. 그리고 같은 달 庚子일에는 昵於鎭에 행차하여 이곳을 神光鎭

---

69) 順州에서 下枝縣으로의 邑格의 하락과 성주인 元逢에 대한 문책이 행해졌다는 것은 후백제에 함락되었던 다른 지역의 경우에서는 찾아지지 않는 강경한 조치로 이해된다. 이러한 이례적인 강경조치는 과거 하지현이 고려에 귀부하였을 때, 순주로 이 지역의 읍격을 높이는 등 이 지역의 지리적 중요성과 관련하여 많은 관심을 기울였음에도 불구하고, 후백제의 침공시 성주 원봉이 도망하는 등 별다른 저항 없이 쉽게 성을 포기한데 따른 문책과 타 지역에 대한 경계의 의미로 받아들여진다.

으로 개칭하였으며, 이 즈음에 北彌秩夫와 南彌秩夫城의 귀부가
있었다. 그런데 이들의 귀부과정을 시기적으로 살펴보면, 우선 『高
麗史』에 영안을 비롯한 30여 군현의 귀부가 1월 庚寅일로서 고창
전투의 종결과 더불어 귀부한 것으로 기록되고 있으며, 동해연안
지역이 2월 乙未일, 왕건의 일어진 순행과 南 · 北彌秩夫성의 귀부
가 2월 庚子일에 기록되고 있다.

〈표 11〉 古昌戰鬪 이후의 政局變化

번호	시기	내용	전거
1	930.1	順州 축성, 元逢 치죄	려사 세
2	930.1	金宣平을 大匡으로, 權幸과 張吉을 大相으로, 古昌郡을 安東府로 승격	려사 세
3	930.1	永安, 河曲(안동 임하), 直明(안동 일직), 松生(청송) 등 30여 군현 귀부	려사 세
4	930.2	溟州(강릉)~興禮府(울산)의 동해연안 110여개 성이 귀부	려사 세
5	930.2	왕건, 昵於鎭(영일 신광)에 행차, 神光鎭으로 개명	절요
6	930.2	北彌秩夫 · 南彌秩夫城 귀부	려사 세
7	930.5	왕건, 서경 순행, 6월 庚子에 귀환	려사 세
8	930.8	大木郡(목천) 행차, 東 · 西兜率을 합하여 天安府 설치	려사 세
9	930.8	馬山에 築城(安水鎭)	절요
10	930.8	왕건, 淸州 순행, 羅城 축조	절요
11	930.8	芋陵島에서 토산물 진상	려사 세
12	930.9	皆知邊 귀부	려사 세
13	930.12	왕건, 西京 순행, 학교 건립	려사 세
14	930.	連州 축성	절요
15	931.2	신라 귀부의사 밝힘	절요
16	931.2	왕건, 신라 방문	려사 세
17	931.8	왕건, 신라왕~민간에 선물 제공	려사 세
18	931.11	왕건, 서경 순행	려사 세
19	931.	安北府와 강덕진 설치	절요
20	932.6	후백제장군 龔直 투항	려사 세
21	932.7	一牟山城(충북 문의) 공격	려사 세
22	932.9	후백제 수군, 鹽州 · 白州 · 貞州 및 猪山島 침탈	려사 세
23	932.10	후백제 수군, 大牛島 침탈	려사 세

24	932.	一牟山城 재공격	려사 세
25	932.	後唐에 사신 파견	려사 세
26	933.1	後唐의 고려왕 책봉, 후당 연호 사용	려사 세
27	933.5	후백제의 槽山鎭・阿弗鎭 공격을 庚黔弼에 대비케 함	절요
28	934.1	왕건, 서경 및 북진 순행	려사 세
29	934.5	왕건, 예산진 순행, 조서 반포	려사 세
30	934.9	運州(충남 홍성) 정벌, 熊津이북의 30여성 귀부	려사 세

朔閏表에 따라 이들 일자를 환산해 보면, 1월 庚寅일은 1월 25일, 2월 乙未일은 2월 1일, 2월 庚子일은 2월 6일이 된다.[70] 그럴 경우 이 많은 지역의 귀부 시기가 고창전투가 끝난 후 10일을 크게 벗어나지 않는다는 계산이 성립한다. 마치 고창전투가 끝나기를 기다렸다는 듯이 연이어진 이러한 귀부 현상은 고려의 고창전투 승리라는 결과물로만 정리하기에는 한계가 있으며, 후백제가 고창전투에서 1만에 가까운 병력을 잃는 참패를 당하여 대세를 상실했다는 판단으로 고려에 귀부했을 것이라는 결론 또한 미흡하다. 이는 결국 고창전투 이전에 이미 이들 귀부지역의 민심이 고려에 동조적이었다는 측면을 전제해야만 이해가 가능하다.

이러한 전제와 관련하여 주목되는 것이 927년에 있었던 후백제의 경주침공인데, 비록 국력이 쇠락하였으나 당시 지역민들의 조국인 신라의 도성을 함락하고 왕마저 죽이는 등의 가혹한 행태는 곧 민심의 급격한 이반을 초래하였을 것이며, 이는 931년 2월 왕건이 경주를 방문했을 때,

---

70) 물론 이들 지역이 사료상의 표기처럼 같은 날 동시에 歸附했다거나, 또 각 지역이 모두 개별적으로 사람을 파견하여 왕건을 배알하고 귀부의 사를 전했다고는 여겨지지 않는다. 귀부한 시기가 거의 차이가 없어 한데 묶었을 수도 있으며, 종래 신라의 9州 5小京體制나 생활권역을 중심으로 몇 개의 지역이 연대하여 공동의 귀부의사를 표시했을 개연성도 크다.

… 처음에 왕이 신라에 이를 적에 隊伍를 엄숙히 하여 터럭 만한 것도 침해하지 않으니, 都城의 士女들이 서로 치하하여 말하기를, "옛 날에 甄氏가 왔을 때는 늑대와 호랑이를 만난 것 같더니 지금 王公이 오니 마치 부모를 뵈온 것 같다"고 하였다(『高麗史節要』卷1, 太祖 14 년 2월 辛亥).

라고 한 것에서도 충분히 헤아릴 수 있다. 그리고 이러한 민심은 權幸이 후백제가 경주에 침공하여 왕을 죽인 사실을 강히 비난하고 이를 고려에의 귀부 명분으로 삼았던,[71] 그리고 실제로 古昌戰鬪에서 향군을 동원하여 후백제와 강고히 싸웠던 예에서처럼 反後百濟라는 현실로 나타나게 되었다. 신라라는 국가가 있으며, 그러한 국가의 백성이라는 관념의 내재는 당시 경상도지역민의 입장에서는 당연한 것이었으며, 국초부터 '惠和之意'로서 신라에 우호적 입장을 취했던 고려가 고창전투에서 후백제의 주력군을 격파함에 이르러서는 귀부를 통한 협조의사를 앞다투어 표하게 되는 계기가 되었을 것이다.

한편 왕건이 고창전투가 끝난 지 오래지 않은 시점인 930년 5월에 서경을 방문하는 등의 여유를 가질 수 있었던 것도 고창전투의 승리와 이를 계기로 한 각 지역의 귀부가 가져다 준 자신감에 기인하며, 이후 활발한 순행활동을 통하여 북쪽 변경지역의 안정은 물론 天安府의 설치와 淸州 羅城의 축조 등 후백제에 대한 대비 또한 소홀히 하지 않았던 것이다. 이러한 과정에서 931년 2월에는 신라의 도읍인 경주를 방문하게 되는데,

(태조)14년 春2월 丁酉일에 신라왕이 太守 謙用을 보내어 다시 (왕 건과)서로 보기를 청하였다. 辛亥일에 왕(왕건)이 신라로 갔다. 50여 명의 騎兵을 거느리고 畿內에 이르러 먼저 장군 善弼을 보내어 문안

---

71) 앞의 註58) 참조.

하였다. 신라왕이 百官에 명하여 교외에서 영접하게 하고 堂弟인 相國 金裕廉 등은 성문 밖에서 영접하였으며, 신라왕은 應門밖에 나와 영접하며 拜하니 왕이 答拜하였다. 신라왕은 왼쪽으로, 왕은 오른쪽으로 揖讓하면서 殿上에 올라 호종한 여러 신하들에게 명하여 신라왕에게 절을 하게 하니 情禮가 극진하였다. 臨海殿에서 잔치를 하였는데, 술이 한참 돌 무렵에 신라왕이 말하기를 "小國이 하늘의 버림을 받아 甄萱의 유린한 바 되니 통분하기 끝이 없나이다"하며 泫然히 눈물을 흘리니 좌우의 신하들도 목메어 울지 않는 사람이 없었으며, 왕도 눈물을 흘리며 그를 위로하였다(『高麗史』 卷2, 太祖 14년 2월).

夏5월 丁丑일에 왕이 신라왕과 太后 竹房夫人・相國 金裕廉・匝干 禮文・波珍粲 策宮 尹儒 韓粲 策直 昕直 義卿 讓餘 寬封 含宜 熙吉 등에게 물품을 차등있게 선사하였다. 계미일에 왕이 돌아오매 신라왕이 穴城까지 拜送하고 金裕廉을 인질로 하여 딸려 보냈다. 都城 사람과 士女들은 감격하여 울며, 서로 치하하여 말하기를 '지난날 甄氏가 왔을 때에는 늑대나 호랑이를 만난 것 같더니 지금 王公이 오고 보니 부모를 뵌 것 같다고 하였다(『高麗史』 卷2, 太祖 14년 5월 丁丑).

왕건이 신라를 방문하였다는 931년 2월 辛亥일은 朔閏表에 따르면 2월 23일이며, 그가 고려로 돌아 온 5월 癸未일은 5월 26일이다. 왕건의 경주 순방기간이 이처럼 3개월이나 되었다는 것은 그만큼 고려의 도성을 비워 두었다는 의미이며, 이는 후백제를 완전히 제압하였다는 확신을 전제하지 않고서는 이해하기 어려운 대목이다. 그리고 장기간의 경주방문 과정에서 신라왕을 비롯한 백성들을 위로하는 등 덕을 펼쳐 보임으로써, 향후 신라를 평화적으로 통합할 수 있는 기반을 마련하였으며, 이러한 시점에 이르러서는 외형적으로도 후삼국의 주도권이 고려에 속하게 되었다고 할 수 있을 것이다.

즉, 고창전투의 승리 이후 후삼국의 실질적 주도권을 확보한 고려는 신라 방문을 통하여 그 지지를 확보함으로써 외형적 틀을 갖추게 되었으며, 또한 後唐과의 외교활동을 통하여 933년 1월 고려

왕으로의 冊封敎書를 받음으로써 대외적 인준까지도 확보하였다고 할 수 있다.

한편 고창전투에서의 패배 이후 정국운영의 주도권을 상실한 후백제가 전세를 만회하기 위해서 시도한 대공세가 933년 5월의 槽山城·阿弗鎭(월성 아화)전투였다. 이때의 전투와 관련해서는『高麗史節要』에 대략의 내용이 기록되어 있다.

> 여름 5월에 征南大將軍 庾黔弼이 義州府(의성)를 지키고 있었는데, 왕이 사자를 보내어 이르기를 "나는 신라가 후백제에 침략당함을 염려하여 일찍이 장수를 보내어 지키게 하였는데, 지금 후백제가 槽山城과 阿弗鎭 등을 약탈한다고 하니, 만약 신라의 國都에까지 침공하거던 마땅히 가서 구원하라"하였다. 검필이 드디어 장사 80명을 뽑아 달려갔다. 槎灘에 이르러 사졸에게 말하기를 "만약 이곳에서 적을 만난다면 나는 반드시 살아 돌아가지 못할 것이다. 다만 너희들이 함께 칼날에 죽을 것이 염려되니 각자가 잘 계책을 세우라"하였다. 사탄을 건너자 후백제의 統軍 神劍 등을 만났는데, 후백제의 군사가 黔弼의 군사가 날래고 용맹스러움을 보고 싸우지도 않고 스스로 무너졌다. 검필이 신라에 이르니 노소를 가리지 않고 성밖에 나와서 맞이하여 절하고 울면서 말하기를 "오늘날에 大匡을 뵈올 줄 생각지 못했습니다. 대광이 아니었더라면 우리는 모두 죽임을 당했을 것입니다" 하였다. 검필이 그곳에서 머문 지 7일만에 돌아오는 길에 신검을 子道에서 만나 크게 이겨 그 장수 7명을 사로잡았으며, 죽이고 잡은 것이 매우 많았다. 捷書가 이르니 왕이 몹시 놀라고 기뻐하면서 "검필이 아니면 누가 능히 이같이 이길 수 있으랴"하였다. 검필이 돌아와서 뵈오니 왕이 궁전에서 내려와 그를 맞이하여 손잡고 이르기를, "경의 공로는 옛날에도 또한 드물었던 것이다. 짐의 마음에 새기고 있으니 이를 잊는다고 이르지 말라"고 하였다. 검필이 사례하여 아뢰기를 "신하의 직책에 당연한 일이온데 성상께서 어찌 이같이 하십니까" 하니, 왕이 더욱 그를 착하게 여겼다(『高麗史節要』卷1, 太祖 16년 5월).

비록 장황하지만 그 내용의 대부분을 제시한 것은 결코 소홀하지 않은 몇 가지 사실을 담고 있기 때문이다. 우선 위의 사료에서 고려는 고창전투의 승리 후 의성지역을 확보하였으며, 신라에 병력을 파견하여 경주를 수비케 하고 있었음을 확인할 수 있다. 그리고 경주의 주민들이 유검필을 대하였을 때, "大匡이 아니었더라면 우리는 모두 죽임을 당했을 것입니다"고 한 표현과 개경에 개선하였을 때, 왕건이 그 공을 극진히 치하하고 후례로 대접한 것은 당시 전투의 중요성과 심각성을 보여주는 것이다.[72] 유검필 스스로도 사탄에 이르러 "만약 이곳에서 적을 만난다면 나는 반드시 살아 돌아가지 못할 것이다"고 한 표현은 搓灘이라는 요충지에서 고려군을 요격하지 못함으로써 승리할 수 있는 그나마의 기회도 놓쳐버린 후백제의 패배원인을 지적한 표현이기도 하지만, 당시 전투의 중요성과 아울러 질 수도 있다는 개연성을 내포한 표현이다.

고창전투 이후 정국운영의 주도권을 고려에 빼앗긴 후백제의 입장에서는 비록 견훤이 직접 참전하지는 않았지만 그의 長子인 神劍을 보낸 전력을 다한 공격이었을 것으로 짐작이 된다. 당시 후백제는 현재의 경상북도지역은 완전히 상실하였으며, 935년 후백제 내부의 정변시 良劍이 康州都督으로 있었던 것으로 보아 강주를 비롯한 경상남도의 일부지역을 확보하여 이를 근거로 고창전투 이후 잃어버린 전세를 만회하고자 하였을 것이다. 그래서 927년에 경상도지역에서 불리해진 상황을 만회하기 위해서 경주를 침공하였듯이 이때도 불리한 전세를 일거에 만회하기 위해서 경주를 공격대상으로 선택한 듯하며, 경주 인근의 阿弗鎭(阿火지역)까지 진출

---

72) 특히 935년 4월의 羅州 經略時 그 적임자로 유검필이 천거되었을 때, 왕건이 "나도 역시 이를 생각해 보았으나 요사이 신라로 가는 길이 막혔던 것을 검필이 이를 통하게 하였으니, 그의 노고를 생각하니 다시 명하기 어렵다"(『高麗史節要』卷1, 太祖 18년 4월)고 한 표현에서 당시의 전투가 신라로 가는 길이 막힐 정도로 심각했음과 아울러 유검필의 공로가 절대적이었음 확인할 수 있다.

하였다가 庾黔弼이 이끄는 원군에 의해 패퇴하였던 것이다. 사탄을 건너기 전에 고려군을 막지 못한 후백제군은 사탄을 넘은 유검필의 구원병에 패배하였는데, 유검필이 7일간 경주에 머문 후 귀환길에 다시 양군이 조우하였다는 것은 패한 신검의 후백제군이 퇴각하지 않고 여전히 그 인근에서 활동하고 있었음을 의미하는데, 이는 당시 후백제가 이 전투의 비중과 관련하여 많은 심혈을 기울였음을 보여주는 예가 될 것이다. 결국 두번째의 子道(위치 불명)전투에서 마저 패함으로써 후백제가 의도했던 바는 실패로 돌아갔다. 그리고 이후 후백제가 공격의 주체가 된 전투는 전무하게 되며, 후백제가 패망하게 되는 일리천전투시까지 경상도지역에서의 후백제의 군사활동 또한 거의 찾아볼 수 없게 되었다.

이미 후백제는 견훤의 최측근으로서[73] 昧谷城의 지역적 기반까지 지닌 龔直이 932년 6월에 고려에 귀부한 예에서와 같이 내부적 결속력도 점차 와해되어 갔으며, 불리한 전세를 만회하기 위한 마지막 안간힘이라 할 수 있는 경주 재진공(槽山城·阿弗鎭 경략)도 槎灘과 子道에서 패퇴함에 따라 자력으로 전세를 역전시킬 힘이 거의 소진될 지경에 이른 것이 아닌가 한다. 그리고는 934년 4월 고려가 運州를 정벌할 때 熊津이북의 30여 개의 성마저 고려로 귀부함에 이르러서는 국가 사직의 안위를 장담할 수 없는 지경에 이르게 되었던 것이다. 『高麗史節要』에는 운주전투 당시의 상황을 상세히 전하고 있는데,

> 왕이 친히 군사를 거느리고 運州를 정벌하니, 甄萱이 이 소식을 듣고 甲士 5천명을 뽑아 이르러 말하기를, "양편의 군사가 서로 싸우니 형세가 양편이 다 보전하지 못하겠소. 무지한 병졸이 살상을 많이 당

---

73) 『高麗史』卷92, 龔直傳. "龔直 燕山昧谷人 … 事百濟甄萱腹心 以長子直達次子金舒及一女質瑪百濟 … "

할까 염려되니 마땅히 화친을 맺어 각기 국경을 보존합시다"고 하였다. 왕이 여러 장수를 모아 의논하니 右將軍 庾黔弼이 아뢰기를 "오늘의 형세는 싸우지 않을 수 없사오니, 원컨데 왕께서는 臣 등이 적을 쳐부수는 것만 보시고 근심하지 마소서" 하였다. 저 편에서 미처 진을 치기 전에 강한 騎兵 수천명으로서 돌격하여 3천여 명을 목베고, 術士 宗訓과 醫師 訓謙과 용감한 장수 尙達·直弼을 사로잡으니 熊津 이북의 30여 城이 소문을 듣고 스스로 항복을 하였다(『高麗史節要』 卷1, 太祖 17년 9월).

왕건이 運州를 공격하였을 때, 견훤이 5천병력으로 이곳에 출진하였으나, 왕건에게 서신을 보내어 "양편의 군사가 서로 싸우니 형세가 양편이 다 보전하지 못하겠소. 무지한 병졸이 살상을 많이 당할까 염려되니 마땅히 화친을 맺어 각기 국경을 보존합시다"고 한 것은 후백제가 싸울 의사를 포기한 것으로 볼 수 있다. 즉, 고창전투 이후 입은 타격이 채 회복되지 않았으며, 주변 지역의 전세가 더욱 불리하게 돌아가는 상황에서 왕건이 직접 이끄는 精兵의 대규모 공격은 후백제의 입장에서는 참으로 감당하기 어려운 사정이었다. 그래서 왕건에게 전투의 중지를 요청하는 굴욕적인 서신을 보낼 수밖에 없었던 것이다. 그러나 유검필의 건의로 이러한 견훤의 요청은 거부되고 결국 3천여 명의 병력을 손실하는 심각한 타격을 입으면서 후백제는 패퇴하고 말았던 것이다.

결국 견훤이 직접 정병 5천을 이끌고 참여한 전투에서 고려에 대패한 결과는 인근 지역의 향배에도 영향을 미치게 되었으며, 이미 대세가 고려에 기울었다고 판단한 웅진 이북지역의 30여 성들이 고려에 귀부하게 되었던 것이다. 고창전투 이후 경상도지역에서의 활동영역을 완전히 상실하다시피 한 후백제는 이제 충청도의 대부분 지역마저도 상실하면서 전라도지역만을 유지하는 고립상태에 처하게 되었던 것이다.

제5장

一利川戰鬪와 高麗의 통일

앞장에서 古昌戰鬪를 계기로 하여 후삼국의 주도권을 고려가 장악하게 되었음을 살펴보았다. 고창전투에서 패한 후백제는 과거의 왕성했던 전세를 회복하지 못하였으며, 934년 9월의 運州戰鬪에 패하고 熊津 이북지역마저 고려의 세력권에 놓이게 됨으로써 후백제의 존립근거라 할 수 있는 전라도지역마저 안위를 장담할 수 없는 지경에 이르게 되었다. 이러한 상황속에서 발생한 후백제의 내분은 국력의 약화를 더욱 심화시켰으며, 비록 一利川에서 고려군과 일전을 벌일 기회를 갖기는 하였으나 이는 고려의 공격에 따른 어쩔 수 없는 선택이었으며, 그 결과는 후백제의 패망으로 직결되었던 것이다. 본 장에서는 후백제의 패망을 가져 온 일리천전투의 발생배경과 진행과정 및 그에 따른 결과를 살펴보기로 한다.

I. 後百濟의 政變

고창전투와 운주전투에서 패함으로써 주변 여건이 극도로 악화된 후백제는 내부적으로도 분란에 휩싸임으로서 패망의 길을 걷게 되었다. 견훤의 자식들간에 있었던 왕위쟁탈전이라는 후백제의 내부적 분란은 이미 과거에 고구려와 백제가 국가 패망기에 경험하였던 국론의 분열상과 마찬가지로 후백제 패망의 가장 중요한 요소로 기능하게 되었다.

이 후백제의 내분에 대해서는『三國史記』의 甄萱列傳에 상세히 묘사가 되고 있어 이를 중심으로 살펴보기로 한다.

A. ① 견훤은 妻가 많아 아들 10여 인을 두었는데, 넷째 아들인 金剛이 키가 크고 지략이 많으므로 견훤이 특별히 그를 사랑하여 왕위를 전하고자 하였다. 그 형인 神劍・良劍・龍劍 등이 그것을 알고 근심과 번민을 하였다. ② 이 때 양검은 康州도독, 용검은 武州도독으로 삼으므로 신검만이 홀로 곁에 있었다. ③ 그는 伊粲 能奐으로 하여금 사람을 康・武 二州로 가게 하여 양검 등과 음모하였다. ④ 淸泰 2년 (935) 3월에 드디어 波珍粲 新德・英順 등과 함께 神劍에게 권하여 견훤을 金山佛寺에 가두고 사람을 보내어 金剛을 죽이고 神劍이 자칭 大王이라 하였다. ⑤ 境內의 죄수를 대사하고 교서를 내려 말하기를 "특별한 총애를 입어 惠帝는 뜻과 같이 임금이 될 수 있었고 濫處에 元良한 태종은 建成하여 즉위하였으니, 천명은 쉽지 않고 神器는 귀부함이 있는 것이다. 생각컨데 대왕은 神武가 超倫하시고 英謀가 冠古하시며, 백성들이 쇠미한 말기에 스스로 경륜을 맡으시어 徇地三韓에 百濟를 회복하시고, 도탄을 밝히시어 백성들을 안정시켜 風雷와 같이 고무하셨다. 원근으로 駿奔하시며, 중흥의 공업을 크게 이룩하시었다. 그런데 갑자기 그 智慮가 일실하여 幼子를 鍾愛하게 되고 간신들이 정권을 농락하여 大君을 晉惠의 혼미로 인도하고, 慈父를 獻公의 혼미로 함몰케하여 大寶를 頑童金剛에 전하여 주려 하였으나, 다행히 上帝의 降衷으로 君子를 改過케 한 바, 나 元子에게 일국을 맡게 명하였다. 생각하면 震長의 재목이 아닌데 어찌 임금이 될 지혜가 있으랴. 조심스럽고 송구스러워 엷은 얼음과 깊은 못을 딛는 것 같으니 不次의 特恩을 미루어 維新의 정치를 보여야 할 것이므로 淸太 2년 10월 17일 이른 새벽 이전에 한하여 이미 발각되지 않은 일과 결정되지 않은 有僻이하의 죄는 모두 사하여 면제한다. 주무자가 시행하라"고 하였다.

위의 사료에 따르면 후백제의 내분은 곧 神劍・良劍・龍劍 등 甄萱의 아들들이 정변을 일으켜 견훤을 폐하고 장자인 神劍이 즉위한 사실이며, 그 반란의 원인은 왕위 계승문제의 불만에 기인하고 있음을 확인할 수 있다. 즉, 견훤은 그의 4子인 金剛을 총애하여 그에게 양위할 의사를 가졌으며, 이 사실을 인지한 신검 등이 이에 불만을 품고 거병을 하였던 것이다.

서술의 편의상 위의 사료를 7부분으로 구분하였는데, 이러한 구

분을 중심으로 그 내용의 의미를 하나씩 검토해 보기로 한다. 먼저
①에서는 견훤에게는 여러 부인들에게서 얻은 소생이 많았으며,
그중 넷째인 금강에게 양위할 의사를 지녔음과 이를 안 신검 등 3
형제가 근심하였다는 내용이다. 먼저 견훤의 자식들과 관련하여서
는 위 사료 A와 더불어 다음의 사료들이 참고가 된다.

B-1. 견훤에게는 9명의 자식이 있었다. 長子는 神劍, 혹은 萱城, 2子는 太
師 謙腦, 3子는 佐丞 龍述, 4子는 太祖 聰智, 5子는 阿干 宗祐, 6子는
알 수 없고(闕), 7子는 佐丞 位興, 8子는 太師 靑丘, 一女는 國大夫人
이다. 이들 모두 上院夫人의 소생이다(『三國遺事』卷2, 後百濟甄萱).

2. 견훤은 아들 須彌康, 良劍 등을 보내 曹物城을 공격하였다(『高麗
史』卷1, 太祖 7년 7월).

3. 이때 우리 태조는 백제 왕자인 月光과 전투를 벌였는데, 月光은 美
崇山에 있으면서 식량이 풍족하고 병사는 강성하였다(『伽倻山海印
寺古蹟』).

4. (金山寺에 유폐되어 있던) 견훤이 막내아들(季男)能乂, 딸 哀福, 妾
姑比 등과 함께 羅州로 도망하였다(『高麗史』太祖 18년 6월조).

5. 朴英規는 昇州人으로 견훤의 딸을 아내로 삼았다(『高麗史』卷92,
朴英規傳).

6. (武州)城主 池萱은 견훤의 사위로서 성을 굳게 지키고 항복하지 않
았다(『世宗實錄地理志』卷151, 武珍郡).

이상의 사료에 보이는 견훤의 자식들은 모두 18명이 되며, 이중
중복된 경우도 있을 수 있으나, 사료 A에서 견훤의 자식이 십여명
이라는 표현은 과장된 것은 아니라고 여겨진다.[1] 그리고 정변을

---

1) 甄萱의 자식에 대한 분석은 申虎澈이 상세히 시도한 바 있어 참고가
되었다(申虎澈, 1993, 「甄萱政權의 地方支配와 豪族聯合政權」『後百
濟 甄萱政權研究』86~91쪽 참조). 다만 사료 B-2에 보이는 '須彌康'
의 존재와 관련하여서 朴漢卨은 수미강을 神劍 및 金剛과 동일인물로
파악하였으며(朴漢卨, 1973, 「後百濟 金剛에 대하여」『大丘史學』7·8),

일으킨 神劒과 良劒, 龍劒 등이 金剛을 제거한 것으로 보아 신검
등과 금강을 서로 배다른 형제로 보는 것은[2] 자연스런 해석일 것
이다. 견훤이 금강을 다음의 大統을 이을 후계자로 상정한 시점이
나, 신검 등이 이를 인지한 시점이 언제인지는 명확하지 않으나,
견훤이 금강을 후계자로 정하도록 추동하거나 찬성한 세력이 있었
을 것이며, 이에 반대하여 결국 신검의 정변에 동참한 세력이 있었
을 것이다. 사료 A의 ⑤의 교서 내용에서 "그런데 갑자기 그 智慮
가 일실하여 幼子를 鍾愛하게 되고 간신들이 정권을 농락하여 大
君을 晉惠의 혼미로 인도하고, 慈父를 獻公의 혼미로 함몰케하여
大寶를 頑童金剛에 전하여 주려 하였으나, 다행히 上帝의 降衷으
로 君子를 改過케 한 바, 나 元子에게 일국을 맡게 명하였다"라고
한 표현이 바로 그러한 세력의 존재를 나타내는 것이라 할 수 있으
며, 이러한 측면과 관련하여 당시의 정변을 신검계와 금강계의 외
척간의 대립으로 파악한 신호철의 견해는 수긍이 간다.[3]

申虎澈은 수미강을 신검과 동일인으로 보는 견해에 대해서는 찬성하
나 금강과는 별개의 인물로 보았고(申虎澈, 위의 책, 213~214쪽), 文暲
鉉은 수미강을 금강이라 보았다(文暲鉉, 1987,『高麗太祖의 後三國統
一研究』 125쪽 註138) 참조).

2) 申虎澈, 앞의 책, 152쪽 참조. 한편 朴漢卨은 "清泰 元年 甲午에 견훤의
세아들이 반역을 하자 견훤은 태조에 투항하였다. 그의 아들 금강이 즉
위하였다"고 하는『三國遺事』의 후백제견훤조에 인용된「古記」기록
에 주목하여 신검과 금강을 동일인으로 본 바있으나, 이들은 서로 다른
이복형제일 것이라는 신호철의 논리적 비판이 있었다(朴漢卨, 앞의 논
문, 122쪽 및 申虎澈, 같은 책, 213~214쪽 참조).

3) 申虎澈은 神劒의 外戚勢力은 光州지역을 근거지로 하여 후백제의 건
국초부터 활동했던 집단으로 보고, 金剛의 외척세력은 全州지역을
세력기반으로 하여 930년 이후 후백제의 정국을 주도하였던 세력집단
으로 이해하였다(申虎澈, 앞의 책, 151~161쪽 참조). 이러한 견해는 어
떠한 정변이든 謀議와 實行段階에서 지지세력의 규합이 전제되며, 그
럴 경우 일정한 혈연관계가 있는 집단이 우선적 동조집단이 될 것이라

한편 정변의 원인과 관련하여 文暻鉉과 申虎澈은 왕위계승문제
만으로는 설득력이 부족하다는 입장에서『三國遺事』의 다음 기사
에 주목한 바 있다.

 丙申(936년) 정월에 (견)훤이 그 아들에게 일러 말하기를 "老夫가
 신라말에 후백제를 세워 이름이 있은 지 여러 해가 되었는데, 군사가
 北軍(고려군)보다 倍가 되었으나 오히려 불리하니 하늘이 高麗를 위
 하여 假手하는 것과 같다. 어찌 北王(왕건)에게 귀순하여 壽齡을 보존
 하지 않을 수 있으랴"하였다. 이에 神劍·良劍·龍劍 등 3인은 모두
 응하지 않았다(『三國遺事』後百濟甄萱).

 즉, 위의 기사내용과 관련하여 부자간의 정책적 대립이 있었다
고 보는 견해가 그것이다.[4] 물론 신검 등이 금강을 총애하는 견훤
에 불만을 가졌을 것이며, 고창전투에서의 패배 후 쇠약해진 국력
이 가져다 주는 침체된 분위기는 난국타개를 위한 정책논의에서
많은 이견들이 제시되기도 하였을 것이다. 그런데 위의 기사는 丙
申年 즉, 936년 정월에 있었던 일로 기록하고 있어 시기적으로 의
문의 여지가 있다. 신검 등이 정변을 일으켰던 것이 935년 3월이고
3개월간 金山寺에 유폐되어 있었던 견훤이 고려에 귀부해 온 것이

───

 는 개연성과 결부하여 충분히 수긍할 수 있는 견해이다. 다만 신검계와
 금강계 지지세력을 추론에 근거하여 2분법적으로 구분한 방식은 첫째,
 국가 자체를 위한 충성심을 가졌거나, 견훤 개인에게 충성하는 인물이
 금강계에 혼효되었을 가능성과 둘째 925년 고려에 인질로 보내졌다가
 사망하여 이미 신검의 정변과 무관하게 된 인물까지 이분법적으로 도
 식화할 의미가 있을까 하는 측면에서 찬성하기 어렵다. 그리고 신검계
 와 금강계의 활동기간 역시 2분화하여 금강계가 주도했던 활동기간을
 930년~935년으로 설정하였는데, 그럴 경우 앞 장에서 검토한 바와 같
 이 후백제가 勢를 만회하기 위해 진력을 기울였던 慶州再進攻을 위한
 933년의 槽山城과 阿弗鎭 經略에 신검이 병력을 인솔했던 측면은 해
 명하기 곤란하다.
4) 文暻鉉, 앞의 논문, 145~146쪽 및 申虎澈, 앞의 책, 150~151쪽 참조.

935년 6월이라고 할 때, 936년 정월이라면 이미 견훤이 고려에 가 있었던 시기가 된다. 그런데 사료의 내용은 고려에 귀부하기 전의 사정을 묘사하고 있어 시기와 내용이 부합되지 않는다. 또한 견훤이 고려에 귀부해 간 상황은 아들에게 왕위를 찬탈당하고 금산사에 유폐되었다가 탈출한 특수한 사정에서 개인적으로 이루어진 것이었으며, 오히려 그 전에 금강에게 양위할 의사를 지녔다는 것은 국가 사직의 영속성을 의미하는 것으로 볼 수 있어 위 사료의 내용 또한 의문의 여지가 있다.[5] 따라서 필자는 정책적 견해차이가 있었을 가능성은 배제하지 않지만 위의 사료 자체에 큰 비중을 두고 싶지는 않다. 일국의 왕위계승 문제는 그 하나만으로도 정변의 구실이 되기에 부족함이 없으며, 오히려 정책적 대립과 같은 갈등요소는 왕위계승을 위한 권력투쟁의 과정 중에 빚어지는 종속적 요소로 인식할 수 있을 것이다.

다음으로 사료 A의 ②와 ③에서는 康州(晋州지역)과 武州(光州지역)에 나가있던 양검과 용검의 존재가 나타나며, 이들을 신검과 연결해 주는 신검의 심복으로 能奐의 존재가 보인다. 이들은 정변의 주역들이었으며, 이들의 지모와 군사력이 정변을 성공으로 이끌었던 것이다. 사료상 정변의 구체적 진행과정에 대해서는 언급이 없어 치밀한 계획과 기습적 공격이 정변을 성공으로 이끈 주된 요소인지, 아니면 신검 등이 동원한 병력이 견훤과 금강에 비해 숫적 우위를 확보한 것이 보다 주된 성공 요소인지는 자세하지 않다. 다만 능환이라는 동일인이 정변을 모의하러 거리가 상당히 격해있는 두 지역 모두에 찾아갔다는 것은 능환이라는 인물이 정변에서 차지하는 비중이 컸음과[6] 정변에 대한 모의가 시간을 두고 상당히

---

5) 申虎澈 또한 이 사료가 後代 史家들에 의해 주관적으로 修飾되었을 가능성이 있다고 보았다(申虎澈, 앞의 책, 150쪽 참조).

6) 『高麗史』卷2, 太祖 19년 9월조. 신검의 후백제군이 一利川戰鬪에서

신중하고 치밀하게 진행되었을 것이라는 점을 말해주며, 신검이
康州와 武州의 都督으로 외방에 나가있었던 양검·용검과 연결하
여 사전에 상의를 한 것으로 미루어 외지에 있는 이들의 군사력 또
한 필요로 했던 것이 아닌가 여겨진다.

주지하다시피 강주지역은 920년(태조 3년) 3월에 고려에 귀부한
후, 고려를 지지하는 입장에서 大耶城을 통한 후백제의 경상도진
출을 후방에서 견제하는 등의 역할을 해왔으며, 928년 5월에 견훤
의 습격을 받아 康州將軍 有文이 후백제에 항복한 바 있다. 그래
서 후백제가 古昌戰鬪 이후 경상도지역에서 그나마 확보하고 있었
던 지역으로서 그 지리적 중요성과 관련하여 양검을 도독으로 삼
아 파견하였던 것으로 보인다. 무주 또한 후백제의 초기 도읍지로
서 고려의 지배하에 있었던 나주지역을 견제하기 위한 측면에서도
철저한 관리가 필요하였던 곳이다. 따라서 견훤이 강주의 양검처
럼 무주에도 아들인 용검을 도독으로 삼아 파견하였던 것이다. 그
리고 양지역의 이러한 지리적 성격과 관련하여 일정한 수의 후백
제 정규군이 파견되어 있었으며, 그래서 이들이 도독의 지휘하에
정변에 동원되었던 것으로 여겨진다.[7]

고려에 패하여 후의 論罪과정에서, 신검은 목숨을 부지하여 오히려 爵位
를 받고, 양검과 용검도 후에 죽이기는 하였지만 일단은 眞州로 귀양을
보냈는데, 능환만은 오히려 처형당하였다는 사실은 정변 당시 그의 비
중을 대변해 주고 있다.

7) 다만 이때 동원된 병력의 성격과 관련하여 申虎澈은 중앙군과 별개의
양검과 용검의 독자적 병력일 것으로 추론한 바 있으며, 그 근거로서
924년의 曹物城戰鬪시 양검이 大耶城과 聞韶城의 군대를 직접 지휘한
것을 예로 들고 있다(申虎澈, 앞의 책, 79~80쪽). 그런데 만일 이들 병
력이 중앙군과 다른 별도의 양검과 용검의 개인소유 지방군이라고 할
경우 견훤의 사위로서 이미 武州의 세력기반을 지닌 지방세력이었던
지훤의 존재가 애매해진다. 앞 장에서 살펴 본 昧谷城의 龔直의 경우
비록 후백제에 臣屬했다 하더라도 여전히 매곡성의 지역기반을 유지

사료 A의 ④에서는 정변에 성공하여, 견훤을 금산사에 유폐하고 금강을 죽인 후, 신검이 왕위에 오른 사실을 전하고 있으며, ⑤에서는 신검의 즉위조서 내용을 싣고 있다. 즉위조서는 조서의 내용 중에 나타나 있듯이 10월 17일에 발표된 것인데, 이때는 정변이 성공한지 약 7개월이 경과한 시점이며, 금산사에 유폐되어 있던 견훤이 고려에 귀부한지도 4개월이 지난 후였다. 이러한 시간적 공백은 정변에 성공한 후, 반대세력의 척결 및 새로운 정치기반의 조성에 투자된 시간과 그러한 과정에서 빚어진 견훤의 고려 귀부 등이 영향을 미친 결과일 것이다.

이와 관련하여 관심이 가는 것은 첫째로 정변에 성공한 다음 달에 있었던 고려의 羅州經略이었다.[8] 泰封때부터 고려의 지원세력으로서 특히 왕건이 심혈을 기울여 관리하였다가, 930년을 전후하여 후백제에 빼앗겼던 나주지역을 정변이 있은 다음 달에 왕건이 庾黔弼을 보내어 再收復하려 하였던 것은, 막 정변을 치른 후백제의 입장에서는 감당키 어려운 상황이었을 것이다. 고려의 나주 경

하였던 것처럼 지훤도 무주의 지역적 기반을 그대로 유지하였을 것이며, 오히려 이러한 기반이 견훤의 사위가 되는 배경으로 일조하지 않았는가 여겨진다. 그런데 무주도독인 용검이 무주지역에서 동원한 병력을 용검의 사병이라 인식할 경우 지훤의 이 지역에 대한 기득권은 배제되며, 양검과 용검 등이 그들의 사병을 소유하여 각 지방의 도독으로 근무지를 옮길 경우 항상 수백 수천의 사병을 이끌고 다녔다는 논리가 된다. 그리고 신호철의 논리대로라면 신검은 만형으로서 당연히 많은 사병을 소유하였을 것인데, 정변 당시 견훤의 옆에 있었던 상황하에서 그의 신병의 존재양태가 해명되어야 한다. 또한 앞의 3장에서 언급한 바와 같이 924년 당시 대야성과 문소성은 후백제의 세력권으로서 후백제의 중앙병력이 파견되어 있었을 가능성을 언급한 바 있다. 따라서 당시 강주와 무주의 지역적 중요성과 결부하여, 정변에 동참한 병력은 이 지역에 파견되어 있었던 후백제의 정규군으로 여겨지며, 당시 지방관이었던 양검과 용검의 지휘 아래 정변에 참여하였을 것으로 생각된다.
8) 『高麗史節要』卷1, 太祖 18년 4월조.

략시 새로 구성된 신검정부가 어떻게 대응하였는지는 잘 알 수 없으나, 국력이 극도로 약화된 상황에서 더구나 정변마저 겪은 터에 오랜 기간 고려의 세력권에 있었던 나주의 지역성을 생각한다면 그 방어가 쉽지는 않았을 것이며, 정변의 사후수습에 경황이 없었을 신검정부의 입장이 난감하였을 것임은 자명하다.

둘째로는 교서의 내용 중에 보이는 "上帝의 降衷으로 君子를 改過케 한 바, 나 元子에게 일국을 맡게 명하였다"는 표현에서 '改過한 君子'는 견훤을 지칭한다고 할 때, 금산사에 유폐된 견훤에게 신검의 왕위계승을 인정토록 강요한 근거를 제공한 上帝의 존재에 대한 관심이다. 당시 후백제 왕의 입장에서 상제라 지칭할 수 있으며, 왕의 즉위를 대외적, 형식적으로 인정받을 수 있는 대상으로는 後唐이 상정될 수밖에 없다. 따라서 신검은 견훤과 왕건이 중국으로부터 왕으로의 책명조서를 받았던 것처럼 그 역시 왕위계승의 정통성 확보를 위하여 그러한 공식적, 대외적 인정을 원했을 것이며, 특히 금산사에 유폐된 견훤을 설득하고 국민들의 민심을 수습하기 위한 명분 마련을 위해서도 절실했을 것이다.[9] 이러한 필요성에 따라 후당에 사신을 파견하여 그의 왕위계승의 당위성을 인정받으려 하였을 것이며, 비록 사료상에 명확한 언급은 없으나 "上帝가 충심을 내렸다"는 詔書의 표현으로 보아 神劒은 後唐으로부터 후백제왕의 册命을 받은 것으로 보인다.[10] 그리고 이러한 공식

---

9) 甄萱이 高麗에 歸附하고, 그 후 後百濟에 대한 공격을 앞장서서 주장하였으며, 후백제 패망후의 사후처리에서 神劒을 처벌하지 않는 등의 처사에 불만을 가졌던 상황 등과 관련하여볼 때, 敎書의 내용에서 견훤이 지난 잘못을 고쳐 신검의 왕위계승을 인정하였다는 의미는 실제와는 거리가 있는 의례적 표현일 수 있다.

10) 신검이 조서를 반포한 2개월 후에 후백제가 後唐에 방물을 갖다 준 사실은(『舊五代史』卷7, 天福 원년 정월조), 이러한 당시 양국간의 외교관계를 보여주는 예가 될 것이다.

적 책명을 획득하기까지의 과정 또한 즉위조서의 반포가 10월에 이루어진 하나의 중요한 이유가 될 것이다.

이상에서 935년 3월에 있었던 후백제 내부의 정변을 『三國史記』의 甄萱傳의 내용 분석을 중심으로 살펴보았다. 즉, 935년 3월의 정변을 통해 권력을 잡았던 神劒 등은 10월의 교서반포를 즈음하여 비로소 대내외적으로 그 실체를 인정받는 지배체제를 구축하게 되었던 것으로 보인다. 그러나 쇠약해진 국력이 정변을 통한 정치분위기의 쇄신만으로 회복되는 것은 아니었으며, 앞서 언급한 4월의 羅州지역 상실을 비롯한 정변이후의 정세변화는 후백제의 국력을 더욱 피폐케 하는 결과를 가져오게 되었다. 정변이후의 정세변화를 우선 도표화 해보면 아래와 같다.

〈표 12〉後百濟 政變이후의 정세변화

시 기	정 세 변 화	전 거
935.4	고려의 나주 경략	절요
935.6	견훤의 고려 귀부	려사 세
935.9.2	왕건, 서경 행차 및 황주 해주 순행	려사 세
935.10.1	신라, 고려에 귀부의사 밝힘, 고려 수락	려사 세
935.11.3	신라, 경주 출발	려사 세
935.11.12	신라왕 개경 도착	려사 세
935.11.22	왕건, 신라왕을 사위로	려사 세
935.11.28	신라왕이 신하의 예로 왕건 알현을 청함, 不許	려사 세
935.12.11	신라왕을 신하의 예로 받아들임, 金傅에게 관직과 녹봉 하사, 신라국을 폐하여 경주로 하고 김부에게 녹읍으로 줌	려사 세
935	고려, 후당에 사신 파견, 伊勿과 肅川에 축성	절요
936.2	견훤 사위 朴英規가 귀부를 청함	절요
936.6	견훤이 후백제공격을 요청, 天安府로 출정	려사 세
936.9	一利川전투	절요

위의 표에서도 나타나듯이 고려의 羅州經略과 견훤 및 신라의 고려귀부, 그리고 견훤의 사위인 朴英規의 고려귀부 의사표시는 후백

제의 분열상과 대외적 여건의 열악함을 보여주는 증좌들이다.

특히 견훤은 금산사에 유폐된지 3개월만에 이곳을 탈출하여 나주를 거쳐 고려에 귀부하게 되었는데,[11] 그는 고려에 귀부한 후, 왕건에게 후백제 공격을 요청하기까지 하였던 것이다.

> 6월에 견훤이 태조에게 고하되 "老臣이 전하에게 래투한 것은 전하의 위세에 의지하여 逆子를 誅하기 위하여서 입니다. 바라건대 대왕께서는 神兵을 내어 亂賊을 토벌한다면 臣은 죽어도 유감이 없겠습니다"라고 하였다(『三國遺事』卷2, 紀異 2, 後百濟甄萱).

이러한 속에서 935년 하반기에 신라의 고려귀부가 이루어졌다. 935년 10월 1일 신라가 고려에 귀부를 청한 후, 그 해 12월 11일에 신라국을 廢하기까지 2달간에 걸친 과정은 앞의 표에서 보는 바와 같다. 즉 935년 10월 1일 고려에 귀부의사를 공식 전달한 후, 11월 3일 敬順王과 그 일행이 경주를 출발하였으며, 10일간의 여정을 거쳐 11월 12일에 개경에 도착하여 환대를 받았다. 그리고서는 12월 11일에 드디어 공식 절차를 밟아 신라는 고려에 합병되었다. 후백제의 입장에서는 古昌戰鬪 이후 후삼국주도권의 상실과 그 만회의 실패(933년 5월의 槽山城·阿弗鎭전투), 運州戰鬪에서의 패전과 熊州 이북지역 상실, 정변에 따른 후유증, 견훤의 고려귀부 등이 있은 상황에서, 신라 마저 고려에 자진 병합됨으로써 대내외적 조건이 악화일로에 처하게 되었다.

이처럼 후백제의 모든 국력이 결속된 상태라 하더라도 고려를 대적하기 어려운 상황에서 936년 2월 견훤의 사위인 朴英規 마저 고려에 귀부의사를 표시하고 內應을 약속하게 되었는데, 이는 정변의 후유증이 아직 가시지 않았음과 아울러 견훤의 귀부와 신라

---

11)『三國史記』卷50, 甄萱傳.

의 고려병합이라는 주변정세의 변화가 가져다 준 결과물이었다.
이제 조금 장황하지만 『高麗史』의 朴英規 列傳을 제시하여 검토
해 보기로 한다.

朴英規는 昇州사람이다. 견훤의 딸을 취하고는 견훤의 장군이 되
었다. 신검이 반역을 하자 견훤이 고려에 來投하였는데, 박영규는 그
의 처에게 비밀히 말을 나누어 이르기를 "대왕이 40여 년간을 각별히
노력하여 공업이 거의 이루어지게 되었는데, 한순간에 집안 사람의
禍로 인하여 나라를 잃고 고려에 來投하였소. 貞女는 不事二夫요 忠
臣은 不事二主니 만약 우리의 임금을 버리고 賊子를 섬긴다면 무슨
면목으로 천하의 義士를 보겠소. 항차 듣건데 고려의 王公은 仁厚勤
儉으로 민심을 얻고 있다 하니, 이는 하늘의 계시일 것이오. 반드시
三韓의 주인이 될 것이오. 어찌 편지를 보내서 우리 왕을 위문하고 겸
하여 고려의 王公에게 우리의 은근한 성의를 알려 두어 장래의 행복
을 도모하지 아니하리오"라고 하니, 그의 처는 "그 말씀이 저의 뜻입
니다"고 하였다. 태조 19년 2월에 박영규는 드디어 사람을 보내어 귀
순할 뜻을 표하고 또 말하기를, "만약 義兵을 일으킨다면, 청컨데 內
應하여 王師를 맞아들이겠습니다"하였다. 태조가 크게 기뻐하여 그가
보낸 사자에게 후하게 상을 주고, 돌아가서 박영규에게 알리도록 이
르기를, … 9월에 태조가 신검을 토벌하고 (후)백제를 멸망시키고 나
서 박영규에게 말하기를 "견훤이 나라를 잃어버리고 나서 멀리 와있
는데, 그 臣子로서 위로코자 하는 사람이 한사람도 없었다. 홀로 경의
부부가 천리밖에서 소리를 전하여 성의를 다하였고, 겸하여 과인에게
귀순하였으니 그 의리를 잊지 못하겠다"고 하면서 佐丞을 제수하고
전답 1천 頃을 주었으며, 驛馬 35필로서 그의 가족들을 맞아오게 하
였다. 그의 두아들에게도 관직을 주었으며, 박영규는 후에 관직이 三
重大匡에 이르렀다(『高麗史』 卷92, 朴英規傳).

위의 사료에 따르면 우선 박영규는 昇州의 지역적 기반을 가지
고 있었던 견훤의 사위이다. 그의 처, 즉 견훤의 딸이 누구인지는
알 수 없으나, 고려에 귀부의사를 표한 것으로 미루어 신검과 同母
형제는 아닐 것으로 짐작되며,[12] 그래서 박영규의 뜻에 쉽게 동조

할 수 있었던 것으로 생각된다. 그리고 박영규는 고려에 귀순의사를 표한 후, 내응을 약속한 것으로 보아 후백제가 패망한 후에 고려에 간 것으로 보이는데, 후백제의 패망시 고려가 후백제의 都邑을 공격한 것이 아니라 후백제가 병력을 선산의 一利川으로 끌고 나왔던 관계로 그의 고려에 대한 협조가 어떠한 형태로 이루어졌는지는 자세하지 않다. 후백제 멸망 후, 왕건이 박영규에게 한 말에서도 귀순한 사실에 대한 공치사만 들어있어, 그의 뜻과 다르게 내응하여 뚜렷한 공을 세울 만한 여건이 조성되지 않았을 수도 있다. 그러나 그가 귀부의사를 표한 936년 2월의 시점을 전후하여서는 내응에 필요한 동조세력들을 규합하기 시작하였을 것이며, 6월에 고려의 병력이 天安에 이른 시점, 즉 고려의 후백제에 대한 총공격이 현실화되기 시작한 시점에서는 그러한 활동에 더욱 박차를 가하였을 것으로 생각된다. 물론 왕건이 박영규에게 한 표현에서 견훤에게 안부를 확인하는 자가 그들 부부외에는 없었다고 한 위 사료의 내용과 "왕이 年老하여 軍國政要에 어둡자 장자인 신검이 부왕의 위를 차지하니 諸將이 기뻐하며 축하하였다"고 한 『三國遺

---

12) 물론 정변이 있은 지 근 1년이나 경과한 시점에서 귀부의사를 표한 사실로 미루어 신검과 同母兄弟이면서 다른 정치적 문제로 귀부의사를 표했을 개연성도 있으나, 위 사료 내용에서 고려에 귀부의 뜻을 표하기 전부터 이미 박영규는 그러한 의사를 지니고 있었음을 짐작케 한다. 한편 申虎澈은 神劍系에 의해 金剛系가 대부분 제거되었을 것이라 하면서, 그나마 찾을 수 있는 금강계로서 박영규를 상정하였다(申虎澈, 앞의 책 158쪽). 그런데 박영규는 고려에 귀부의사를 표하고 內應을 약속한 입장이기 때문에 후백제 패망시까지 후백제에 남아 있었을 가능성이 크다. 설사 귀부의사를 표한 후 곧 고려에 갔다고 하더라도 신검의 정변 후 최소한 1년 가까이 제거되지 않고 목숨을 부지하면서 신검정권하에서 활동하였다고 할 수 있다. 그럴 경우 박영규를 금강계로 분류하는 것은 의문의 여지가 있으며, 금강과도 母系가 다를 가능성이 크다고 여겨진다.

事』의 내용으로[13] 미루어, 신검의 정변이 쉽게 성공할 정도로 동
조세력이 많았고, 정변 후의 수습도 원만하게 진행되었을 가능성
도 크다. 그러나 박영규가 내응을 약속했던 사실은 고려가 후백제
를 공격할 때, 협조하겠다는 구체적인 의사를 표한 것이며, 이는
그가 후백제에서 여전히 지니고 있을 정치적 위치나 昇州지역에서
가지고 있는 세력적 기반 또는 내응을 위한 동조자의 규합이 전제
되지 않고서는 불가능한 표현이다. 특히 박영규가 비밀리에 고려
에 귀순의사를 표하고서 내응을 약속하였다는 것은 신검 등 정변
주체들의 입장에서는 박영규의 이러한 선택을 알지 못하고 있다는
것을 의미한다. 이렇게 전제할 때, 정변 후의 정국수습이 외형적으
로는 봉합되었을지는 모르지만 내부적으로는 심각한 內訌의 잠재
력을 지니고 있었다고 할 수 있다.

앞서 언급한 바와 같이 대외적인 주변여건의 악화와 內訌의 잠
재성은 곧 후백제의 패망을 예감케 하는 조건들이었으며, 드디어
일리천에서 고려의 주력군에 패퇴하고 高山에서 殘兵마저 굴복함
으로서[14] 후백제는 멸망하게 되었던 것이다.

Ⅱ. 一利川戰鬪와 그 결과

앞 절에서 一利川戰鬪가 일어나기 전까지의 시대상황을 후백제
의 정변과 그 후의 주변상황을 중심으로 살펴 보았다. 본 절에서는

---

13)『三國遺事』卷2, 紀異2 後百濟 甄萱條.
14) 후백제의 殘兵들이 마지막으로 항복한 곳이 全羅道 高山縣지역이었을
    것임은 다음 절에서 상론하겠다.

후백제가 패망하게 되는 마지막 전투라 할 수 있는 일리천전투의
배경과 진행과정을 살펴보기로 한다.

　고려가 후백제를 공격하기로 결심하게 된, 그래서 일리천에서
양국의 주력부대가 조우하여 일전을 결하게 된 전투는 이미 예정
되어 있었다. 즉, 비록 시기와 전장은 가변적일 수 있으나 그 동안
양국간에 형성된 상호관계는 타협의 여지가 마련되어 있지 않았다
고 할 수 있다. 양국은 920년 10월 후백제의 대야성 공격을 시발로
하여 고려에 의한 후삼국통일기까지 인질과 국서의 교환을 통한
잠시 동안의 소강상태를 제외하고는 쉼없는 쟁패과정을 이어왔으
며, 한번도 공존을 전제한 우호적 외교관계를 형성한 적은 없었다.
그러한 속에서 후백제의 내분과정에 前王인 견훤이 고려에 귀부하
였고, 다음의 사료에 보이듯이 견훤 스스로가 후백제의 공격을 왕
건에 요청한 시점에 이르러서는 후백제 공격의 명분마저 확보하였
던 것이며, 이제는 양국이 화합할 그나마의 여지도 사라졌다고 할
수 있다. 고창전투 승리이후 935년에 신라가 자진하여 병합되는 등
절대적으로 유리한 형세를 확보한 고려의 입장에서 후백제를 공격
할 대외적 명분마저 확고히 마련되었다는 것은, 소극적 의미에서
는 사기의 앙양과 민심의 획득이라는 부대효과가 있지만, 적극적
의미에서는 전쟁 그 자체에 명분이 부여되었음을 의미한다.

　먼저 일리천전투의 발생배경을 아래의 사료를 통하여 검토해
보기로 한다.

　　6월에 견훤이 왕(고려태조 왕건)에게 청하기를 '老臣이 멀리 창파
　를 넘어서 聖化에 來投한 것은 전하의 위세에 의지하여 賊子를 誅하
　기 위하여서 입니다'고 하였다. 왕이 처음에는 때를 기다려 신중히 움
　직이고자 하였으나, 그 청이 강고하여 이에 따랐다. 우선 正胤 武와
　장군 希述을 시켜 步兵과 騎兵 1만을 거느리고 天安府로 가게 하였다
　(『高麗史』 卷2, 太祖 19년 6월).

앞의 사료에서 후백제에 대한 공격을 견훤이 요청하였으며, 그
요청 배경으로서 賊子를 죽이기 위한 것이라 하고 있다. 과연 견훤
이 그의 자식을 죽이기 위한 목적으로 자신이 개국하여 1년여 전
까지 직접 왕으로 있었던 후백제의 멸망을 원했을까하는 의문이
없는 것은 아니다. 그러나 왕의 지위를 포함한 국가의 모든 권력을
잃고 유폐되었으며, 왕위를 전하고자 할 정도로 총애하였던 금강
이 죽임을 당한 시점에서의 견훤의 심정을 고려한다면 굳이 이해
하지 못할 바도 아니다. 이는 일리천전투시 견훤이 직접 左軍의 최
고지휘관을 맡아 출진한 사실이라던지, 후백제를 멸망시킨 후에
왕건이 신검을 치죄하지 않은 불만의 표시로 왕건과 동행하지 않
고 黃山의 작은 암자에서 곧 생을 마감한데서도[15] 감지할 수 있는
부분이다.[16]

왕건은 견훤의 청에 대하여 처음에는 때가 무르익지 않았다는
판단으로 거부의사를 표하였으나, 견훤의 청이 간곡했던 관계로
결국 군사행동의 결심을 하게 된 것으로 보인다.[17] 왕건이 기다린
때가 무엇인지는 명확하지 않으나 그 가능성들을 고려해 본다면,
우선 내적문제로서는 신라의 합병에 따른 안정적 체제의 재정비가
미흡했을 가능성과 복속지역의 관리체계에 대한 정비가 미흡했을

---

15) 『高麗史』 卷2, 太祖 19년 9월조.
16) 윤용혁, 2004, 「936년 고려의 통일전쟁과 개태사」 『한국학보』 114,
   24~27쪽. 한편 윤용혁은 견훤의 이러한 태도와 결말에 대하여 왕건의
   치밀한 의도에 이용당한 견훤의 좌절로 이해하였다. 충분히 수긍할 수
   있는 견해이나, 견훤이 존재함으로써 후백제의 민심에 미칠 영향에 대
   한 부연설명이 요구된다고 하겠다.
17) 이러한 군사행동에 대하여 윤용혁은 왕건의 의도에 견훤이 오히려 부
   응한 결과로 보았다. 경청할 만한 견해이다. 다만 그러한 이해에는 고
   려의 국초부터의 대외정책 기조와 왕건의 그 간 행적에 대한 종합적
   이해가 전제되어야 가능한 결론이라 여겨진다(윤용혁, 앞의 논문, 9쪽)

가능성을 상정해 볼 수 있다. 대외적으로는 935년 말 경에 伊勿과 肅川에 축성한 사실과 관련하여 후백제에 대한 총공격에 앞서서 북방 契丹에 대한 방어선을 더욱 공고히 해두자는 고려가 있을 수 있으며, 또한 박영규가 귀부의사를 표하면서 내응의 약속을 하였던 측면과 관련하여 후백제 내부의 새로운 변화를 기다리고 있었을 가능성이 있다.

이상의 가능성이 왕건이 기다렸다는 때와 전혀 관계가 없을 수도 있고, 또한 이 중의 상당부분이 복합적으로 작용했을 수도 있으나, 6월에 병력동원을 하면서 그 자신은 9월에서야 출진한 것으로 미루어 왕건이 일정한 때를 기다려 신중한 행동을 도모한 것만은 사실로 볼 수 있다. 왕건은 태자[正胤]인 武와 장군 希述을 먼저 天安府에 가게 하였다. 그리고 본인은 막상 9월에 이르러서야 천안부에 합류하여 一利川으로 南進하게 되는데, 이 3개월간의 사료상 공백기간을 정리할 근거는 마땅치 않다. 다만 참고가 되는 것은 태조가 930년(태조 13년) 術師 倪方의 조언으로 천안부를 설치하였다는 다음의 기록으로,

> 三國中心; 高麗史 諺傳에 術師 倪方이 태조에게 밝혀 이르기를 三國中心의 五龍爭珠之勢로서 만약 三千戶의 邑을 설치하고 그곳에서 병사를 훈련한다면 곧 (후)백제 스스로가 태조에게 항복할 것이라 하였다. 이에 태조가 산에 올라 주위를 살피고서 비로소 天安府를 설치하였다(『新增東國輿地勝覽』卷15, 天安府 形勝).[18]

---

18) 術師 倪方이 天安府의 지리적 중요성을 언급하였다는 이러한 자료는 李穀이 쓴 寧州天安懷古亭記에『稼亭先生文集』卷6, 寧州天安懷古亭記. "昔我太祖 將征百濟 有術者言 若於王字之城 五龍爭珠之地 築壘觀兵 則統三爲王可立待也 迺相風水 迺營此城 駐軍十萬 卒能取甄氏焉 其屯營之所曰鼓庭 郡乘所載如此"라고 한 것이 忠定王 원년(1349)에 지은 것으로서 시기가 가장 앞서나 논리 전개의 편의상『新增東國輿地勝覽』의 자료를 이용하였다. 한편 이들 자료는 고려 태조의 도참

비록 諺傳이기는 하지만 이때에 術師 倪方이 天安府의 지리적 성격을 이야기 하면서 "三國中心의 五龍爭珠之勢로서 만약 三千 戶의 邑을 설치하고 그곳에서 병사를 훈련한다면 곧 (후)백제 스스로가 태조에게 항복할 것이라 하였다"고 한 표현이 그것이다. 즉, 후백제를 멸망시키기 위해서는 천안지역에서의 군사훈련이 필요하다고 언급한 점은 地理圖讖을 신봉했던 왕건에게[19] 받아들여졌을 가능성이 크다고 여겨진다. 그 외에도 앞서 언급한 바와 같이 여러 가지 이유에서 때를 기다렸던 것 같으며, 특히 후백제를 섬멸하는 최후의 대공세였던 관계로 고려에 귀부한 여타의 지방병력을 결집시키기 위한 시간적 필요성과 선발대의 천안부 진출 후 후백제의 반응을 탐지하는 의도 등이 내포된 과정이 담겨 있었을 것이다. 그리고 선발대의 성격은 군량미의 비축, 정보의 수집, 군사의 招募 등 9월의 본격적인 작전을 위한 준비 내지 지원에 관련된 것이었을 것이다.[20]

한편 천안부를 후백제 공격의 전초기지로 선택한 이유와 관련하여서는 위의 사료에서 "三國中心의 五龍爭珠之勢"라고 언급한 천안부의 지리적 성격의 중요성과 아울러 다음의 사료에 나타난 바와 같이,

> 가을 8월에 大木군에 행차하여 東·西兜率을 합쳐서 天安府라 하고 都督을 두었으며, 大丞 弟弓으로 使를 삼고, 元甫 嚴式으로 副使를 삼았다(『高麗史節要』卷1, 太祖 13년 8월).

및 풍수지리사상과 관련하여 검토된 바 있다(李丙燾, 『高麗時代의 研究-特히 圖讖思想의 發展을 中心으로-』 47~48쪽 및 文暻鉉, 『高麗太祖의 後三國統一研究』 223~224쪽).

19) 왕건의 지리도참사상과 관련해서는 李丙燾의 1980, 「太祖와 圖讖」(앞의 책, 아세아문화사),이 참고가 된다.

20) 鄭景鉉, 1988, 「高麗 太祖의 一利川 戰役」『韓國史研究』 68, 8~9쪽.

천안부를 설치하면서 관리를 파견하였다는 언급이다. 즉 천안부
는 고창전투에서 승리한 해인 930년에 東·西兜率을 합하여 설치
되었는데, 유력한 지방세력이 없었던 이 지역에 동도솔과 서도솔
을 합하여 巨邑을 설치하고 관리를 파견함으로서 고려의 직접지배
대상이 되었다는 사실이다. 지리적으로도 남방진출의 要路에 위치
해 있으면서 지리도참사상과 관련하여서도 후백제를 이기기 위한
必爭之處였으며, 더구나 고려가 새로운 新都市를 형성하여 직접
관리하였다는 측면이 후백제 공략을 위한 전초기지로 선택된 까닭
이 아닌가 한다.

936년 9월에 왕건이 三軍을 이끌고 천안부에 합류하여 一善郡
의 一利川에서 신검의 후백제군과 遭遇함으로서 일리천전투가 비
롯되는데, 그 전투의 개략적 내용은『高麗史』세가에 상세히 전하
고 있어, 이제 이를 중심으로 일리천전투의 진행과정을 살펴보기
로 한다.

C. ① 가을 9월에 왕이 三軍을 거느리고 天安府에 가서 병력을 합세하여
　　一善郡으로 나아가니 神劍이 무력으로서 이에 대항하였다.

　② 甲午日에 一利川을 사이에 두고 양군이 진을 쳤으며, 왕이 견훤과
　　더불어 군대를 사열하였다.

　③ 왕이 견훤을 비롯하여 大相 堅權, 述希, 皇甫金山, 元尹 康柔英으
　　로 馬軍 1만병을 거느리게 하고, 支天軍大將軍 元尹 能達, 奇言,
　　韓順明, 昕岳과 正朝 英直, 廣世 등으로 步軍 1만병을 거느려 左
　　綱을 삼았다. 大相 金鐵, 洪儒, 朴守卿, 元甫 連珠, 元尹 萱良 등은
　　마군 1만병을 거느리게 하고, 補天軍大將軍 元尹 三順, 俊良과 正
　　朝 英儒, 吉康忠, 昕繼 등으로 보군 1만병을 거느려 右綱이 되게
　　하였다. 溟州大匡 王順式과 大相 兢俊, 王廉, 王乂와 元甫 仁一
　　등으로 마군 2만병을 거느리게 하고, 大相 庚黔弼과 元尹 官茂, 官
　　憲 등으로 黑水, 達姑, 鐵勒 등 외족들의 날랜 기병 9천 5백을 거
　　느리게 하고, 祐天軍大將軍 元尹 貞順, 正朝 哀珍 등은 보병 1천
　　을 거느리게 하였으며, 天武軍大將軍 元尹 宗熙, 正朝 見萱 등은

보병 1천을 거느리게 하고, 杆天軍大將軍 金克宗, 元甫 助杆 등은 보병 1천병을 거느리게 하여 中軍을 삼았다. 大將軍 大相 公萱, 元尹 能弼, 將軍 王含允 등은 騎兵 삼백과 여러 성들에서 온 군사 1만 4천을 거느리게 하여 三軍의 援兵을 삼았다. 이와같이 군사를 정비하여 북을 울리면서 나아가니 갑자기 칼과 창 형상의 흰 구름이 우리 군사 위에서 적진쪽으로 향하여 갔다.

④ (후)백제 左將軍 孝奉, 德述, 哀述, 明吉 등 4명이 우리의 군세가 크게 盛함을 보고 투구와 창을 벗어 던지고 견훤의 말앞에 와서 항복하였다. 이때에 적의 기세가 傷하여 감히 움직이지 못하였다. 왕이 孝奉 등을 위로하고 신검의 있는 곳을 물으니, 효봉 등이 말하기를 중군에 있으니 "左右에서 挾擊하면 이를 격파할 수 있습니다"고 하였다.

⑤ 왕이 公萱에게 명하여 바로 중군을 공격하게 하고 삼군이 일제히 전진하여 奮擊하니 적이 크게 무너졌으며, 장군 昕康, 見達, 殷述, 今式, 又奉 등을 비롯하여 3천 2백명을 사로잡고, 5천 7백명을 목베었는데, 적은 창을 거꾸로 하여 서로를 공격하였다.

⑥ 우리 군사가 추격하여 黃山郡에 이른 후 炭嶺을 넘어 馬城에 주둔하였는데, 신검이 그 아우인 菁州(경남 晉州)城主 양검, 光州城主 용검 및 문무관료들과 더불어 항복하여 왔다.

⑦ 왕이 크게 기뻐하여 그들을 위로하고 有司에게 명하여 사로잡은 (후)백제군사 3천 2백명을 본토로 돌려 보내었으며, 다만 昕康과 富達, 又奉, 見達 등 40명은 처자와 함께 京師로 데려 왔다.

⑧ 能奐을 面前에서 질책하여 꾸짖기를 "처음에 양검 등과 더불어 모의하여 君父를 가두고 그 아들을 세운 것이 네놈이다. 신하된 자로서의 의리가 마땅히 이와 같은 것이 옳은가"하니 능환이 얼굴을 수그리고 말을 하지 못하였다. 드디어 능환을 죽이도록 명하였으며, 양검과 용검은 眞州에 유배보내었다가 곧 죽였다. 신검이 참람되이 왕위에 오른 것은 사람들에게 협박되어 한 것으로 그 죄가 두 아우에 비하여 가벼우며, 또한 귀순하여 왔으므로 특별히 명하여 죽음을 면하게 하고 관직을 내려주었다.

⑨ 이때에 견훤은 근심과 번민으로 등창이 나타나서 수일만에 黃山의 佛舍에서 죽었다.

⑩ 왕이 (후)백제의 도성에 들어가서 令을 내려 말하기를 "渠魁들은 이미 항복했으니 나의 백성[赤子]들을 犯치 말라"고 하였다. 將士

들을 存問하고 재능을 헤아려서 임용하였으며, 군령을 엄히 밝혀
추호도 주현을 범하지 못하도록 하여 경내를 편히 하니 백성들이
만세를 부르며 서로가 기뻐하며 이르기를 "임금이 오셔서 다시 살
게 되었다"고 하였다.

이상의 사료 C는 『高麗史』세가에 있는 내용을 편의상 나누어
제시한 것이다. ①은 양군이 一善郡에서 대치하였음을 전하고 있
으며, ②에서는 鎭을 설치한 시기와 견훤의 참여 사실을, ③에서는
고려군의 편성을, ④에서는 초기전투에서의 승리를, ⑤에서는 후
백제의 주력부대를 殲滅하여 一利川戰鬪에서 승리하였음을, ⑥에
서는 黃山에서 神劍이 항복하였음을, ⑦에서는 전쟁의 사후수습
내용을, ⑧에서는 후백제의 정변에 대한 질책과 神劍 등에 대한 처
리 내용을, ⑨에서는 견훤의 최후를, ⑩에서는 후백제에서의 민심
안돈에 대한 내용을 담고 있다. 이제 순차적으로 각각의 내용을 검
토해 보기로 한다.

먼저 ①에서는 天安府에서 태자인 武가 거느린 선봉대와 합류
한 왕건의 주력부대가 一善郡(경북 선산지역)에 이르러 신검의 후
백제군과 조우하였음을 언급하고 있다. 먼저 고려군이 일선군으로
간 의미와 관련하여 鄭暻鉉의 견해를 중심으로 검토해 보기로 한
다. 첫째 천안에서 일선으로 이르는 연결로와 관련하여 정경현은
"태조군이 천안에서 어느 길을 거쳐 일선군으로 갔는지에 대해서
는 언급된 바가 없다. 천안에서 일선군으로 가려면 秋風嶺을 넘거
나 鷄立嶺을 넘어야 한다. 그런데 천안에서 추풍령을 넘으려면 지
금의 충북지역을 가로질러 가야 했을 것인데, 公州 文義 報恩을
연결하는 일대의 지역은 후삼국통일 전까지는 후백제가 장악하고
있었으므로 태조군이 적지를 통과한 후 다시 일선군으로 북상했을
리는 없다. 그러므로 천안을 출발한 태조군은 계립령을 넘어서 일

선군으로 남하하였을 것이고 계립령을 넘기 위해서는 아마도 지금
의 槐山과 鎭川 등지를 거쳤을 것으로 판단된다"고 언급하였다.[21]

그가 언급한 바와 같이 천안에서 일선군까지의 행로에 대해서는
자료가 없어 자세히 알 길이 없다. 따라서 그의 견해대로 계립령을
넘어서 진행했을 개연성이 충분히 있다. 그러나 公州 文義 報恩을
연결하는 지역이 후삼국통일 이전까지 후백제의 세력권이었다는
津田左右吉의 견해를[22] 근거로 한 것은 동의하기 어렵다. 이미 앞
장에서 살폈듯이 고려는 공산전투에서 패배했음에도 불구하고 928
년 7월에 보은을 공격하고 다음 달에는 옥천을 공격하여 후백제를
패퇴시키는 등, 추풍령로에 대해 지속적 관심을 지녀 왔으며, 고창
전투의 승리 후, 932년 6월에 龔直이 귀부함으로써 연산지역을 확
보하였고, 공직의 요청에 따라 문의를 두차례나 공격하였으며,[23]
특히 934년 9월의 운주전투를 계기로 웅진이북의 30여 성이 고려
에 자진 귀부한 사실을 상기하여야 할 것이다. 그리고 秋風嶺으로
진행하였을 경우 이 고개를 넘으면 곧 선산지역이 된다. 따라서 선

---

21) 鄭暻鉉, 앞의 논문, 8쪽.
22) 津田左右吉, 1913, 『朝鮮歷史地理』卷1, 355쪽.
23) 文義(사료에서는 一牟山城)를 932년 7월과 10월 이후에 두차례 공격한
    것과 관련하여 이를 군이 첫번째 공격의 실패로 단정할 수는 없을 것
    같다. 우선은 앞 장에서 살폈듯이 고창전투 이후 양국의 국력의 현격한
    역전을 전제할 수 있다. 다음으로는 문의지역에 대한 공격이 고려의 전
    략적 필요에서 이루어진 선택이라기 보다는 眛谷城장군 龔直이 투항
    하여 인근한 문의지역의 잦은 괴롭힘을 차단하여 달라는 요구에서 이
    루어졌다는 것이다. 따라서 고려가 공직의 요청에 따라 일모산성을 경
    략하였다 하더라도 이 지역을 지키기 위한 정규병력의 주둔이 이루어
    지지 않았을 가능성이 있다. 또한 후백제는 공직의 귀부와 같은 유사상
    황을 방지하기 위한 측면이나 군사전략상의 이유에서 문의지역을 중심
    으로 매곡성에 대한 공격을 빈번히 진행하였을 것이며, 이것이 재차 공
    격이 이루어지게 된 이유가 될 수도 있을 것이다.

산지역에서 처음 遭遇한 양군이[24] 서로의 수많은 주력군이 대치하여 둔영할 수 있는 곳을 택하는 과정에서 一利川이 선택되었을 가능성을 상정할 때, 일리천이 추풍령보다 북쪽편에 위치해 있다 하더라도 남하해 온 고려군이 북상한 것을 불합리한 것으로 단정할 수는 없다고 여겨진다.

다음으로 天安에서 후백제의 도성으로 직진하지 않고 군이 선산지역으로 진행한데 대한 정경현의 견해를 살펴보자. 그는 우선 태조가 선제공격을 하는 입장이고 후백제가 방어하는 수세의 입장인 관계로 고려군의 움직임에 따라 후백제군이 대응하는 양상으로 이해하여 선산지역으로의 진행이 고려에 의한 선택으로 보았다. 그 목적은 고려의 병력수가 후백제에 비해 상대적으로 충분히 우세하지 못하였던 관계로 낙동강 줄기를 이용한 병력과 물자의 동원에 유리하기 때문으로 이해하였다.[25]

먼저 서술의 편의상 역순하여 고려의 병력이 우세하였다면 후백제의 도성으로 곧장 갔을 것이라는 견해부터 생각해 보기로 한다. 후삼국이 정립해 있었던 과정에서 국가의 성립과 체제의 정비가 태봉 또는 고려보다 선행하였던 후백제가 930년의 고창전투 이전까지는 대체로 우세한 국력을 유지하였던 것은 사실로 여겨진다. 그리고 병력의 수에 있어서도 다음 사료의 표현에서 상징하는 것처럼,

　　　丙申(936년) 정월에 萱이 그 아들에게 이르기를 "老夫가 신라말에

---

24) 한편 본문 사료 C ①의 내용에 대한『三國史記』및『三國遺事』『高麗史節要』의 표현은 '進次一善'이며,『高麗史』의 경우도 '進次一善郡'이라 하여 같은 표현을 하고 있다. 이는 '至一善'이라 하여 一善郡에 당도하였다는 것이 아니라 일선군을 향하여 갔다는 의미이다. 따라서 고려군과 후백제군이 처음 조우한 곳이 一善郡일 것이라는 심증은 가지만, 사료의 표현만으로는 일선군으로 확정하기 어려운 측면이 있다.

25) 鄭暻鉉, 앞의 논문, 8~15쪽 참조.

후백제를 세워 이름이 있은지 여러 해가 되었는데, 병력이 北軍에 倍
가 되나 오히려 불리하다. 아마 하늘이 고려를 위하여 假手하는 것 같
으니, 북왕에게 귀순하여 壽齡을 보전하지 않을 수 있으랴"고 하였다
(『三國遺事』後百濟甄萱).

대체로 후백제가 우세하였다고 보아진다.[26) 그러나 이러한 상황
을 古昌戰鬪 이후까지 연장시키는데는 동의하기 어렵다. 고창전투
에서 8천에 이르는 병력을 손실한 후백제는 그 이후 급격히 세력
이 약화되는 가운데서 그 관할범위 마저도 급격히 축소되어 갔다.
또한 전쟁에서 이기기 위한 외형적 전세의 형성에는 보유하고 있
는 병력의 수만이 아니라 복속지역의 범위나 협조양태 등도 포함
되어야 한다. 앞 장에서 살핀 바와 같이 고창전투 이후 경상도 각
지역의 귀부와 운주전투 이후 웅진 이북지역의 귀부 등이 그 예가
될 것이다. 그리고 후백제의 경우 매곡성의 세력기반을 보유하고
있는 공직의 귀부나, 936년 3월의 정변 후 그 반대세력의 제거과정
에서 역시 상실했을 군사기반을 함유하고 있는 반대세력들의 지역
적 기반 등을 고려한다면 병력의 규모는 과거와는 달리 급격히 축
소되었을 가능성이 크다. 이는 934년의 운주전투시 견훤이 전쟁을
피하면서 화의를 요청한 상황에서도 유추해 볼 수 있다. 반면 고려
는 3개월 전에 이미 1만을 천안에 보내었다고 할 때, 9월에 합세한
왕건의 본대는 병력의 규모면에서 선발대보다 대규모였을 것으로
보는 것이 자연스럽다. 더구나 王順式 등의 지방호족이 병력을 이
끌고 동참하였기 때문에 선산지역으로 간 원인을 후백제에 대한
병력의 열세로 보는 것은 찬성할 수 없다.[27)

---

26) 아래에서 다시 언급되겠지만 정경현은 사료에 언급된 一利川에 참가한
   고려군의 병력 또한 과장된 것으로 보았다(鄭暻鉉, 앞의 논문, 17~25
   쪽 참조).
27) 한편 고려가 선산지역으로 간 이유에 대해서는 정경현의 견해 외에도,

다음으로 고려의 동정에 따라 후백제가 대응하였다는, 그래서 고려가 선산지역으로 진행하였을 때, 후백제 영토에 발을 들여놓기 전에 격퇴하기 위해서라는 견해에 대해서 생각해 보기로 한다. 수비하는 입장에서 공격받는 지역을 방어하는 것은 순리이며, 선산지역이 고려의 공격로라고 했을 때, 자국의 영토에 발을 들여놓기 이전에 격퇴하기 위해서라면 그 지역으로 가서 방어하는 것이 타당한 논리이다. 그런데 이러한 일반적 논리를 일리천전투에도 적용하기에는 전투의 성격상 수긍키 어려운 점이 있다. 앞서 언급한 바와 같이 고창전투 이후 고려는 전반적으로 우세한 전세를 유지하고 있었다고 전제할 때, 후백제의 도성쪽으로 직행하지 않고 선산방면으로 진행한 것은 신검이 이끄는 후백제의 주력부대가 고려군을 방어하기 위한 지점으로 선산방면을 선택하였기 때문이 아닌가 한다. 이 시기 고려가 확보한 지역은 공주를 중심으로 한 충남 이북지역과 추풍령을 경계로 한 충북지역 및 진주를 비롯한 남해안 일부지역을 제외한 경상도 전역, 그리고 나주를 중심으로 한 서남해안의 일부지역으로 추정되며, 후백제는 전라북도와 전라남도의 북부지역 및 충청남도 남부지역을 유지하고 있었다고 여겨진다. 총공세를 시도하는 고려군을 자국의 도성에 앉아 기다릴 수 없

신검의 의표를 찌른 기만적 공격이었다는 견해와(池內宏, 1937, 「高麗太祖의 經略」『滿鮮史硏究』(中世編), 63쪽), 기만전술로 이해하기에는 무리가 따른다는 비판과 아울러 경상도 주도권에 대한 문제로 이해한 견해(김갑동, 1994, 「고려 태조 왕건과 후백제 신검의 전투」『박병국교수 정년기념논총』, 266~267쪽) 및 그 견해에 동의한 윤용혁의 견해(앞의 논문, 11~12쪽)가 있다. 경상도 주도권과 관련한 김갑동과 윤용혁의 견해와 관련하여서는 본문은 물론 이미 앞장의 고창전투 과정에서 상론하였듯이, 후백제의 국력과 당시 후삼국의 정국판도를 전제할 때 동의가 망설여진다. 특히 경상도의 주도권이라 했을 때, 경상도의 다른 지역이 아닌 굳이 선산이 선택되어야 하는 이유 또한 해명되어야 할 것이다.

는 후백제의 입장에서, 자국의 피해를 최소화하고 적의 방어에 유리한 위치를 점하기 위한 많은 고민이 있었을 것이다. 그래서 全北의 北端과 忠北의 南端에 형성된 고려와 후백제의 접경지대로 진출한 신검의 후백제군이, 인접한 선산지역에서 고려군의 주력부대와 대치하게 된 것이 아닌가 한다. 고려의 주목적은 후백제를 멸망시키는 것으로서, 이는 후백제군의 격파를 전제해야만 가능하며, 이것이 결국 고려 스스로가 신검의 주력부대를 찾아 선산지역으로 진출한 이유가 아닌가 여겨진다.

②에서는 양군이 일리천을 사이에 두고 대치한 사실을 전하고 있다.[28] 일리천의 위치에 대해서 구체적 언급을 한 자료는 다음의 『東史綱目』의 내용이다.

　　왕이 三軍을 거느리고 天安에 이르러 병력을 합하여 崇善(즉 一善郡이다. 古基는 지금 餘次尼津의 동쪽으로 1리에 있다)으로 나아가는데, 신검이 군대로서 이를 막았다. 甲午에 一利川(지금의 여차니진으로 善山府의 동쪽 10리에 있다)을 사이에 두고 진을 쳤다.[29]

즉 위 사료에 의하면 一利川은 선산의 동쪽 10리 지점에 있는 餘次尼津이라는 것이다. 그리고 조선 세종 7년(1425)에 편찬된 『慶尙道地理志』에 의하면, 여차니진은 선산부의 동쪽을 흐르는 큰 하천의 이름이었으며,[30] 『東國輿地誌』에서는 선산부의 동쪽 11리에

---

28) 이때 양군이 대치한 시기를 甲午日이라 하였는데, 이를 朔閏表로 환산해 보면 9월 8일이 된다. 앞서 ①에서 왕건이 9월에 開京을 출발하였다고 할 때, 天安에서 병력을 합세하고, 一善郡으로 오는 중 신검을 만나 一利川에서 대치하기까지의 소요시간을 고려한다면, 왕건은 적어도 9월 1일 내지 2일경에는 개경에서 出征한 것이 아닌가 한다.

29) 『東史綱目』卷6上, 丙申, 高麗神聖王 19년. "王率三軍 至天安 合兵 進次崇善(即一善郡 古基在今善山餘次尼津 東一里) 神劍以兵逆之 甲午隔一利川(今餘次尼津 在善山府 東十里) 而陣"

있는 月波亭 밑의 월파나루가 여차니진이었다고 한다.[31] 여차니진
은 지금의 여지나루(혹은 여진나루)로서 선산군 해평면 낙산동 원
촌마을에서 선산읍으로 건너가는 나루터를 말하는데,[32] 여진이란
이름의 유래도 태조가 일리천에서 승리한 후 이 나루를 건널 때,
기쁨을 이기지 못하여 나의 나루[余津] 혹은 고려의 나루[麗津]이
라 부른데서 비롯되었다고도 전해지며, 낙산리라는 마을의 옛 명
칭 자체가 '여진'이었다고도 한다.[33] 위의 자료들로 미루어 여차니
진은 선산의 동쪽에 위치한 나루터의 이름이자 그 앞을 흐르는 낙
동강의 이름이기도 했으며, 마을의 이름조차 여진이라 불리었던
것이다. 그러한 탓인지 그 위치에 대해서도 선산부의 동쪽으로 10
리(『東史綱目』) 혹은 11리(『東國輿地誌』), 또는 5리라고[34] 하여 차
이를 보이고 있기도 하다.

한편 餘次尼津과 동쪽으로 2리 정도를 격한 곳에 있는 冷山의
봉우리를 太祖峰이라 하며, 이 태조산에 있는 숭신산성이 당시 후
백제와 일리천을 격하여 진을 친 곳이 아닌가 여겨진다.[35]

---

30) 『慶尙道地理志』善山都護府 名山條. "大川二 一曰餘次尼津 流自洛東
　　江歷于府東 二曰 甘川 出自知禮縣地所旨峴 歷府南入于 餘次尼江"
31) 『동국여지지』卷4하, 선산도호부 관량조. "月波渡 在府東十一里月波
　　亭下 又名餘次尼津 洛東江津渡"
32) 『韓國地名總覽』5, 한글학회편, 337쪽.
33) 경상북도·경북향토사연구협의회 편, 1991, 『慶北마을誌』(중권), 800쪽
　　(22장 5절 선산군 해평면).
34) 權近「月波亭記」『신증동국여지승 람』卷29, 선산도호부 누정조. "善
　　州之東五里許 有津曰餘次 自商之洛水 而南流者也"
35) 그리고 이 일대에는 당시 양군의 쟁패과정과 관련한 지명들이 속전으
　　로 전하고 있어 해평면과 선산읍 사이를 흐르는 낙동강을 격하여 설진
　　한 후 전투를 진행한 것으로 여겨진다. 관련 지명유래를 몇 가지 예를
　　들면, 善山邑 新基里의 대지미[太祖尾]는 태조가 군사를 사열할 때, 군
　　사의 수가 많아 그 끝이 이곳까지 미쳤다는 데서 유래하며, 海平面 洛
　　山里의 七倉마을은 태조가 冷山 太祖峰에 崇善城을 쌓고 후백제와 싸

③에서는 設陣 후의 고려군의 편제를 언급한 내용인데, 이를 도표화 하면 다음과 같다.

아래 표에 의하면 고려군의 병력은 步軍이 2만 3천, 馬軍이 4만, 騎兵이 9천 8백, 援兵이 1만 4천 7백으로 도합 8만 7천 5백에 이르며, 사료상에 이름이 보이는 지휘관만 왕건을 제외하고 견훤을 비롯한 38명에 이르고 있다. 이는 후삼국시대 삼국의 쟁패과정 중 가장 많은 병력 동원의 예가 될 것이며, 이러한 대규모의 병력동원은 견훤의 요청에 따른 逆子懲治의 의미를 넘어선 것으로서 그 목적이 후백제의 멸망에 있음을 짐작케해 준다.

울 때 이 곳에 일곱 개의 창고를 짓고 군량미와 병기를 비축하였다는 속전에서 근거한다. 또 山東面 鳳山里의 미륵당에는 松林寺라는 큰 절이 있었는데, 이 당시의 전투때에 파괴되어 폐사가 되었다고 전하며, 高牙面 官心里의 어갱이[禦劍]라는 들은 신검과의 결전시 고려군이 주둔한 곳이라는 속전이 있다. 이상의 내용은『慶北마을誌』 중권의 선산군 편을 참조하였다. 한편 선산지역의 답사시『慶北마을誌』 중권의 선산군 편을 집필하신 金樹基先生께서 7旬을 넘기신 老軀에도 불구하고 필자와 동행하면서 많은 가르침을 주셨으며, 후백제의 주력군이 패한 곳이라는 발갱이[拔劍]들을 확인하는 등, 선생의 안내로 속전에 나오는 대체의 곳을 찾아볼 수 있었다. 다만 金樹基先生께서는 甘川을 一利川에 비정하고 계시는데, 답사 후 자료의 검토과정에서『東史綱目』 등에서 양군이 일리천을 격하고 둔치했다는 표현과 관련하여 양군의 전투지를 점갱이[占劍]들과 발갱이[拔劍]들로 상정할 경우 이들 지역은 洛東江(餘次尼津)과 甘泉 사이에 위치해 있어 언뜻 수긍키 어려운 측면이 있다. 본문의『東史綱目』사료를 신빙한다는 입장에서 볼 때, 낙동강의 동편에 있는 冷山 太祖峰의 崇善城과 그 아래 마을에 형성된 七倉을 중심으로 고려군이 둔치하고 낙동강을 격하여 서편의 매봉산 아래 松林里지역에 신검이 둔치한 것은 아닌가 한다. 이후의 진행상황을 추론한다면 양군의 전투가 시작되면서 고려군은 여차니진을 건너 善山邑 新基里의 太祖山에 둔영한 후, 왕건이 장군의 깃대를 세웠다는 속전이 전해지는 將臺가 있는 院 1里를 거쳐 발갱이들에서 신검의 주력군을 격파한 것으로 구성해 볼 수 있지 않을까 한다.

한편 정경현은 개경에서 一利川까지의 거리를 350km로 추산한 다음 9월 1일에 출발하여 7일간에 이 거리를 주파하기란 무리라는 측면과 행군시 개인간의 간격, 불량한 도로조건, 최대한 늘려잡은 7일간의 행군기간 등을 근거하여 고려군의 병력을 많이 잡아야 1만 5천 정도로 추산한 바 있다. 그리고 후백제군도 1만 5천 정도의 병력이었으며, 태조군이 정말로 6만 3천이었다면 무모하게 一善郡으로 나가지는 않았을 것이라고 하였다.[36]

〈표 13〉 一利川戰鬪時 高麗軍의 편제

군단		지휘관		구성병력	비고
		이름	관직		
좌강	상급지휘	甄萱	大相	馬軍 1만	
		堅權	대상		
		述希	대상		
		皇甫金山	元尹		
		康柔英	원윤		
	하급지휘	能達	원윤	步軍 1만	支天軍大將軍
		奇言	원윤		
		韓順明	원윤		
		昕岳	원윤		
		英直	正朝		
		廣世	정조		
우강	상급지휘	金鐵	대상	馬軍 1만	
		洪儒	대상		
		朴守卿	대상		
		連珠	원보		
		萱良	원윤		
	하급지휘	三順	원윤	步軍 1만	補天軍大將軍
		俊良	원윤		
		永有	정조		
		吉康忠	정조		
		昕繼	정조		

---

36) 鄭暻鉉, 앞의 논문, 20~25쪽 참조.

중군	상급지휘	王順式	溟州大匡	馬軍 2만	
		兢俊	대상		
		王廉	대상		
		王乂	대상		
		仁一	元甫		
		庾黔弼	대상	黑水, 達姑, 鐵勒 등 外族의 정예 기병 9천 5백	
		官茂	원윤		
		官憲	원윤		
	하급지휘	貞順	원윤	步兵 1천	祐天軍大將軍
		哀珍	정조		
		宗熙	원윤	步兵 1천	天武軍大將軍
		見萱	정조		
		金克宗		步兵 1천	杆天軍大將軍
		助杆	원보		
원군		公萱	대상	騎兵 3백, 他地원 병 1만 4천 7백	
		能弼	원윤		
		王含允	장군		

우선 그는 거리산정에 있어서 鷄立嶺을 넘었을 것이라는 추론을 전제로 개성－파주－과천－수원－직산－천안－진천－음성－괴산－문경으로 이어며, 만약 추풍령로를 택하였다면 그 행군거리가 많이 축소될 수 있을 것이다. 그리고 위 사료 C ①의 원문은 "秋九月 王率三軍 至天安 合兵 進次一善"이라 하고 있는데, 이는 9월에 왕건이 삼군을 이끌고 천안에 이르렀다는 의미로 해석되며, 굳이 왕건이 개경을 출발한 시기가 9월이라고 단정할 근거는 되지 못한다. 관련하여 다음의 사료를 참고해 볼 수 있다.

11월 甲午에 신라왕이 百官을 거느리고 王都를 출발하니 士大夫와 庶民들이 모두 그를 따랐다. 香車와 寶馬가 30여리에 뻗쳤고, 길은 사람으로 꽉차서 막혔으며, 구경꾼들이 죽 둘러서 있었다. 길가에 있는 州縣에서는 접대가 매우 성대하였고, 왕이 사람을 보내어 문안하고 위로하였다. 癸卯에 신라왕이 王鐵 등과 함께 開京에 들어오니 왕이 儀仗을 갖추어 郊外에 나가서 맞이하여 위로하고, 東宮과 여러 宰臣

들에게 명하여 그를 호위하고 들어와서 柳花宮에 머무르게 하였다
(『高麗史節要』 卷1, 太祖 18년 11월).

위 사료는 신라왕이 고려에 귀부하러 오는 과정을 묘사한 내용
이다. 신라왕이 경주를 출발한 일자는 11월 갑오로서 이는 朔閏表
에 의하면 11월 3일이 되며, 개경에 도착하였다는 癸卯일은 11월
12일이 된다. 즉 출발일과 도착일을 계산에 넣더라도 경주에서 개
경에 도착하기까지 겨우 12일간이 소요되었다는 의미이다. 더구나
행렬의 규모가 30여리에 뻗쳤다는 숫자상의 표현은 과장됨이 있을
수 있겠으나 이때의 行進時에는 香車의 예에서처럼 진행속도가
더딘 이동수단이 다수 포함되었을 것이며, 州縣에서의 극진한 접
대 또한 진행을 지체시키는 요인이었을 것이다. 그럼에도 경주에
서 개경까지 12일간이 소요되었다면, 천안에서 선산까지 그것도
전투를 위한 병력의 이동이었음을 고려한다면, 7일간(9월 1일 제
외)의 기간은 결코 불가능한 일정은 아니었다고 여겨진다.

그리고 만약 고려의 병력이 6만 3천(黑水 등 外族과 他地의 援
兵 제외)이라면 후백제가 5분의 1정도의 병력을 가지고 무모하게
一善郡으로 나아가지는 않았을 것이다는 표현도 의문의 여지가 있
다. 우선 후백제의 병력규모는 잘 알 수가 없다. 다음에서 살펴보겠
지만 후백제가 一利川에서 입은 손실이 사로잡힌 3천 2백과 죽임
을 당한 5천 7백 등 8천 9백에 이른 것으로 보아 1만 5천 내외였을
것이라는 정경현의 견해는 수긍할 수도 있다. 그러나 문제의 핵심
은 병력규모가 중요한 것이 아니라 후백제의 입장에서는 동원 가
능한 병력의 많고 적음을 떠나 고려군을 맞아 싸우는 외에는 다른
선택의 여지가 없다는 것이다. 즉, 후백제를 멸망시키기 위해 쳐들
어오는 적에 대해 병력이 적다고 하여 싸우러 나서지 않는다면, 항
복과 멸망 외에 다른 선택이 있을 수 있는지 의문이다.

그의 표현대로 고려의 병력이 1만 5천정도로서 6만 3천이라는
표현은 터무니없이 과장된 것이라면 당연히 黑水·達姑·鐵勒 등
外族의 병력 9천 5백과 타지의 원병 1만 4천 7백 또한 부정되어야
한다. 이것을 인정하기에는 이들 병력의 수가 고려의 중앙군보다
오히려 많아지기 때문이다. 그런데 사료 ③의 군대편성을 보면 外
族과 他地의 병력까지 구분하여 병력수를 백단위까지 상당히 상세
히 기술하고 있으며, 각 군대의 지휘관까지 세밀히 분류하여 기술
하고 있다. 그리고 이 전투의 성격이 종래의 것과는 달리 고려 건
국후 최대의 난적이었던 후백제를 공멸하기 위한 최대의 전투였으
며, 따라서 고려의 입장에서도 1만의 병력을 3개월 전에 천안에 파
견하여 훈련시키고, 전례를 찾을 수 없는 外族까지 동원할 정도의
전력을 다한 전투였다는 점을 고려할 때, 그 동원병력이 결코 과하
다고는 할 수 없을 것이다. 그리고 다음에 언급될 사료 ④에서 양
군의 대치 후, 고려의 군세가 성함을 보고 백제 좌장군 孝奉, 德述,
哀述, 明吉 등 4명이 항복하였다는 표현 역시 고려군의 절대적인
숫적우세를 의미한다고 보아 틀림이 없을 것이다.

다음으로 참가한 지휘관들을 간략히 분석해 보면, 크게 고려의
장군과 귀부한 지방세력으로 대별해 볼 수 있다. 고려의 장군들 중
여타의 사료에 보이는 자들을 간략히 살펴보면, 堅權은 能寔·權
愼·廉湘·金樂·連珠·馬煖과 더불어 태조의 개국 2등공신으로
서,[37] 921년(태조 4년) 4월에 達姑狄이 신라를 침범하였을 때, 이를
격퇴하는 등[38]고려의 개국시부터 활동해 온 인물이었다. 朴述熙는
18세에 弓裔의 衛士로 출발하여 고려의 태조를 도와 여러 차례 군
공을 세웠으며, 후에 혜종의 옹립에 결정적인 공을 세웠고, 태조가

---

37) 『高麗史』 卷1, 太祖 元年 8월 辛亥條.
38) 『高麗史』 卷1, 太祖 4년 2월 壬申條.

임종시에 그에게 뒷일을 부탁할 정도로 신임을 받았던 인물이었다.39) 能達은 淸州人으로서 고려 초기에 청주지역의 안무를 위한 태조의 고민을 들기 위해 청주의 민심을 파악하는 등의 활동을 했던 인물이었다.40) 그리고 金鐵은 金樂의 동생으로서 김락이 공산전투에서 전사한 후, 그 공로로서 김락의 아들인 甫와 더불어 元尹에 제수되었으며,41) 일리천전투 참전시의 관직이 大相이었고, 이름이 洪儒나 朴守卿에 앞서 기록된 것으로 미루어 원윤에 제수된 후 그의 활동이 상당히 활발하였을 것으로 짐작된다. 박수경은 平州출신으로서 태조때 元尹으로 있다가 신라를 침공하는 후백제를 막기 위해 장군으로 파견되었으며, 曹物城戰鬪에서의 전공으로 元甫가 되었고 勃城戰鬪에서는 위기에 처한 태조를 탈출시키는 등의 전공을 쌓은 바 있다.42) 洪儒는 고려의 개국 1등공신으로 왕실을 제외하고서는『高麗史』의 열전에 가장 먼저 기록된 인물이며, 청주지역의 안무와 禮山縣의 유민 안집 등 고려 초기의 국가 기반을 공고히 하는데 공을 세웠고, 고창전투에도 참여한 인물이었다.43) 連珠는 앞서의 堅權과 더불어 개국 2등공신이었으며, 庾黔弼은 앞 장에서 언급된 여타의 전투과정에서도 누차 이름이 거명된 고려 최고의 장군이었고, 마지막으로 王含允은 왕건의 從弟로서 서경을 중심한 변방의 진수에 진력하였던 王式廉의 아들이었다.44)

이상에서 나타난 高麗 將軍들은 王室宗親은 물론 開國功臣을

---

39)『高麗史』卷92, 朴述熙列傳.
40)『高麗史』卷92, 堅金列傳.
41)『高麗史』卷92, 洪儒列傳 附 申崇謙列傳.
42)『高麗史』卷92, 朴守卿列傳.
43)『高麗史』卷92, 洪儒列傳.
44)『高麗史』卷92, 王式廉列傳.

비롯하여 국초부터 활동해 온 장군들을 총 망라하고 있다는 느낌
을 준다. 그리고 이들의 면면과 그 동안의 활동과 관련한 비중 및
사료상 표현된 38명의 지휘관수를 생각할 때, 1만 5천에서 2만정도
의 병력을 지휘하기 위한 것으로 보기에는 조금 격에 어울리지 않
는다는 느낌을 지울 수 없다.

다음은 지방에서 참여한 것으로 여겨지는 지휘관들로서 王順式,
兢俊, 王乂, 王廉, 公萱 등이 그 예이다. 왕순식은 주지하다시피 溟
州將軍으로서 922년 7월에 그 아들을 보내어 귀부를 청하여 온 후,
그 아들과 병력을 보내어 숙위하게 하는 등 고려에 臣屬하였으
며,[45] 왕렴은 숙위를 목적으로 개경에 파견된 왕순식의 아들로서
初名은 長命이었다. 그리고 왕예의 경우는 金周元의 후손으로 태
조의 후비중 한명인 大溟州院夫人의 아버지로서 溟州人인 王乂와
동일인으로 생각된다.[46] 궁준은 927년에 고려가 運州를 공격하였
을 당시의 運州城主로서,[47] 이때의 전투에서 패한 후 고려에 臣屬
한 것이 아닌가 여겨진다. 그리고 康公萱은 基州(풍기지역)에 세력
기반을 가지고 있었으며, 고창전투때에도 고려군의 일원으로 참전
한 바 있었다. 그런데 일리천전투시 이들이 맡은 직임을 보면 왕순
식과 궁준, 왕예, 왕렴은 모두 중군의 지휘관직을 맡고 있으며, 강
공훤의 경우는 타 지역에서 온 병력을 지휘하는 직임을 맡았다. 중
군의 경우는 당연히 고려의 왕이자 최고 사령관이라 할 수 있는 왕
건이 위치해 있는 군대로서 모든 참전병력이 전장에 투입되어야

---

45)『高麗史』卷1, 太祖 5년 7월 戊戌條 및 卷92, 王順式列傳.

46)『高麗史』卷88, 后妃列傳. "大溟州院夫人王氏 溟州人 內史令乂之女".
　　王乂의 家系와 관련해서는 李樹健의 1984,『韓國中世社會史硏究』一
　　潮閣, 190～191쪽이 참고가 된다.

47)『高麗史』卷1, 太祖 10년 3월 辛酉條. "辛酉 王入運州 敗其城主兢俊於
　　城下"

하는 전면전의 양상이 아니고서는 주로 전장의 후방에 위치해서
全軍을 지휘하는 역할을 담당했을 것이다. 강공훤이 담당한 諸城
의 병력은 사료에서도 언급한 바와 같이 三軍의 원병임무를 부여
받은 군대로서 역시 후방에 위치해 있으면서 필요에 따라 전선에
투입될 수 있는 병력이었다. 이렇게 볼 때, 지방에서 참여한 세력
들은 지휘관과 그 병력들이 모두 전투의 일선에 배치되지 않았다
고 할 수 있는데, 이는 이들의 충성심이나 전투능력에 대한 불신이
라기 보다는 고려를 도우려 참여해준데 대한 배려와 전투시 지휘
체계의 일관성을 유지하기 위한 선택이었다고 여겨진다.

한편 이때에 諸城에서 참여한 병력이 1만 4천 7백이었다고 하는
데, 왕순식이 명주에서 데리고 온 병력이 아래의 사료에 보이는 왕
건의 꿈 이야기를 참조한다면 약 3천명 정도의 규모였다고 보아도
좋을 것이다.

> 태조가 神劍을 토벌할 때 順式이 溟州로부터 자기 병력을 인솔하
> 고 와서 합하여 싸워 신검을 격파하였다. 태조가 순식에게 일러 말하
> 기를 "짐이 꿈에 기이한 승려가 甲士 3천을 이끌고 온 것을 보았는데,
> 다음날 경이 병력을 거느리고 와서 도우니 이것이 그 꿈의 감응인가
> 한다"고 하였다. 순식이 이르기를 "臣이 명주를 떠나 大峴에 이르렀
> 을 때, 기이한 僧祠가 있어 제사를 차리고 기도를 하였는데 왕께서 보
> 신 꿈은 이것일 것입니다"고 하니 태조도 기이하게 여겼다(『高麗史』
> 卷92, 王順式傳).

왕순식이 거느린 병력이 3천이었다고 할 때, 이는 지방에서 동원
된 병력으로서는 사료상 가장 많은 경우라 할 수 있다. 3천이란 병
력의 규모는 고창전투시에도 나타나는데, 즉 유검필이 禮山鎭에서의
군사회의시 고창의 향군규모를 '三千餘衆'이라 언급한 것이 그것
이다.[48] 과문한 탓인지는 모르지만 사료상 확인되는 지방군의 병

력으로서는 溟州(江陵지역)에서 온 병력과 더불어 최대의 규모라할 수 있다.[49] 그런데 고창지역 향군의 경우는 他地로의 진출을 위해서 동원된 병력이 아니라 고향을 지키기 위한 현지병력이기 때문에 이는 戰鬪可用한 고창지역민 전체를 의미할 것이며, 명주의경우 그 지역에 둔 수비병력을 제외한 병력의 대체적 숫자일 것이다. 주지하다시피 왕순식은 귀부 후 그의 자식인 長命(王廉)과 병력 6백을 개경에 보내어 숙위케 한 바 있으며, 공산전투 직후 곧고려에 가서 왕건을 배알하고 위로한 것에서도 알 수 있듯이 여타귀부세력에 비해 고려에 대한 충성심이 강했다고 짐작된다. 그래서 일리천전투의 중요성과도 관련하여 동원병력도 명주에 최소한의 수비병력을 남겨둔 최대의 규모였을 것이며, 그와 그의 자식 또한 직접 참전하였던 것이다. 이로 미루어 짐작컨데 당시 각 지방에서 동원된 병력의 수는 명주지역의 3천이 최대치였을 것으로 보아도 무리가 없을 것으로 여겨진다. 이러한 추론이 가능하다면 당시일리천전투에 참여한 지역은 최소한 5개 이상일 것이며, 아마 대부분의 지역이 수백 또는 그 이하의 병력을 참여시켰을 개연성을 상정한다면, 20개 이상의 지역이 고려를 지원하기 위해 일리천전투에 참여한 것이 아닌가 한다. 또한 이러한 다양성이 이들을 전투의전면에 내세우지 못하는 한 요인으로 작용했다고 여겨진다.

또한 선산지역민들도 당시 자신의 고향에서 치루어지는 전투에무관할 수 없었을 것이며, 金宣弓과 金萱述의 예를 통하여 이를

---

48) 『高麗史節要』 卷1, 太祖 12월 12월조. "若不急救 以古昌三千餘衆 拱手與敵 豈不痛哉"

49) 지방에서의 병력동원이 이루어진 경우 중 동원병력의 규모가 나타난또 하나의 예로서는, 『慶尙道地理志』 尙州道 星州牧管條에 성주지역에서 京山府將軍인 李能一, 裵申乂, 裵崔彦이 925년에 6백명을 거느리고 태조를 도왔다는 기록이 있다.

짐작해 볼 수 있다.

> 金宣弓: 太祖征百濟 至崇善募從軍者 善弓以吏應募 太祖喜 賜所御弓
> 因賜名焉 後以功爲大匡文下侍中 定宗追贈大丞 諡順忠(『新
> 增東國輿地勝覽』 卷29, 善山都護府 人物條).
> 金萱述; 海平人 佐太祖有功 位至侍中 諡壯烈(위와 같은 조).

위의 기사내용은 후대의 자료인 관계로 후손에 의한 杜撰일 개
연성이 없지 않으나[50] 인물 그 자체의 존재와 존재시기 및 태조를
도왔던 입장 등은 인정해도 좋을 듯 하다. 金宣弓의 경우 善山지역
의 鄕吏로 있었고 또한 그의 從軍에 대해 태조가 기쁨을 표했다는
것으로 보아 어느 정도 선산지역의 대표성을 가진 입장이 아니었
나 여겨지며, 金萱述의 경우에 있어서도 그 관직이 侍中에까지 이
른 것으로 미루어 개인의 능력만으로 출세한 입장은 아닌 것으로
생각된다.[51] 그리고 이들이 고려의 태조에게 협조한 시기에 있어
서도 『三國史記』나 『高麗史』 등 여타의 초기사료에 이들의 존재
가 확인되지 않고, 선산지역이 고려에 귀부한 사실도 확인할 수 없
다고 하여 이들이 일리천전투 이전에 고려를 도왔을 개연성을 전
면 부정할 수는 없으나, 그들의 거주지역에서 치루어진 일리천전
투에서 만큼은 참여하였을 것으로 보는 것이 자연스런 해석일 것
이다. 이러한 가정을 전제할 때, 일리천에서의 전투시 선산지역의
향군 또한 고려를 지지하는 입장에 동참하여 그 승리에 일조를 한
것으로 보아 무리가 없을 것으로 여겨진다.

④에서는 고려가 전투의 초기에 승기를 잡은 사실을 전하고 있

---

50) 李樹健, 앞의 책, 25쪽.
51) 李樹健은 태조의 后妃인 海良院夫人의 아버지 宣必이 金萱述과 同一
  人이거나 一族일 것으로 보았다(李樹健, 앞의 책, 132쪽 참조).

는데, 고려군의 절대적인 숫적 우세와 내분을 겪은 후, 수세적 입장에서 방어를 해야하는 상황 및 전왕인 견훤의 참전 등은 후백제군의 사기를 저상케 하고, 갈등을 야기시켰을 것으로 보아진다. 이는 백제 좌장군 孝奉, 德述, 哀述, 明吉 등이 싸워보지도 않은 채 투구와 창을 벗어 던지고 견훤의 말 앞에 와서 항복하였고, 오히려 이들이 고려에 협조하여 신검을 공격할 계책까지 進言하였다는 데서도 느껴볼 수 있는 대목이다. 그리고 이들의 항복 그 자체가 후백제군의 사기를 더욱 상하게 하였을 것임은 사료에 나타난 바와 같이 자명하다 하겠다.

⑤에서는 그러한 효봉 등의 진언을 받아들여 총공격을 하였고, 그 결과 3천 2백명의 포로를 획득하고 5천 7백명을 죽이는 등의 전과를 올리면서 승리한 사실을 전하는데, 이때의 승리로 후백제의 패망이 결정되었다고 해도 과언이 아닐 것이다. 특히 "적은 창을 거꾸로 하여 서로를 공격하였다"는 표현은 후백제의 정변 이후 갈등 양상과 국력의 쇠퇴가 표출된 표현이 아닌가 한다. 전투의 시기가 앞뒤를 분간키 어려운 칠흑같은 한밤중이었기 때문에 나타난 표현이라면, 고려 역시 겪었을 혼란이며 그러한 상황을 묘사하기 위한 표현으로는 여겨지지 않는다. 이는 이미 대세가 기울어진 상황속에서, 지난 정변에 대한 비판을 표출하며 前王인 견훤에 대한 의리를 회복하려는 입장이 신검에 충성을 하려는 입장을 향하여 창끝을 돌림으로서 나타난 현상으로 신검의 후백제군이 일거에 무너지는데 결정적 역할을 하였을 것으로 이해된다.

⑥에서는 일리천에서 패퇴한 후백제군이 패주하여 가서 고려에 항복하는 과정을 전하고 있다. 이 사료에 나타나는 지명에 대해서는 原文의 해석과 관련하여 견해가 갈리고 있다. 즉 원문의 "我軍追至黃山郡 踰炭嶺 駐營馬城"이라 한데서 黃山郡을 連山지역으

로 비정하는 데는[52] 이견이 없으나, 炭嶺과 馬城의 경우, 池內宏은
사료를 "麗軍이 黃山에 追至하여 炭嶺을 넘어 마성에 駐營하였
다"로 해석하여 馬城을 金馬郡의 彌勒山城에 비정한 바가 있으
며,[53] 이러한 池內宏의 견해에 대해 李丙燾는 "'追至黃山郡'은 '黃
山郡으로 追至할 새'로 '踰炭嶺'은 '同郡의 경계인 炭峴을 넘었다
는 것, '駐營馬城'은 黃山의 馬城에 駐營하였다는 것으로 보아야
할 것이다"고 하여 탄령을 대전 동편의 食藏山에, 그리고 마성을
연산의 北山에 비정한 바 있으며,[54] 文暻鉉 또한 李丙燾의 견해에
동의한 바 있다.[55] 또한 김갑동은 '개태사화엄법회소'에 나오는
"황산에 말을 묶고 이 곳에 屯營하니" 라는 구절에 주목하여 마
성을 황산군 내의 개태사로 보았으며,[56] 윤용혁 또한 김갑동의 견
해에 동의하면서도 그 구체적 위치에 대해서는 개태사지에 가까운
가야곡면 병암리에 있는 渴馬山城에 주목하고 있다.[57]

이러한 견해차는 결국 탄령이 황산으로 가는 도중에 있는가, 또
는 황산을 지나서 있는가 하는 문제인데, 필자는 사료해석에 있어
서는 후자 즉, 池內宏의 해석에 동의한다. '追至黃山郡'은 추격하
여 이미 황산군에 이른 것으로 보아야 하며, 황산군에 이르는 과정
에서 탄령을 넘었다면, '追至黃山郡'과 '踰炭嶺'이 語順이 바뀌거
나 '至'가 생략되어야 할 것 같다. 다만 탄령과 마성의 위치와 관련

---

52) 『新增東國輿地 勝覽』 卷18, 連山縣 建置沿革條. "本百濟黃等也山郡
　　新羅改黃山郡 高麗初改今名 顯宗九年屬公州 後置監務"
53) 池內宏, 앞의 책, 63쪽.
54) 李丙燾, 1961, 『韓國史』 중세편, 진단학회, 55쪽 참조.
55) 文暻鉉, 『高麗太祖의 後三國統一研究』 149쪽.
56) 김갑동, 앞의 논문, 274쪽.
57) 윤용혁, 앞의 논문, 17쪽. 그러나 본문에서 후술하는 바와 같이 이러한
　　여러 견해들에도 불구하고, 김정호의 위치비정이 잘못되었을 것임에
　　대한 구체적 논거가 제시되지 않고 있으며, 본인의 논지 전개와 김정호
　　의 위치비정이 상응하고 있어 아직은 본인의 견해를 바꿀 생각이 없다.

해서는 池內宏과 견해를 달리하고 있다. 즉 金正浩가 이미 炭嶺을 高山에 비정하고, 馬城을 龍溪山城에 비정한 바가 있어[58] 이를 따르고자 하는 것이다. 탄령은 곧 炭峴으로서 地理志에는 두 곳의 탄현이 나오고 있다. 첫번째는 과거 백제의 멸망시 신라의 진군로에 포함되어 있었던 곳으로『新增東國輿地勝覽』에서 부여에서 동쪽으로 14리지점에 위치해 있다고 하는 탄현이며,[59] 두번째는 전라도 高山(지금의 完州郡 高山)에 위치한 탄현이다.[60] 과거 백제가 멸망할 당시는 그 도성이 부여였던 관계로 첫번째 탄현이 맞을 것이다. 같은 맥락에서 일리천에서 패한 후백제군이 추풍령로를 따라 황산을 거쳐 패주한 방향은 자연히 그들의 도성인 전주방향이었을 것이며, 두번째의 고산현 탄현이 바로 그 길목에 위치해 있는 것이다. 즉 연산지역이 속한 지금의 충남 논산군과 고산이 속한 전북 완주군은 郡界를 접하고 있으며, 과거 후백제의 도성이었던 전주는 완주군과 또한 경계를 접하고 있다. 그리고 마성으로 비정하는 용계산성은 탄현의 서쪽 10리지점에 위치해 있으며, 連山縣의 경계와는 서북쪽으로 30리 정도 격해있다.[61] 선산의 일리천에서 황산을 거쳐 고산에서 전주로 이어지는 연결로가 후백제군의 퇴로였다고 보아지며, 후백제군이 도성인 전주까지 이르렀는지는 자세하지 않으나 고려군이 도성에 인접한 高山縣의 마성까지 추격해오자 더 이상 버틸 수 없음을 깨닫고 항복한 것이 아닌가 한다.

　⑦은 후백제가 항복함에 따라 포로로 잡힌 자들을 처결한 내용

---

58)『大東地志』卷5, 連山 典故. "炭嶺 在高山" "馬城 高山縣龍溪古城"

59)『新增東國輿地勝覽』卷18, 扶餘縣 山川. "炭峴 在縣東十四里 公州境"

60)『新增東國輿地勝覽』卷34, 高山縣 山川. "炭峴 在縣東五十里 距珍山郡梨峴二十里"

61)『新增東國輿地勝覽』卷34, 高山縣 古跡. "龍雞城 在龍雞川上 距炭峴西十里許 西北距連山縣三十里 有古城 石築 周一千十四尺 高十尺今半頹廢"

이며, ⑧에서는 정변을 일으켜 왕위를 찬탈하였던 지난 죄과를 명분으로 신검 이하 자들에 대한 죄과를 처결한 내용이다. 우선 能奐은 정변 당시의 모의 주모자로 지명하여 처형하였으며, 양검과 용검은 일단 眞州로[62] 유배를 보낸 후 결국 죽였다. 그리고 신검은 다른 사람들에게 협박되어 정변에 동참한 것으로 그 죄가 두 아우에 비하여 가볍다는 것과 귀순하여 왔다는 것을 명분으로 오히려 사면되어 관직을 받는 처분을 받았다. 이러한 처결은 후백제에 대한 민심수습을 전제로 한 것으로 이해된다. 능환이 모의단계에서부터 정변을 주도하였던 아니었던 간에 그는 신하된 입장으로서 명분상 정변의 주체가 될 수 없었으며, 설사 신검이 강압에 의해 정변에 참여하게 되었다 하더라도 왕위를 승계하였고 또한 병력을 이끌고 고려에 대항하여 패한 敗戰之將이라는 측면을 고려한다면 아무리 그 처벌을 가볍게 하더라도 은퇴와 칩거를 통한 정치참여의 배제나 유배의 처분을 받는 것이 상식이라 여겨진다. 그럼에도 사면을 하고 관직을 주었다는 것은 그에 따른 반대급부를 목적으로 한 것이며, 이는 후백제의 민심수습을 전제해야만 이해가능한 부분이라 여겨진다. 그리고 앞서의 포로들에 대한 관대한 처분 또한 그러한 맥락일 것이다.

이러한 결정은 견훤의 기대와는 어긋난 것이었음을 ⑨에서 찾아볼 수 있다. 그의 근심과 번민은 후백제가 멸망한 후, 과거에 대한 회한이 작용하기도 했을 것이나, 후백제를 공격하자고 주장하였던 심정을 고려한다면, 신검을 사면하여 관직을 주고 또 양검과 용검도 죽이지 않고 유배보내었던 결정 – 뒤에 결국 죽이기는 했지만 – 에 대한 불만이 더 크게 작용한 것이 아닌가 한다.

---

62) 池內宏은 眞州를 貞州의 착오로 보았으며,(앞의 註 53)과 같음) 李丙燾 또한 이에 동의한 바 있다(앞의 註 54)과 같음).

⑩은 후백제를 멸한 후 왕건이 후백제의 도성까지 가서 민심을 위무한 내용인데, 후백제의 민들을 赤子 즉, 나의 백성이라 표현하고 渠魁들을 처벌하였으니 犯치 말라고 함으로서 이후 패망한 국가의 백성이 받을 수 있는 불이익이 없을 것임을 천명하였다.

그리고 과거 백제가 멸망한 후, 빈번하였던 부흥운동이 후백제의 멸망 후에는 전혀 보이지 않고 있다는 측면도 앞의 ⑦, ⑧의 내용과 더불어 이러한 민심수습책이 일정한 효과를 거두었기 때문으로 여겨진다.

이로서 후백제의 패망과정을 『高麗史』世家에 있는 기록을 분석하는 과정에서 살펴보았다. 고창전투에서 패한 이후 고려와의 힘의 균형에서 현저한 열세에 처하게 된 후백제는 935년 3월의 정변을 거치면서 국론의 분열과 국력의 쇠퇴가 더욱 점증되어 갔다. 또한 폐위된 견훤의 귀부와 신라의 고려 귀부는 후백제의 고립을 촉진하게 되었다. 이러한 상황속에서 고려의 후백제에 대한 총공세가 있었으며, 일리천에서 후백제의 주력이 패하고 신검을 비롯한 잔병마저 마성까지 추격해 온 고려에 항복함으로써 후백제는 패망하게 되었던 것이다.

왕건은 개국초부터 후삼국 통일정책의 방향을 민심의 확보에 두었으며, 이러한 정책의 일환으로서 '重幣卑辭'의 '惠和之意'를 표방하였다. 각지의 호족과 신라에 대해서는 우호적인 선린관계와 지속적인 협조를 통하여 이를 실천하였으며, 무력을 통한 후삼국 통일정책을 유지해 온 후백제에 대해서는 단호히 대처하여 결국 민심의 확보에 절대적 우위를 점한 고려가 최후의 승자가 되었다. 즉, 이는 민심의 확보가 가져다 준 정책의 승리라고도 하겠다. 왕건은 후삼국의 통일을 이룬 후에도 민심의 수습에 주력하는 한편, 『政誡』와 『誡百僚書』등의 저술과 반포를 통하여[63] 통일된 국가의 초기 기강을 안정시켜 나갔던 것이다.

〈圖 8〉一利川戰鬪時 高麗軍 진출도

---

63)『高麗史』卷2, 太祖 19년.

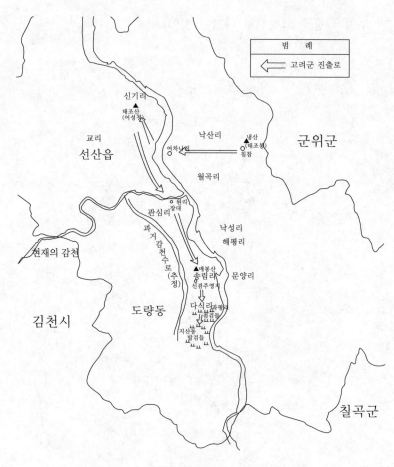

〈圖 9〉 ―利川戰鬪의 진행상황도

結　論

　　후삼국시대는 태봉 또는 고려와 신라 그리고 후백제가 정립하던 시대였으며, 그 기간은 견훤이 "新羅西南都統行全州刺史兼御史中丞上柱國漢南郡開國公"이라고 自署한 龍化元年 己酉 즉 889년을 기준으로 한다면, 약 48년간이었으며, 후백제가 전주에 도읍을 정하고 設官分職한 901년을 기준으로 한다면 36년간에 이르는 세월이었다. 이 동안 삼국은 비록 상황에 따른 변화는 있었지만 독자적인 영역과 백성, 그리고 국가체제를 갖추고 있었다. 그럼에도 불구하고 이 시기에 대한 이해는 論者의 연구방향과 편의에 따라 '나말려초'라는 용어에 습합되어 시공간적으로 그 독자적인 영역을 상실하기도 하였다. 물론 '나말려초'라는 용어가 연구목적에 따라 '후삼국시대'라는 용어보다 더 적절할 수 있으며, 또는 '후삼국시대'라는 용어로서는 신라말에서 고려초로 이어지는 과정에 대한 유기적 이해를 담보하지 못하는 한계도 있다. 그러나 분명히 존재했던 '후삼국시대'에 대한 정확한 자리매김 또한 결코 소홀히 할 수 없는 문제이며, 이러한 측면과 관련하여 '후삼국시대'라는 용어의 사용은 물론 후삼국의 구체적 존재양태에 대한 연구 또한 꾸준히 진행되어 왔다.

　　본 연구는 이러한 관심하에서 후삼국시대에 빈번하였던 상호 쟁패과정을 專論的으로 검토한 것으로서, 본론을 크게 5개의 章으로 구분하여 이를 살펴 보았다.

먼저 1장에서는 후삼국의 정립과정과 후백제와 태봉간의 관계를 개략적으로 검토하였는데, 양국은 건국초기부터 군사적 대결양상으로 치달아 사료상의 공백이나 여타 사정에 의한 일시적 소강국면은 상정해 볼 수 있으나 태봉의 패망시까지 철저하게 대립적 구도를 형성하였다는 점을 지적할 수 있다. 이러한 대립적 구도의 형성원인은 아마도 양국이 건국할 즈음에 기존의 국가인 신라는 이미 쇠퇴하여, 이들의 성장을 견제할 여건이 되지 못하였던 관계로 후백제와 태봉의 국가초기 정책기조가 '對外的 膨脹'으로 설정된 때문이 아닌가 한다.

그리고 양국의 구체적 관계는 상호간에 선공과 응전의 양상으로 진행되었는데, 이를 대체로 네시기로 구분하여 살펴 볼 수 있다. 먼저 1期는 건국초에서 903년까지로 이 시기는 태봉에 의한 西南海岸의 진출기라 할 수 있으며, 이는 896년 왕건의 귀부이후 그로 표징되는 해상세력의 확보가 가져다 준 결과로 보아 무리가 없을 것이다. 다음의 2期는 905년에서 907년까지로 태봉이 서남해안지역의 확보와 浿江地域의 귀부 등 대내외적인 안정기조 위에서 신라권역인 경상도로 진출한 시기라 할 수 있으며, 이미 경상도지역으로 진출해 있었던 것으로 보이는 후백제와 상주지역을 중심으로 쟁패하게 되는데, 이는 신라권역인 경상도지역으로의 진출을 모색하였던 서로간의 정책기조가 상충하였던 결과라 할 수 있다. 그리고 3期는 909년에서 914년까지로 서남해안을 중심으로 한 양국의 쟁패기라 할 수 있는데, 이는 태봉의 서남해안지역에 대한 적극경영책에 위협을 느낀 후백제가 이에 응전함으로써 나타난 결과라 할 수 있다. 그리고 4期는 915년에서 태봉의 패망기까지인데, 이 시기는 양국의 대외진출이 쇠퇴하였던 시기였다. 후백제는 서남해안의 경영 주도권을 태봉에 빼앗기게 됨에 따라 그 정책기조도 다시 경상도로의 진출을 모색하는 형태로 바꾸었으나 실패하였으며, 태봉은 궁예의 지나친 권력 전횡으로 내부분열이 심화되어 국가가 고려로 바뀌게 되는 과도기에 처해있었던 시기였다.

다음으로 2장에서는 고려건국 초기에 있어서 고려와 후백제 간의 상호관계를 살펴 보았는데, 시간적으로는 고려의 건국에서 927년 公山戰鬪가 발생하기 이전까지를 그 범위로 하였다.

고려는 건국초기에 蘇判 宗侃과 內軍將軍 狄鈇를 제거하는 등 궁예를 추종했던 세력들을 제거하고, 淸州지역의 민심을 수습하면서, 松嶽으로 천도하여 새로운 관제를 정비하는 등, 국가 초기의 안정기조를 형성하는데 진력하였다. 송악으로의 천도와 官府의 정비, 그리고 청주지역의 안정 등 내부정비가 어느정도 일단락된 가운데서 태조가 관심을 두었던 것은, 918년 9월에 평양을 정비하여 대도호부로 삼고 그의 從弟인 王式廉을 파견한 예나 이듬해 10월에 평양과 龍岡縣에 축성을 한 예에서 볼 수 있듯이 북방지역에 대한 것이었다. 그리고 남쪽의 여타 지역에 대해서는 918년 8월의 유시에서 나타나듯이 '重幣卑辭'의 예를 갖춘 '惠和之意'를 밝힘으로서 후백제를 포함한 모든 諸勢力과의 화친정책을 표방하였다. 이러한 화친정책은 鶻巖城의 尹瑄과 尙州의 阿慈盖가 귀부하는 등 각지 호족의 귀부를 유도하여 일정정도 실효를 거두었다. 고려의 이러한 화친정책은 민심의 확보를 목적으로 한 것으로서 이후 후삼국의 통일시까지 지속되었다.

한편 이처럼 고려가 국가체제 정비에 진력하는 동안 후백제 또한 비록 사료적 뒷받침은 여의치 않으나 체제내부의 정비는 물론 충청도 일부지역이 귀부해 오는 등 대외적으로도 그 세력확장에 많은 성과를 거두었을 것으로 생각된다. 후백제는 고려와의 관계에 있어서도 918년 8월 11일에 왕건의 즉위를 축하하는 사절을 파견한 이후, 고려와의 군사적 충돌은 가급적 자제하였으며, 920년 9월 13일에는 阿粲 功達을 보내어 지리산 竹箭과 孔雀扇을 선물하는 등 표면적으로는 우호적인 화친의 모습을 표방하였다.

이러한 속에서 920년 10월에 후백제의 大良郡과 仇史郡에 대한 침공이 있게 되며, 신라의 구원요청에 고려가 응함으로써 고려 건국후 후백제와의 첫 군사적 대립이 비롯되게 된다. 그런데 후백제의 군사행동과 고려의 그에 대한 대응으로 양국이 틈이 생겼다는 내용에도 불구하고 주목되는 것은 견훤이 고려와의 접전을 시도하지 않고 곧 회군하였다는 사실이며, 또한 고려의 경우도 925년 8월 庾黔弼을 보내어 燕山鎭을 공격하기까지 후백제의 군사행동에 대한 대응을 제외하고서는 후백제 또는 신라를 선제공격 한 사실이 없다는 것이다. 이는 태조의 일관된 화의정책의 일단이 유지되고 있음과 아울러 후백제도 여전히 그 대상에 포함되어 있음을 보여준다.

920년 10월의 군사행동 이후 924년 7월까지 후백제와 고려간에는 군사적 대립의 징후가 보이지 않는 안정기조를 유지하게 된다. 이러한 후백제와의 대립의 공백기 동안 고려는 주로 왕건의 순행과 축성을 통한 북방정책에 진력하면서 한편으로는 귀부해 오는 호족들을 적극적으로 수용하게 된다.

그리고 후백제 또한 사료상 확인이 되지는 않지만 이 기간 동안 외부의 침입이 없었고, 내부적으로도 모반과 같은 부정적 징후가 없었던 관계로 꾸준한 국력의 신장과 내실의 안정화를 가져왔다고 여겨진다. 특히 고려가 북방개척을 제외하고서는 직접적인 대외진출을 하지 않고 있었던 시점에서 후백제는 과거 태봉정권때

상주지역까지 진출하여 왕건이 이끄는 태봉군과 싸웠던 것처럼 경
상도지역으로의 진출기반을 확보하고 있었을 가능성이 크다고 생
각된다.

　그러나 이 시기에 이르러 각지의 호족들이 고려에 귀부하게 되
는, 특히 경상도지역을 중심으로 한 많은 호족들이 귀부하게 되는
상황변화는 후백제의 대외적 여건이 불리해져 감을 의미하는 것이
었다. 이러한 불리해진 현실을 타개하고 경상도지역에서의 전세를
만회하기 위한 선택이 924년 7월의 曹物郡 공격으로 나타나게 되
었던 것이다.

　후백제의 조물군에 대한 1차 공격은 고려의 구원병과 郡人들의
완강한 저항에 부딪쳐 실패로 돌아가게 되었다. 견훤은 조물성 공
격이 실패한 직후, 구원병 파견이라는 고려의 적극적 대응 태도와
高麗將軍 哀宣의 전사에 따른 고려와의 관계 경색이 가져다 줄 여
파를 고려하여 絶影島 驄馬를 왕건에 선물하는 등 사후수습에 나
서게 되었다. 이후 1년여 동안 고려와 군사적 충돌이 없었던 것으
로 미루어 이러한 수습책이 일시적이나마 고려를 무마하는데는 일
시적 효과를 거두었을지는 모르겠으나, 경상도를 중심으로 한 각
지의 민심을 회유하는 데는 도움이 되지 않았으며, 오히려 買曹城
과 高鬱府가 고려에 귀부하는 등 주변상황은 더욱 후백제에 불리
한 방향으로 전개되어 갔던 것이다.

　曹物城에 대한 1차 공격 후 고려의 燕山鎭과 任存城에 대한 선
제공격이 나타난다. 고려가 후백제 권역을 직접 선제 공격한 것은
건국 후 처음 있는 일로서, 그 의미를 검토해 본 결과 우선 연산진
과 임존성은 현재의 충북 文義와 충남 大興으로서 고려가 건국초
기에 축성을 하고 또 邑格을 변화시키면서까지 관리를 해왔던 淸
州와 禮山의 바로 밑에 위치한 지역이었다. 이곳까지 후백제의 세

력권이 확장되었다는 것은, 고려의 입장에서는 혹 청주와 예산지역까지 상실할 경우 경상도지역으로의 진출로마저 경색될 수 있는 상황에 처한 것이 아닌가 하며, 이러한 상황이 庾黔弼의 파견으로 나타났던 것으로 분석된다.

이처럼 후백제의 호전적인 공세는 후백제가 후삼국을 통일하기 위한 정책을 무력을 통한 군사적 활동에 둔 것으로 생각되며, 결국 이러한 정책노선은 고려로 하여금 대외정책의 변화를 야기시킨 결과로 이어졌다고 보여지는데, 이는 유검필의 연산진 및 임존성 공격과 더불어 왕건 역시 조물군으로 출전하는데서 확인된다. 이를 2차 조물군전투라 할 수 있으며, 이 전투의 결과에 대해서는 화의를 요청한 주체와 관련하여 이견이 있으나 필자는 고려가 우세를 점한 가운데 양국이 화의를 맺은 것으로 파악하였으며, 또한 고려가 우세한 전세에도 불구하고 후백제의 화의를 수락한 원인을 후백제에 대한 화친의 노력이 아직 완전히 소멸되지 않았던 때문으로 생각하였다.

이러한 양국의 화친관계는 다음해 4월 후백제가 고려에 보낸 인질인 진호의 사망사건을 계기로 일시적인 것이 되고 말았다. 즉, 曹物城戰鬪 이후 맺은 화의와 인질교환은 인질이 사망하고 또한 그에 따른 후백제의 군사적 행동까지 진행된 상황에서는 원인무효가 되어 버렸으며, 또한 후백제가 맹약을 어기고 여러번 변경을 침공함에 따라 고려의 후백제에 대한 대응양상이 공세적인 측면으로 전환되었다는 점은 주목되는 측면이다.

고려는 건국 후 청주와 예산지역의 보호를 위해 유검필을 파견한 경우를 제외하고서는 근 10년간 후백제에 대한 선제공격을 한 예가 없었다. 그런데 927년 정월의 용주를 비롯하여 3월의 운주 및 근품성, 4월의 康州와 突山 등지 공격, 그리고 7월의 대량성 격파

등, 8개월 간의 짧은 기간이었음에도 불구하고 전례없는 적극적인 공세를 취하였다. 그리고 그 결과로서 高思葛伊城과 여타 지역의 백제의 여러 성주들이 귀부하는 등 경상도지역의 정국 운영을 고려가 주도하게 되었다. 이러한 측면은 건국 후 근 9년간 유지되어 왔던 고려의 후백제에 대한 화친정책 노력이 한계에 이르러 對후백제정책에 큰 변화가 있었음을 의미하는 것이라 할 수 있다.

이후 양국은 철저하게 군사적 대립상태를 유지하게 되는데, 우선 후백제는 927년 8월까지 진행된 경상도지역의 주도권 상실이라는 일련의 상황을 타개하기 위해 경주침공이라는 극단적 선택을 하게 되며, 이와 관련해서는 3장의 公山戰鬪를 살피는 과정에서 언급하였다.

3장의 내용 구성은 우선 공산전투의 발생원인을 후백제의 경주 침공과 이를 구하기 위해 내려 온 고려군과의 조우에서 구하였으며, 후백제의 경주 침공 원인은 앞서 언급한 바와 같이 경상도지역에서의 주도권 상실이라는 현실 타개의 방편으로 이해하였다.

그리고 지역적으로 공산지역에서 전투가 벌어지게 된 원인과 관련하여서는 당시 양국의 역학관계 속에서 조망해 보았다. 그래서 비록 시기적인 차이는 있지만 후삼국시대 경상도지역에서 양국의 활동로는 후백제의 경우 陝川에서 高靈－大邱－軍威－(義城)으로 이어지는 경상도의 중앙지역이었으며, 고려의 경우는 眞寶, 永川 등 동쪽지역과 星州, 聞慶 등 서쪽 지역, 그리고 豊山, 豊基, 榮州 등 북부지역 등이 대체로 장기간 그 세력권에 속해 있었던 것으로 보았다. 이러한 측면에서 대구의 公山지역은 후백제의 경주 진출로 구실을 하였으며, 이는 후백제가 경주에서 공산으로 가는 것을 '自隨以歸'라 표현한데서도 확인이 된다.

공산에서 遭遇한 양군의 구체적 쟁패과정은 2장의 2절에서 살펴

보았는데, 사료상의 한계로 이 지역에 남아있는 속전을 중심으로 살펴볼 수밖에 없는 한계를 노정하였다.

경주를 함락시키고 경순왕을 옹립하였으며, 공산전투에서도 왕건이 이끈 정예병력을 격파한 후백제는 경상도지역에서의 주도권을 일정정도 회복하게 되며, 이후의 변화과정과 관련해서는 4장의 고창전투를 언급하는 과정에서 살펴보았다.

4장에서는 고창전투를 중심으로 한 양국 간의 전후관계를 검토하였는데, 우선 공산전투의 결과에 있어서 참담한 패배를 당한 고려는 이후 경상도지역에서의 활동이 과거에 비해 위축될 수밖에 없었다. 그러나 신라를 구하기 위해 경상도지역으로 진출한 병력이 패한 것이기 때문에, 그 영향이 적다고는 할 수 없으나 고려 자체의 국력이 급격히 쇠잔해지지는 않았다. 이는 이후 변경지역의 정비와 경상도 재진출을 위한 교두보의 확보에 진력하게 되는 고려의 꾸준한 활동과 노력에서도 확인이 된다.

우선 이 시기 북방지역의 정비는 이 지역에 대한 집중적인 축성과 관리파견 사실을 통해서 확인할 수 있었다. 그런데 이러한 북방지역에 대한 관심 이상으로 왕건이 치중하였던 것은 당연히 삼국의 통일문제였다. 우선 고려는 공산전투에서 패한 후에도 꾸준히 경상도지역으로의 진출을 위한 모색을 하였는데, 이는 경상도지역의 확보만이 후백제와의 쟁패에서 승리할 수 있는 관건이 된다는 문제의 심각성과 시기를 늦추게 될 경우 불리해진 전세를 다시 만회하기 어려워질 것이라는 절박성, 그리고 고려의 국력이 여전히 이러한 군사행동을 전개할 만큼 유지되고 있다는 안정성 등이 혼효된 결과로 파악하였다.

이 시기 양국사이의 쟁패양상을 분석해 보면 공산전투 직후에는 충청북도 남부지역 및 이와 인접한 경상북도 서부지역이 주된 쟁패지가 되고 있어 고려의 경상도진출을 위한 노력이 충청도 남부를 기반으로 한 추풍령로에 집중이 되고 있음을 확인할 수 있다. 그러나 오어곡의 상실을 전후하여 추풍령로는 물론 죽령로를 통한 경상북도 남부지역인 군위 이남의 후백제 세력권 접근이 여의치 않게 되었다. 후백제는 나아가서 의성을 함락한 후, 풍산과 문경지역을 공략하여 조령을 통한 고려의 천안―청주―보은―옥천으로 이어지는 추풍령로와 廣州―이천―음죽―연풍―문경으로 이어지는 조령로 및 이와 인접한 계립령로 마저 차단하였다. 결국 고려는 경상도진출을 위해 동쪽으로 훨씬 우회하는 죽령로를 택할 수밖에 없게 되었던 것이다. 따라서 929년에 왕건이 풍기와 영주 등 경북의 북동쪽에 위치한 지역으로 순행한 것은 죽령로의 확보를 통한 경상도진출의 단초를 마련하려는 고민이 담긴 선택이었던 것이다.

고창전투는 929년(태조 12년) 12월에 후백제군에 의해 포위된 고창지역을 구원하기 위한 고려의 원병 파견에서 비롯되어 이듬해 정월까지 약 2개월간에 걸쳐 이루어졌는데, 고려군이 禮安鎭까지 온 경로는 죽령을 넘어 豊基와 榮州를 거쳐 奉化방면으로 진행한 것으로 짐작이 되며, 봉화에서 봉화군 명호면 및 명호면의 태자리를 거치고 또 안동시 도산면 운곡리를 경유하여 예안지역에 이른 것으로 추론하였다.

고창전투의 출발은 유검필이 이끄는 고려의 선봉군이 安東市 臥龍面 西枝洞의 서남쪽에 위치한 猪首峰에 도착하여 후백제군을 격파함으로써 비롯되는데, 이후 瓶山 및 合戰橋로 이어지는 전투과정을 이 지역에 남아 전하는 속전 등을 중심으로 분석하였다.

이 고창전투는 왕건과 견훤이 직접 출전한 양국의 주력군이 遭遇한 전투였으며, 특히 이 고창전투가 있게 된 시기가 930년 1월 21인데, 고창지역에서의 마지막 전투라 할 수 있는 합전교전투가 끝나고 金宣平 등에 대한 논공이 있었던 시기가 1월 25일로서 그럴 경우 병산전투에서 합전교전투로 이어지는 과정까지 3~4일정도가 소요되었다는 계산이 가능해진다. 이러한 짧은 기간동안에 수천을 헤아리는 전사자를 내었다는 사실은 당시 전투의 치열성을 보여주는 한 예가 될 것이며, 고려군의 승리 배경에는 김선평 등이 이끄는 향군들의 도움 또한 크게 기여하였던 것으로 파악하였다.

고려는 이 전투에서의 승리로 말미암아 경상도지역에서 잃었던 불리한 전세를 일거에 만회하게 되었으며, 나아가서 후삼국정립기의 운영을 주도하는 계기 또한 마련하게 되었다. 한편 후백제는 견훤이 직접 정예병을 이끌고 참여한 전투에서 8천의 병력이 전사하는 등 심각한 타격을 입게되어 향후 군사활동에 많은 지장을 초래하게 되었으며, 안동지역을 확보함으로서 죽령로를 통한 고려의 경상도진출을 봉쇄하려던 계획 또한 수포로 돌아가게 되었다.

한편 고창전투의 종결 직후 永安·河曲·直明·松生 등 30여 군현과 강릉지역에서 울산지역에 이르기까지 110여개의 성 등 경상도를 중심으로 한 각 지역의 고려에 대한 귀부가 잇다르게 되는데, 이러한 현상은 후백제가 경상도지역에서의 대세를 상실했다는 판단과 더불어 고창전투 이전부터 이미 이들 귀부지역의 민심이 고려에 동조적이었다는 사실을 전제해야 이해가 가능하리라 여겨진다. 그리고 이러한 민심의 형성 원인으로는 고려 국초부터 꾸준히 유지해 온 화친정책과 후백제의 경주침공 및 景哀王의 弑害에 대한 민심의 이반을 들 수 있겠다.

한편 왕건은 고창전투의 승리 이후에도 활발한 순행활동을 통하여 북쪽 변경지역의 안정은 물론 天安府의 설치와 淸州 羅城의 축조 등 후백제에 대한 대비 또한 소홀히 하지 않았던 것이다. 이러한 과정에서 특히 931년 2월 경주를 방문하여 3개월이 넘는 기간

을 머물면서 덕을 보임으로서, 향후 신라를 평화적으로 통합할 수
있는 기반을 마련하였는데, 이러한 시점에 이르러서는 외형적으로
도 후삼국의 주도권이 고려에 속하게 되었다고 할 수 있을 것이다.

한편 고창전투에서의 패배 이후 정국운영의 주도권을 상실한 후
백제가 전세를 만회하기 위해서 시도한 대공세가 933년 5월의 槥
山城·阿弗鎭(월성 아화)전투였는데, 이 전투에서 마저 유검필에
패한 후 후백제가 패망하게 되는 일리천전투시까지 경상도지역에
서의 후백제의 군사활동 또한 거의 찾아볼 수 없게 되었다.

이미 후백제는 견훤의 최측근으로서 昧谷城의 지역적 기반까지
지닌 龔直이 932년 6월에 고려에 귀부한 예에서와 같이 내부적 결
속력도 점차 와해되어 갔으며, 불리한 전세를 만회하기 위한 마지
막 안간힘이라 할 수 있는 경주 재진공(혜산성·아불진 경략)도 槎
灘과 子道에서 패퇴함에 따라 자력으로 전세를 역전시킬 힘이 거
의 소진될 지경에 이르른 것으로 분석하였다. 그리고 934년 4월 고
려가 運州를 정벌할 때 熊津이북의 30여개의 성마저 고려로 귀부
함에 이르러서는 국가 사직의 안위를 장담할 수 없는 지경에 이르
게 되었던 것이다.

고창전투와 운주전투에서 패함으로써 주변 여건이 극도로 악화
된 후백제는 내부적으로도 분란에 휩싸임으로써 패망의 길을 걷게
되었다. 견훤의 자식들간에 있었던 왕위쟁탈전이라는 후백제의 내
부적 분란은 이미 과거에 고구려와 백제가 국가 패망기에 경험하
였던 국론의 분열상과 마찬가지로 후백제 패망의 가장 중요한 요
소로 기능하게 되었는데, 이러한 후백제의 내분으로 인한 국력의
쇠퇴와 일리천전투에서의 패배를 통한 패망과정을 5장에서 살펴
보았다.

후백제의 내분은 곧 신검·양검·용검 등 견훤의 아들들이 정

변을 일으켜 견훤을 폐하고 장자인 신검이 즉위한 사실이며, 그 반란의 원인은 왕위계승 문제의 불만에 기인하고 있다. 935년 3월의 정변을 통해 권력을 잡았던 신검 등은 10월의 敎書반포를 즈음하여 비로소 대내외적으로 그 실체를 인정받는 지배체제를 구축하게 되었던 것으로 보인다. 그러나 쇠약해진 국력이 정변을 통한 정치분위기의 쇄신만으로 회복되는 것은 아니었으며, 935년 4월의 나주지역 상실을 비롯한 정변이후의 정세변화는 후백제의 국력을 더욱 피폐케 하는 결과를 가져오게 되었다

후백제의 모든 국력이 단합된 상태라도 고려를 대적하기 어려운 상황에서 936년 2월 견훤의 사위인 朴英規 마저 고려에 귀부의사를 표시하고 內應을 약속하게 되었는데, 이는 정변의 후유증이 아직 가시지 않았음과 아울러 견훤의 귀부와 신라의 고려병합이라는 주변정세의 변화가 가져다 준 결과물이었다.

이러한 분위기 속에서 일리천전투가 일어나게 되었다. 고려가 후백제를 공격하기로 결심하게 된, 그래서 일리천에서 양국의 주력부대가 조우하여 일전을 결하게 된 전투는 이미 예정되어 있었다. 즉, 비록 시기와 전장은 가변적일 수 있으나 그 동안 양국간에 형성된 상호관계는 타협의 여지가 마련되어 있지 않았다고 할 수 있다. 그러한 속에서 후백제의 내분과정에 전왕인 견훤이 고려에 귀부하였고, 견훤 스스로가 후백제의 공격을 왕건에 요청한 시점에 이르러서는 후백제공격의 명분마저 확보하였던 것이며, 이제는 양국이 화합할 그나마의 여지도 사라졌다고 할 수 있다. 고창전투의 승리이후 935년에 신라가 자진하여 병합되는 등 절대적으로 유리한 형세를 확보한 고려의 입장에서 후백제를 공격할 대외적 명분마저 확고히 마련되었다는 것은, 소극적 의미에서는 사기의 앙양과 민심의 획득이라는 부대효과가 있지만, 적극적 의미에서는

전쟁 그 자체에 명분이 부여되었음을 의미한다.

왕건은 먼저 936년 6월에 태자[正胤]인 武와 장군 希述을 먼저 天安府에 가게 하였고, 왕건 자신은 그로부터 3개월이 경과한 후 천안부에 합류하게 되는데, 이는 아마도 일정기간 천안부에서 군사훈련을 한다면 후백제가 스스로 멸망할 것이라는 術師 倪方의 조언에 따른 듯 하다. 천안부에서 합류한 고려군은 일리천으로 남진하게 되며, 후백제의 신검 또한 이러한 고려의 총공세를 막기 위해 국운을 건 일전을 결하러 일리천에 오게 된다. 이 일리천에서 후백제의 주력군은 쉽게 무너졌으며, 그 잔병들은 馬城에서 결국 항복하게 되는데, 마성지역의 위치비정과 관련해서는 이견들이 있으나, 필자는 金正浩가 『大東地志』에서 비정한 高山縣의 龍溪山城일 것이라는 견해를 따랐다.

이상의 쟁패과정에서 나타난 양국의 통일정책은 우선 고려의 경우 개국초부터 후삼국 통일정책의 방향을 민심의 확보에 두었으며, 이러한 정책의 일환으로서 '重幣卑辭'의 '惠和之意'를 표방하였다. 각지의 호족과 신라에 대해서는 우호적인 선린관계와 지속적인 협조를 통하여 이를 실천하였으며, 무력을 통한 후삼국 통일정책을 유지해 온 후백제에 대해서는 단호히 대처하여 결국 민심의 확보에 절대적 우위를 점한 고려가 후삼국을 통일하게 되었다. 즉, 이는 민심의 확보가 가져다 준 정책의 승리라고도 하겠다.

한편 후백제는 통일정책의 방향을 무력을 기반으로 한 군사적 활동에 두었으나 고창전투에서의 패전 이후로 그마저 여의치 않게 되었으며, 민심의 획득에 실패한데다 내분에 따른 정변이 더하여 결국 패망하고 말았던 것이다.

본 연구는 일종의 전쟁사적 의미를 지닌 관계로 논제의 출발부터 일정한 연구의 한계를 지니고 있으며, 향후 보완되어야 할 점도 많다.

우선은 각 전투의 진행과정을 검토함에 있어 사료의 부족함을 속전에 의지하여 메우려 한 측면이 적지 않으며, 답사를 통하여 이를 보완하고자 하였으나 한계가 있었다.

또한 당시의 병력 규모나 군수물자에 대한 분석 및 전투가 이루어진 지역의 지리적 특성에 대한 검토는 거의 이루어지지 못하였다. 그리고 쟁패과정을 고려와 후백제 중앙군의 전투를 중심으로 파악함으로써 각 지역 호족들과 전투와의 상관관계 또한 제대로 정리되지 못하였다. 이 역시 영성한 사료의 한계를 빌미로 방기된 부분으로서 새로운 연구방법의 개발 등을 통하여 보완되어야 할 측면이다.

연구의 시기적 범위도 고려의 후삼국통일기 까지로 한정하였던 관계로 이후 후백제 지역에 대한 고려의 정책변화나 후백제 지역민들의 동향 등은 중요한 연구과제임에도 불구하고 전혀 언급이 되지 못하였는데, 이러한 점들은 앞으로의 연구과제로 삼고자 한다.

후삼국정립기 고려의 지방경영과
府의 성립

-邑格의 변화를 중심으로-

I. 읍격의 변화와 그 의미

고려는 귀부한 지역 및 그 지역의 호족에 대해 다양한 반대급부를 제공하였으며, 그 지역이 당시의 시대적 상황에서 차지하는 지정학적 위치에 따른 정치적 비중, 종래의 성향, 고려정부에 대한 기여도 등에 따라 반대급부의 종류와 그 量이 선택되었을 것으로 여겨진다. 그중 대표적인 반대급부의 한 형태로서 주목되는 것이 읍격의 상승이며, 사료에 나타나는 읍격의 변화를 도표화 하면 아래의 <표 14>과 같다.

〈표 14〉 읍격의 변화

순번	시기	지 역 명	변화내용	변화원인	전거	비고
1	918. 9.	平壤	大都護府	여진 대비	려사 세가	
2	919. 1.	松岳	開州	定首都	려사 지리1	
3	919. 1.	鐵圓	東州		려사 지리3	前 首都
4	919. 8.	烏山城	禮山縣		절요	세가;934. 5. 禮山鎭 이라 표현
5	921.10	平壤大都護府	西京		절요	921. 10 이전의 시점.
6	922. 9.	下枝縣	順州	하지성 장군 원봉의 귀순	본기	절요;923. 3.
7	929. 7.	順州	下枝縣	원봉이 후백제에 항복	본기	절요;930. 1.
8	930. 1.	古昌郡	安東府	고창전투 승리의 논공행상	절요, 려사 지리2,여지	
9	930. 8.	東西兜率	天安府		절요	合 東·西兜率
10	미상	水城郡	水州	金七, 崔承珪 등 2백여명 귀순, 협력	려사 지리1	
11	미상	黃武縣	利川郡	郡人 徐穆의 협조	려사 지리1	
12	미상	善谷縣	禮安郡	城主 李能宣 귀부	경지	
13	미상	臨皐郡	永州 (高鬱府)	금강성장군 황보능장 擧衆助順	경지, 실지	合 骨火縣 苦也火郡 道同縣 史丁火縣
14	미상	河曲縣 등	興麗府	郡人 박윤웅의 功	려사 지리2, 경지, 여지	合 河曲縣 虞風縣 東津縣 洞安縣
15	미상	星山郡 등	京山府	경산부장군 이능일, 배신예, 배최언의 공 또는 벽진장군 이총언의 공	려사 지리2, 경지,	合 星山, 狄山, 壽同, 禍山, 本彼, 려사 지리2;태조 23년
16	미상	眞寶縣 등	甫城府	재암성 성주 선필의 공	려사 지리2, 경지, 실지, 여지	合 眞寶縣 眞安縣
17	미상	聞韶郡	義城府	의성부장군 홍술의 공	려사 지리2, 실지	合 高丘縣

*려사 ; 고려사, 본기 ; 삼국사기 본기, 경지 ; 경상도지리지, 실지 ; 세종실록지리지, 여지 ; 신증동국여지승람.

위의 <표 14>에서 우선 (2)의 송악과 (3)의 철원은 고려와 과거
태봉의 수도로서 그에 상응하는 읍격이 필요하였을 것이며, 과거
일국의 도읍지였던 관계로 人戶와 物資가 여타지역에 비해 번성했
을 것이라는 점에서 당연시된다.[1] 또 (1)의 평양의 대도호부 승격
은 이 지역이 과거 고구려의 도읍지로서 고려 태조가 국초부터 중
시해왔던 북진정책의 전진기지라는 측면과 후삼국 통일전쟁의 원
활한 수행을 위해서는 북방지역의 안정이 필요하다는 정책적 배려
에서 나온 것이라 할 수 있다.[2]

그리고 위의 도표를 통하여 우선 확인되는 것은 읍격상승의 주
된 원인이 그 지역의 귀부와 협조 때문이라는 것이다(6, 8, 10~17).
물론 귀부관련 사료나 그 구체적인 읍격의 변화원인이 밝혀지지
않은 지역 중 적지 않은 지역들이 귀부 또는 고려왕조에의 협조와

---

1) 다만 철원이 동주가 된 시기와 관련하여 김갑동은 태조 원년으로 파악
　하였으나(金甲童, 1990,『羅末麗初의 豪族과 社會變動 研究』94쪽),
　『고려사』지리지에 "太祖卽位徙都松嶽 改鐵圓爲東州"라 하여 태조가
　즉위하고 도읍을 송악으로 옮긴 후 철원을 동주로 고쳤다고 하였으며
　(『고려사』卷58, 지리3, 東州),『고려사』세가에 "二年春正月定都于松
　嶽之陽"이라 하여 송악으로의 천도는 태조 2년 1월에 있었음을 보여주
　고 있어(『고려사』卷1, 태조 2년 정월조), 철원의 동주로의 개명은 송악
　으로 천도하고 난 태조 2년(919) 정월에 도읍인 송악을 開州라 칭함과
　동시 또는 그 후의 일로 여겨진다.
2) 서경지방의 경영이 북진정책과 관련하고 있음은 대부분의 연구자들이
　동의하고 있으며, 그 외에 도참사상과의 관련(李丙燾, 1980,『高麗時代
　의 研究』아세아문화사), 왕권을 뒷받침할 근거지의 확보(河炫綱, 1977,
　『高麗地方制度의 研究』), 후백제와의 전쟁에 활용할 필요한 군사력의
　동원(李泰鎭, 1977,「金致陽 亂의 性格－高麗初 西京勢力의 推移와 관
　련하여－」『韓國史研究』17, 77쪽) 등의 견해들이 제시되고 있다. 이러
　한 지역적 중요성과 관련하여 徙民과 築城, 잦은 왕건의 순행, 당제 왕
　식렴 등 관리의 파견, 학교의 설립과 같은 제반정책들이 후삼국정립기
　의 와중에서도 끊임없이 이루어지고 있음은 주지의 사실이다.

관련했을 것으로 여겨진다.3) 그런데 귀부한 사실 그 자체만으로
그 지역에 대한 읍격의 변화가 있었을 것이라는 개연성도 있지만,4)
귀부 그 자체를 읍격상승의 직접적 원인으로 등치시키기에는 무리
가 따른다. 이와 관련하여 우선 (6)의 하지현의 경우를 주목해 보기
로 한다.

1. (경명왕) 6년 정월에 하지성장군 원봉과 명주장군 순식이 태조에 항
   복하였다. 태조는 그 歸順을 생각하여 원봉의 本城으로서 順州로
   하였으며, 순식에게 姓을 하사하였는데, 王이라 하였다. 이 달에 진
   보성장군 홍술이 태조에 항복하였다(『삼국사기』 卷12, 경명왕 6년
   정월조).
2. 5년 6월 정사에 하지현장군 원봉이 來投하였다(『고려사』 卷1, 태조
   5년 6월 정사조).
3. 6년 3월 갑신일에 하지현장군 원봉으로서 元尹으로 하였다(『고려
   사』 卷1, 태조 6년 정월 갑신조).
4. 6년 3월에 하지현장군 원봉으로서 원윤으로 하였으며, 그 현을 승격
   시켜 순주로 하였다(『고려사절요』 卷1, 태조 6년 3월조).
5. 풍산현은 본래 신라의 하지현(하지산이 있으며, 豐岳이라고도 한다)
   인데, 경덕왕이 永安으로 이름을 고쳐 醴泉郡의 영현으로 하였다.
   태조 6년에 縣人 원봉이 귀순한 공이 있어 순주로 승격하였다(『고

---

3) 한편 김갑동은 후삼국통일 이전에 생겨난 州의 수가 46개에 이르는 것
   으로 파악한 후, 그 형성시기와 관련하여 태조 원년 6월 군읍의 號에
   대한 新制의 개정과 이듬해 浿西 13鎭의 분정 시기를 주목하였으며,
   아울러 登州(朔方)·康州·順州·抱州 등은 그 지역 호족의 귀부에
   의하였을 것으로 파악한 바 있다. 그리고 결론적으로 고려초의 州는 궁
   예·태조의 영토확장 과정에서 생겨났으며, 경략과정에서 래투·협조
   한 지방세력의 출신지를 주로 승격시켰다고 보았다(金甲童, 앞의 책,
   93~109쪽 참조).
4) 호족의 귀부와 읍격의 상승을 직접적으로 연결시킨 견해로 대표적인
   것이 旗田巍의 경우인데, 그는 府의 성립시기를 검토하면서 그 시기를
   일률적으로 호족의 귀부시기와 동일시한 바 있다(旗田巍, 1972, 「高麗
   王朝成立期의「府」と豪族」『朝鮮中世社會史の研究』 법정대학출판국)
   府와 관련한 제반 문제들은 3절에서 따로이 상론할 예정이다.

려사』卷57, 지리2, 안동부 풍산현조).

위의 사료들은 원봉의 래투 및 순주로의 승격과 관련된 기록들
이다. 우선 원봉이 고려에 귀부한 시기에 대해서『삼국사기』에서
는 경명왕 6년(922) 정월로,『고려사』및『고려사절요』에서는 같은
해 6월로 기록하고 있으며,[5] 하지현의 순주로의 승격도『삼국사
기』와『고려사절요』는 일정한 차이를 보이고 있다. 이러한 차이는
어느 사료를 보다 신빙할 것인가에 대한 문제로서,『삼국사기』의
경우 앞 사료 1)에 명주장군 순식과 진보성장군 홍술의 귀부가 원
봉의 귀부와 같은 달에 이루어졌음을 나타내고 있는데 비해,『고려
사』의 세가와『고려사절요』는 순식과 홍술의 귀부시기를 각각 같
은 해 7월과 11월로 구분하여 기록하고 있다.[6] 특히『고려사』세가
의 경우는 구체적 날짜까지 적기되어 있어 훨씬 신빙성이 간다. 귀
순시기에 대해서는『고려사』의 경우 세가에는 원봉의 귀순사실만
기록하고 있으며, 지리지에서는 앞의 사료 5에 보이는 것처럼 태조
6년에 원봉이 귀부한 공로로 읍격이 상승했음을 밝히고 있으며, 사
료 4)의『고려사절요』의 기록도 태조 6년 3월조에 이 같은 읍격의
변화를 기록하고 있다.『고려사』의 세가에서 태조 5년 6월 정사일
에 원봉의 귀부를 기록하면서 같은 책에서 그 읍격의 상승을 태조
6년으로 기록하고 있음은『고려사절요』의 기록을 신빙해도 좋을
하나의 예증이 될 수 있을 것이다. 그리고 이는 하지현에서 순주로
의 읍격변화가 원봉의 귀부와 더불어 이루어지지 않고 약 9개월간
이라는 일정한 경과기간을 거쳤을 것을 보여주고 있다. 왜 이러한

---

5)『고려사절요』卷1, 태조 5년 6월조에도『고려사』와 같은 내용이 적기
  되어 있다.
6)『고려사』卷1, 태조 5년 7월 무술 조 및 같은 해 11월 신사조.『고려사
  절요』卷1, 태조 5년 7월조 및 같은 해 11월조.

경과기간이 필요하였을 것인가 하는 문제와 관련하여 현재는 추론
에 의지할 수밖에 없는 형편이다. 우선 상정해 볼 수 있는 가능성
은 사료상 귀부한 지역에 대한 첫 읍격상승의 경우로서7) 귀부지역
에 대한 읍격상승이라는 예우를 뒤늦게 마련하여 적용하였을 가능
성이다.8) 다음은 하지현이 점하고 있는 지리적 위치가 고려의 경
상도 진출이나 후백제와의 쟁패과정에서 시기의 진전에 그 중요성
이 부각되었을 가능성과 원봉이 귀부한 후 고려를 위해 제공한 기
여도가 평가되었을 가능성인데, 이는 심증적 측면에서 앞서의 경
우보다는 적용되었을 개연성이 높다고 보아진다.

　하여튼 하지현의 경우 귀부 당시 읍격의 상승이 이루어지지 않
았다는 것은 읍격의 상승에 있어 귀부보다 더 중요한 조건이 요구
되었을 것이라는 점은 명확하며, 이는 귀부지역 읍격상승의 경우
귀부사실 그 자체가 곧 읍격상승의 원인으로 파악하였던 기존의
견해에 검토의 여지가 있음을 시사해 주는 것이라 할 수 있다.

---

7) 고려 건국 후 하지현에 앞서 귀부한 경우로는 청주(918. 7. 25. 영군장군
　견금), 북방 골암성(917. 8. 10 성주 윤선), 상주(918. 9. 23 아자개), 강주
　(920. 1. 윤웅) 등이 있다. 그러나 이들 지역의 경우 읍격상승의 근거를
　찾아볼 수 없다. 예로서 康州의 경우 『고려사』 지리지에 경덕왕이 강
　주로 고쳤던 것을 혜공왕이 菁州로 다시 고쳤는데 (고려)태조가 다시
　강주로 고쳤다고 하여, 태조대에 청주에서 강주로 명칭의 변화가 있었
　던 것을 기록하고 있으나 이를 읍격의 변화라고 보기는 어려우며, 같은
　지리지에서 하지현의 경우와 읍격의 변화원인과 그 시기가 명확히 기
　록된 것과는 대비가 된다고 할 수 있다.
8) 이 경우 지나친 추론으로 스스로도 그 가능성이 희박할 것이라는 느낌
　을 지울 수가 없다. 다만 시기적으로 앞의 註5)의 귀부 경우와 더불어
　서 원봉의 귀부에 뒤이어 명주(922. 7. 20. 순식), 진보성(920. 11. 5. 홍
　술), 명지성(923. 3. 27 성달), 벽진군(923. 8. 1 양문) 등 경상도를 중심으
　로 한 각 지역의 귀부가 잇달아 고려의 입장에서도 이들 지역 및 그 호
　족들을 보다 효과적으로 활용하기 위한 정책적 대안들을 고민하였을
　것으로 여겨진다.

이러한 논지의 전개와 관련하여 다음의 자료를 주목해 보기로 한다.

6. 고려때에 郡人 박윤웅이 태조를 보좌하여 고려국을 홍하게 하였는데, 그 공으로서 東津縣(일명 失浦縣)과 河曲縣(일명 屈火縣)・洞安縣(일명 西生良縣)・虞風縣(일명 亏火縣)・臨關郡(일명 毛火郡)을 합하여 이름을 홍려부로 내렸다. 고려가 홍함을 이른 것이다. 성종때의 淳化2년 신묘에 강등하여 恭化縣으로 고쳤다. 統和9년 공신 박윤웅의 고향이라 하여 홍려부로 복호되었다. 후에 知蔚州로 고쳤는데 연대는 미상이다(『경상도지리지』 경주도 울산군).

7. 京山府將軍인 李能一・裴申乂・裴崔彦은 고려태조의 통합삼한시인 天授 乙酉(925년)에 6백인을 거느리고 태조를 도와 백제를 이긴 공로로 후한 상을 받았으며, 살던 지역인 星山・狄山・壽同・禚山・本彼의 5縣을 합하여 京山府로 승격하였고 모두 벽상공신삼중대광에 봉해졌다(『경상도지리지』 상주도 성주목관).

8. 본래 고구려 買谷縣인데 신라 경덕왕때 善谷縣으로 고쳤다. 고려 태조때에 城主李能宣이 擧義歸服하니 厚賞하고 禮安郡으로 승격시켰다(『경상도지리지』 안동도 예안현).

위의 사료 6은 홍려부로의 승격원인이 박윤웅의 功에 의하였다는 내용으로서 이 홍려부 즉 울산지역은 고창전투 직후인 930년 2월에 溟州에서 興禮府에 이르는 동해안의 州郡部落 백십여성이 고려에 귀부하였다는 기록9) 이전에는 사료상 고려에 귀부하였다는 기록을 찾아볼 수 없으며, 이는 안동부의 경우에서도 확인이 된다. 주지하다시피 안동부의 경우 그 읍격의 상승원인이 고창전투의 승리 후 그에 따른 논공행상에 의한 것이며,10) 고창전투 이전에 안동지역의 호족인 김선평이나 장길, 권행 등이 고려에 귀부하였다는 흔적은 발견할 수 없다. 사료 7의 경우 비록 후대자료로서 杜

9) 『고려사』 卷1, 太祖 13년 2월 을미.
10) 『고려사』 卷57, 지리2 경상도 안동도호부.

撰의 개연성이 크기는 하나 경산부로의 읍격상승 원인이 이능일 등이 6백인을 거느리고 태조를 도운 공로에 의한 것임을[11] 보여주고 있다. 그리고 사료 8의 예안군의 경우에 있어서는 읍격상승의 원인이 귀부에 의한 것임을 보여주고 있어 앞의 두 경우와 비교가 된다. 즉, 위의 사료들이 『경상도지리지』라는 같은 책에서 적출한 사료라는 점을 고려할 때, 만일 홍려부와 경산부로의 읍격상승 원인이 귀부에 의한 것일 경우 예안군의 경우에서처럼 그 지역의 귀부사실이 기록되었을 개연성이 있다는 것이다.

또한 주목되는 것은 앞 <표 14> 16과 17의 보성부와 의성부의 경우에 있어서도 그 지역의 호족인 선필과 홍술이 고려에 귀부한 기록은 있지만 이들의 귀부가 곧 읍격상승으로 연계된 기록은 없다는 것이다. 즉, 보성부와 의성부의 경우 『고려사』의 세가 및 열전과 지리지, 『고려사절요』『경상도지리지』『세종실록지리지』『신증동국여지승람』 등의 자료를 확인해보면 이들의 귀부와 읍격상승을 연계시킨 기록은 없으며, 각 지리지의 건치연혁에서는 진보현과 의성현이 각각 보성부와 의성부로 승격한 사실만 기록하고 그 읍격의 상승원인에 대해서는 밝혀놓고 있지 않다는 것이다. 이는 이 지역의 읍격상승 원인을 선필과 홍술의 래투에서 구하는 기존의 견해들에[12] 동의하기 힘들게 하는 측면이기도 하다.

---

11) 旗田巍는 경산부의 성립시기를 923년(태조 6) 경산부장군 양문의 來投와(『삼국사기』卷12, 경명왕 7년조) 관련하여 이해하고 있으나(旗田巍, 같은 책, 25~26쪽 참조) 재고되어야 한다고 여겨지며, 비록 후대자료로서 杜撰의 개연성이 크기는 하나 이 시기 이능일과 배신예, 배최언 등의 활동과 벽진지역의 이총언의 활동 등이 오히려 경산부의 성립과 연계되었을 가능성이 크다고 여겨진다. 이들이 고려에 기여한 공로와 관련하여서는 다음절에서 상론될 것이다.

12) 旗田巍에서 비롯된 이러한 입장은 그 후의 연구성과들에서 거의 무비판적으로 수용된 듯하며, 오히려 귀부지역의 읍격변화 시기가 사료상

이러한 논점과 관련하여 선필과 홍술의 활동과 관련한 기록을 검토해 보기로 한다.

9. 재암성장군 선필이 래투하였다. 처음에 왕이 신라와 통하고자 하였으나, 적도들이 일으나 길이 막혀 왕이 이를 근심하였다. 선필이 기묘한 계책으로서 인도하여 사신이 통호를 할 수 있었다. 그래서 지금 래조하니 후례로서 이를 대접하였으며, 年老하여 尙父로 칭하였다(『고려사절요』卷1, 태조 13년 정월).[13]

10. 辛亥일에 왕(고려 태조)이 신라로 갔다. 50餘騎로서 畿內에 이르러 먼저 장군 善弼을 보내어 신라왕의 起居를 문안하였다. 신라왕이 백관에게 명하여 교외에서 영접케 하였으며, 堂弟인 相國 金裕廉 등이 성문 밖에서 영접하였다. 신라왕은 應門 밖으로 나아가 영접하여 拜하자 (고려)왕이 답배하였다 …(『고려사』卷2, 태조 14년 2월 신해).

11. 진보성주 洪術이 사자를 보내어 항복을 청하였는데, 元尹 王儒卿과 含弼 등을 보내어 이를 위무하였다(『고려사』卷1, 태조 5년 11월 신사).

12. 견훤이 甲卒 5천으로 의성부를 치니 성주장군 洪術이 전사하였다. 왕이 통곡하여 말하기를 "나는 左右手를 잃었다"고 하였다(『고려사』卷1, 태조 12년 7월 신사).

사료 9와 10은 선필과 관련한 기록이고 11과 12는 홍술과 관련한 기록으로,[14] 사료 9와 11에서는 선필과 홍술이 고려에 귀부한 사실을, 그리고 사료 10과 12에서는 이들의 귀부 후 활동의 일면을

불분명할 경우 귀부시기를 읍격변화의 시기로 파악하는 기준으로 설정하는 경향이 있다. 이와 관련한 연구성과들을 일일이 열거하기는 어려우나 旗田巍 및 박종기, 김갑동의 연구 등이 그 예가 될 것이다.

13) 『삼국사기』卷11, 경순왕 4년 춘 정월조 및 『고려사』卷92, 선필전에도 같은 내용이 실려 있다.

14) 「眞寶城主洪術」과 「義城府將軍洪術」에 대해서는 동일인으로 파악되고 있다(旗田巍, 1982, 앞의 글 및 尹熙勉, 1982, 「新羅下代의 城主·將軍」『韓國史硏究』39).

보여주고 있다. 즉, 선필의 경우 고려 태조를 신라와 연결시킨 공로가 있었으며, 그러한 공을 세운 후 고려에 귀부하였는데, 귀부한 이듬해에는 고려 태조의 신라 방문시 태조를 수행하고 있다. 또한 진보성주 홍술의 경우 922년(태조 5년)에 고려에 래투한 후 의성으로 옮겨진 경위에 대해서는 자세하지 않으나,[15] 의성부의 성주장군으로서 고려를 위하여 후백제에 대항하였던 것이다. 특히 홍술이 전사하였을 때, 왕건이 "나의 左右手를 잃었다고 한 것에서 의성지역의 지리적 중요성과 아울러 홍술이 왕건의 신뢰할 만한 심복이었다는 것을 보여준다."[16] 이는 선필과 홍술이 귀부후 고려에 臣屬하였을 개연성을 보여주는 것으로서[17] 보성부와 의성부의 읍격변화 또한 이들의 귀부후 활동과 관련되었을 가능성이 크다.

고려에 협조한 공로를 통하여 읍격이 상승한 예는 앞의 <표 1>의 10·11·12의 경우에서도 확인이 된다. 먼저 관련 사료를 예시하면 아래와 같다.

---

15) 홍술이 의성부로 옮아간 원인과 관련하여 池內宏은 이를 사료의 오류로 보고 홍술이 처음부터 진보가 아닌 의성에 있었다고 한 바가 있으며, (池內宏, 1937, 「高麗太祖の經略」 『滿鮮史研究』(中世) 2책, 25쪽), 旗田巍는 진보성이 견훤에 빼앗겼을 가능성을 제시한 바 있다. (旗田巍, 앞의 책, 19~21쪽), 한편 문경현은 曹物城전투와의 관련성에 주목하여 고려 태조가 군사요충인 조물성을 방비할 목적으로 홍술을 의성지역에 파견한 것으로 파악하였는데, 필자도 이에 동의하고 있다(문경현, 1983, 「新羅末 王建太祖의 後三國 民族再統一」 『新羅史研究』 333~334쪽 참조).

16) 柳永哲, 1995, 「공산전투의 재검토」 『향토문화』 9·10합집, 107쪽.

17) 이러한 예는 知基州諸軍事였던 康公萱이("爰有知基州諸軍事上國康公萱 寶樹飮風 禪林慕道" 「砥平菩提寺大鏡大師玄機塔碑」 『朝鮮金石總覽』 132쪽) 929년의 고창전투시 고려군의 일원으로 참여하여 전략을 논의하고(『고려사절요』 卷1, 태조 12년 12월조), 936년 一利川전투시에도 고려군의 大將軍으로 大相이라는 관직을 갖고 참여하고 있다는데서도 확인된다(같은 책, 卷1, 태조 19년 9월조).

13. 水州는 원래 고구려의 買忽郡인데, 신라 경덕왕이 水城郡으로 고쳤다. 고려 태조가 남방을 정벌할 때 이 군 사람인 金七·崔承珪 등 2백여 명이 태조에게 귀순하여 협력하였으므로 그 공로로하여 수주로 승격시켰다(『고려사』卷56, 지리지 1, 안남도호부 수주).

14. 利川郡은 원래 南川縣(南買라고도 한다)인데 신라가 이를 병합하였으며, 진흥왕은 주로 승격시켜 軍主를 두었고, 경덕왕은 黃武라고 고쳐서 漢州의 관할하에 현으로 만들었다. 고려 태조가 남쪽을 정벌할 때 이 군 사람인 徐穆이 태조의 부대를 인도하여 강을 건너기에 편리하게 하였으므로 이천군이란 명칭을 주고 그대로 본牧(廣州牧)에 소속시켰다(『고려사』卷56, 지리 1, 광주목 이천군).

15. 貞海縣은 世傳에 태조때에 夢熊驛의 역리로 韓씨성을 가진 자가큰 공을 세웠으므로 大匡의 호를 내리고 高丘縣지역을 분할하여현을 설치하고 그의 관향으로 삼게 하였다고 한다(『고려사』卷56, 지리 1, 홍주).

우선 사료 13은 수성군이 수주로, 사료 14는 황무현이 이천군으로, 사료 15는 고구현을 분할한 일부지역이 정해현으로 변화하였음을 적고 있으며, 이러한 읍격변화의 구체적 시기는 알 수 없으나위 사료의 내용들로 보아 후삼국의 통일 이전임은 명백하다 하겠다. 사료 13의 경우 김칠과 최승규 등 2백 여명이 고려에 귀부하였음을 보여주고 있는데,[18] 2백명이라는 귀순 규모에도 불구하고 읍격의 상승이 이루어진 것은 원 사료에서 "太祖南征 郡人金七崔承珪等二百餘人歸順 效力以功 陞爲水州"라 하여 이들의 활동이 단

---

18) 이 경우 앞서 살펴 본 하지현이나 여타지역의 귀부예와는 달리 태조의 남정때라고 하여, 그들 스스로가 고려조정에 찾아가 귀부한 것이 아니라 태조가 남쪽으로 진출하는 과정에서 이 지역 또는 인근지역을 지날 때 귀부하였을 것임을 보여주고 있다. 한편 김칠과 최승규의 경우 2백여인 중 그 이름이 드러난 것은 인솔자였을 가능성이 있으며, 관명이나 향직명 등이 나타나 있지 않은 것으로 보아 그 지역 출신일 것으로 여겨진다. 따라서 이 지역의 김칠과 최승규는 호족으로 보아도 좋을 것이다.

순히 귀순에만 그친 것이 아니라 남정과 같은 당시 고려의 정국운영에 일정한 도움을 주었음을 것임을 시사해 주고 있다. 또한 사료 14의 이천군의 경우 역시 태조의 남정과 관련하여 읍격의 상승을 가져 온 예인데, 이 경우에도 서목 개인의 단순한 길 인도라는 공로만으로 읍격의 상승을 가져오지는 않았을 것이며, 그 지역민의 참여와 협조가 예견된다.[19] 다음 사료 15의 정해현의 경우 역시 앞의 이천군의 경우처럼 귀부와는 관계없이 읍격의 변화를 가져 온 경우이다. 夢熊驛 驛吏인 韓氏가 세운 큰 공이라는 것이 무엇인지는 알 수 없으나 고구현을 분리하여 정해현을 설치하고 이를 그의 관향으로 삼게 하였으며, 더구나 대광이라는 관직을[20] 수여하는 등의 예우는 상당히 이례적인 것으로[21] 그의 공적이 일정지역을

---

19) 이러한 추론이 허용된다면 서목의 경우 또한 이천군 지역의 호족이었을 가능성을 상정해 볼 수 있을 것이다

20) 大匡은 주지하다시피 성종 14년 이후 향직화 한 고려초기의 관계 중 2품직으로 3중대광에서 중윤에 이르는 16단계 중 3번째에 해당한다. 이는 고려에 귀부하여 관직을 수여받은 경우 중 신라왕이었던 김부와 후백제왕이었던 견훤의 경우를 제외하고는 고창성주 김선평과 더불어 최고의 관위를 수여받은 경우가 된다. 특히 태조 19년 후백제와의 마지막 승부를 결한 一利川전투시 동원된 諸將들의 관계를 살펴보면 왕순식 한사람만이 대광의 관계를 가지고 있으며, 나머지는 모두 大相 이하임을 상기할 때(『고려사』 卷2, 태조 19년 9월조), 그리고 대광보다 상위 관직인 三重大匡과 重大匡의 경우 살아있는 자로서 그 같은 직을 받은 예를 찾아볼 수 없어 생전에 받는 관직으로서는 최고의 관직이 대광일 것으로 파악한 견해(김갑동, 앞의 책, 69쪽의 註65) 참조)를 고려한다면 그가 받은 관직의 가치는 더욱 명료해진다. 다만 지방세력으로서 대광의 관계를 수여받은 자가 오직 왕순식뿐이라는 김갑동의 견해는 몽웅역리 韓氏만이 아니라 고창성주 김선평의 경우에서도 찾아지므로 수정되어야 하며, 오히려 순식의 경우 처음 귀부하던 태조 5년(922)에 받은 관계는 잘알 수 없으나 막상 대광이라는 관계를 받은 시기는 귀부한지 6년이나 경과한 태조 11년(928)의 조회시였음을 유념할 필요가 있다(김갑동, 같은 글, 69쪽).

들어 고려에 귀부한 여타 호족들의 경우와 비교하여 결코 가볍지 않았음을 짐작케 해 준다.

이상에서 살펴 본 세 경우는 <표 14>의 6·8·12~17의 경우처럼 달리 일정한 지역을 들어 고려에 귀부한 예와는 구분되며, 읍격 상승의 원인이 고려왕조에 협조하여 공을 세운 경우라 할 수 있다. 또한 주목되는 것은 사료 13과 14에서 명확히 보이듯이 공을 세운 시기가 태조의 남정때라고 하는 표현이다. 이는 이들 지역의 위치 가 고려가 후백제를 상대로 군사작전을 수행하기 위해 남하하는 길목, 즉 교통의 요지에 위치해 있다는 것을 의미하며 따라서 고려의 입장에서는 이들 지역에 대한 관리를 결코 소홀히 할 수 없었을 것이라는 점을 말해준다. 특히 사료 7에서 서목이 '태조의 군대를 인도하여 강을 건너는데 편의를 제공했다는 것'과 사료 8에서 韓 氏의 직임이 '역리'였다는 표현에서 이들 세 지역의 읍격상승은 지리적 위치의 중요성과 이를 활용한 고려왕조에의 협조로 볼 수 있지 않을까 한다.

또한 귀부의 예가 찾아지지 않는 경우에 있어서도 읍격의 변화 즉, 상승한 예를 찾아볼 수 있는데, 이는 이 지역들이 이미 고려가 확보한 지역으로서 평양의 경우에서 알 수 있듯이 그 지리적 위치 가 읍격의 상승이라는 정책적 변화를 요구할 만큼 중요하였기 때 문일 것으로 여겨진다. <표 14>의 4 예산현의 경우와 12의 예안군

---

21) 물론 이러한 예우는 夢熊驛 驛吏인 韓氏 개인의 공로만으로 이해하기 에는 의문의 여지가 있으나, 정해현이 그의 관향이 된 점과 그 개인에 게 관직이 주어진 점, 그리고 수여받은 대광이라는 관직이 다른 호족들 의 경우에서 찾아보기 어려운 고위관직이라는 점, 배현경, 신숭겸, 복 지겸 등의 경우처럼 지역적 기반보다는 개인적 능력으로 고려에 출사 하여 고위관직에 오른 예가 있는 점등으로 미루어 그 개인의 공로로 인하였을 개연성 또한 배제할 수 없겠다.

의 경우를 보자.

16. 烏山城을 고쳐 禮山縣으로 하였으며, 大相 哀宣과 洪儒를 보내어 유민 오백여 호를 안집시켰다(『고려사절요』 卷1, 태조 2년 8월조).

17. 본래 백제의 오산현으로 신라 경덕왕이 孤山으로 고쳐 任城郡의 영현으로 하였다. 태조 2년에 지금의 이름으로 고쳤으며, 현종 9년에 래속하였다. 후에 감무를 설치하였다(『고려사』 卷56, 지리 1, 天安府 예산현조).

18. 5월 을사에 왕이 禮山鎭에 가서 조서를 내리었다 …(『고려사』 卷2, 태조 17년 5월 을사조).

19. 본래 고구려 買谷縣으로 신라 경덕왕때에 善谷縣으로 고쳤으며, 고려 태조때에 城主 李能宣이 擧義歸服하므로 厚賞하고 예안군으로 승격시켰다(『경상도지리지』 예안군조).[22]

20. (태조)12년(929) 견훤이 고창군을 포위하자 (유)검필이 태조를 따라가서 이를 구하고자 하였는데, 예안진에 이르러 … (『고려사』 卷92, 열전 5, 유금필전).

우선 사료 16에서 오산성을 예산현으로 고쳤다는 기록과 사료 17에서 신라 경덕왕때 고산현으로 고친 것을 태조 2년에 예산현으로 고쳤다는 기록의 혼란과 관련하여서는 태조 2년 이전의 태봉국 시대에 고산현이 이미 오산성으로 개칭되었을 것으로 파악된 바 있다.[23] 그런데 사료 18에서 태조 17년(934) 5월에는 禮山鎭이라 기록하여 표현상의 차이를 보이고 있다. 이는 태조 2년과 17년 사이의 어느 시점에 이 예산지역에 鎭이 설치되었을 개연성을 보여

---

22) 『신증동국여지승람』에도 같은 내용이 기록되어 있는데, 다만 읍격변화와 관련하여 『경상도지리지』에는 단순히 '升爲禮安郡'이라 기록하였으며, 『신증동국여지승람』에서는 '改今名陸爲郡'이라 하여 '예안'이란 읍호 또한 이때에 비롯되었음을 밝히고 있다(『신증동국여지승람』 卷25, 예안현 건치연혁조).

23) 金潤坤, 1983, 「大邑中心의 郡縣制度, 그 胎動樣相」 『高麗郡縣制度의 研究』(경북대 박사학위논문), 13쪽.

준다. 그리고 사료 19에서는 성주 이능선의 귀부로 선곡현을 禮安郡으로 승격시켰다고 하였는데, 사료 20에서는 고려 태조와 유검필 등의 諸將이 禮安鎭에 모였다 하여 앞의 예산진의 경우와 마찬가지로 읍격을 달리 표현하고 있다. 이 또한 시기는 명확하지 않지만 선곡현이 고려에 귀부하면서 예안군으로 승격하였다가 929년 이전의 어느 시점에서 예안진으로 읍격이 변화한 것으로 여겨진다.[24)]

한편 고려는 태조 11년(928)년부터 주로 변방지역을 중심으로 진을 설치하여 예외없이 鎭頭를 파견하고 있음을 볼 수 있다.[25)] 신라시대부터 鎭은 접경 혹은 해안에 위치한 군사적 중요지역에 설치된 특수행정구역으로서 郡 혹은 그 이상의 넓은 지역을 차지하고 있었으면서 중앙정부의 직접 지배대상이었다.[26)] 따라서 이 두 지역은 후삼국쟁패과정에서 고려의 남정을 위한 군사적 요충지로서, 예산의 경우 충청도 및 충청도지역에서 경상도지역으로의 진출을 위한, 그리고 예안의 경우 경상도지역에서 후백제의 북진을 견제하면서 오히려 고려의 남진을 용이하게 하기 위한 교두보로 기능하였을 것으로 여겨진다. 이는 사료 16에서 애선과 홍유를 예산지역에 파견하여 유민들을 안집시켰다고 한 것과 사료 20에서 후백제와의 고창전투를 앞두고 병력을 집결시킨 곳이 예안진이었다는 데서도 짐작할 수 있다. 이러한 두 지역의 지리적 중요성과 관련하

---

24) 이들 두 지역 외에 북방지역이 아닌 곳으로 이 시기에 鎭이 설치된 예로서 神光鎭을 들 수 있다. 즉, 태조 13년(930) 2월에 昵於鎭을 神光鎭으로 고쳤다는 것이 그것인데(『고려사절요』 卷1, 태조 13년 2월조), 이는 사료의 표현상 읍격의 변화가 아닌 읍호의 변화로 보아 <표 14>에 포함하지 않았다.

25) 柳永哲, 1999,「古昌戰鬪와 後三國의 정세변화」『한국중세사연구』 7호, 한국중세사연구회, 12쪽 <표 1> 참조.

26) 李仁哲, 1993,『新羅政治制度史硏究』, 一志社, 227~228쪽 참조.

여 고려가 이 지역을 직접 지배대상으로 삼고자 하였던 것으로 보
인다. 이 지역의 지리적 중요성과 관련하여 예산진을 중심으로 좀
더 보완해 보기로 한다.

21. 大興郡은 본래 백제의 任存城[今州라고도 한다]인데, 신라 경덕왕
    이 任城郡으로 고쳤다. 고려초에 지금의 명칭으로 고쳤고, 현종 9
    년에 본 주(洪州)에 소속시켰으며, 명종 2년에 감무를 두었다. 당나
    라 장군 소정방의 사당이 大岑島[봄 가을로 香祝을 보내어 祭를
    지낸다]에 있다(『고려사』 卷56, 지리1, 홍주 대흥군조).
22. (태조)8년(925)에 征西大將軍이 되어 (후)백제의 燕山鎭을 공격하여
    장군 吉奐을 죽였으며, 또 임존성을 공격하여 삼천여명을 殺獲하
    였다(『고려사』 卷92, 열전 5, 유검필전).

우선 앞의 사료 20에서 예산현은 경덕왕때 임성군의 영현이었다
고 하였다. 그런데 임성군은 사료 21에 보이듯이 본래 백제의 임존
성이던 것이 경덕왕때 임성군이 되었으며, 고려초에 대흥군이 되
었다고 한다.[27] 이 지역은 사료 20에 나타난 것처럼 925년에 유검
필의 공격을 받아 3천여명이 죽임을 당하거나 사로잡히는 피화를
입었다. 연산진이 공격을 받아 길환이 전사하였고, 또 임존성의 인
적 피해 규모가 3천여에 이르렀다는 것은 당시 전투의 규모가 적
지 않았으며, 임존성의 바로 위에 위치한 예산지역 또한 이 전투와
무관했을 것으로 여기기는 어렵다.[28] 925년경 연산과 임존이 후백
제의 세력권이었다고 할 때, 당시 이 예산지역은 후백제의 세력권

27) 임존군이 대흥군으로 개칭된 시기인 '고려초'라는 표현과 관련하여 박
    종기는 유검필의 임존군 정벌과의 관련성에 주목해서 태조 8년경으로
    비정한 바가 있다(朴宗基, 1987,「『고려사』地理志의「高麗初」年紀實
    證」『이병도박사구순기념논총』180쪽 참조).
28) 이 때의 전투와 관련해서는 柳永哲, 1997,「高麗와 後百濟의 爭覇過程
    硏究」, 영남대 박사학위논문, 53~54쪽 참조.

이던 고려의 세력권이던 양국이 대립하던 접경지에 위치해 있었던 것은 틀림없다고 할 수 있으며, 이러한 지리적 중요성과 관련한 전략적 가치는 후백제의 패망시까지 이어졌다고 보아진다. 鎭의 설치 역시 이와 같은 사정에 연유할 것으로 믿으며, 진이 설치된 곳에는 예외없이 진두가 파견되었다는 앞서의 언급과 같이 예산진에도 고려정부가 파견한 관리인 진두가 파견되어 이 지역의 행정을 직접 관장했을 것으로 여겨진다.

또한 사료 18에서 조서를 내렸다고 하였는데, 그 조서의 내용은 백성들의 과중한 노역에 대한 우려, 녹읍지역 백성들과 관련한 귀족들에 대한 훈계, 그와 관련한 상벌규정 등으로[29] 限時的, 一過的, 地域的 한계를 벗어나는 것이었으며, 태조가 도읍이 아닌 지역에 가서 조서를 내린 경우는 사료상 그 예를 찾아보기 어렵다는 측면 등에서도 이 지역의 중요성을 짐작해 볼 수 있을 것이다.

이상에서 볼 때 예산군과 예안군은 그 지리적 중요성과 관련하여 고려의 입장에서 직접적 관리가 요구되는 지역이었다고 여겨진다. 따라서 귀부나 협조(軍功포함)를 통해 읍격 상승이 이루어진 여타의 지역의 경우, 후삼국의 통일시까지 대체로 州·府·郡의 읍격을 그대로 유지하면서 호족들의 기득권을 일정정도 인정하는 가운데, 이들을 통한 간접지배가 이루어진데 비하여, 이들 지역은 鎭으로 읍격이 개편되면서 고려정부의 관리파견을 통한 직접 지배 하에 놓이게 되었던 것 같다.[30]

---

29) 『고려사』 卷2, 태조 17년 5월 을사조.
30) 박종기는 성주 이능선의 귀순을 통한 예안군의 설치시기를 고창전투를 위해 예안진에 집결하였다는 사료 13)의 내용과 관련하여 고려 태조 12년(929)을 크게 벗어나지 않는다고 보았다(박종기, 앞의 논문, 170쪽). 그러나 앞서의 추론이 허용된다면, 예안지역의 귀부가 선행되었으며, 후에 이 지역의 중요성과 결부하여 929년 이전의 시점에서 예안진의

다만 읍격의 상승요인이 호족의 귀부와 협조라는 기존의 견해의[31] 큰 틀에는 동의하며, 아울러 이러한 府의 경우 여러 개의 지역이 합하여 1개의 府로 형성되었다는 측면에서 다른 읍격변화의 예와는 다른 특징을 보여주고 있으며,[32] 이러한 현상은 후삼국 통일 이전의 고려초기 지방제도를 이해하는데 중요한 단서로 여겨진다.

이상에서 <표 14>을 중심으로 두서 없이 살펴 본 내용을 중심으로 다음의 사실을 정리해 보고자 한다.

이 시기 읍격의 변화요인 중 가장 두드러진 것은 역시 귀부와 협조 때문이라는 것이며, 이는 곧 귀부한 호족들에게 그 귀부의 대가로서 주어진 반대급부의 한 형태라는 것을 의미한다. 그러나 귀부 그 자체만으로 읍격의 변화를 가져오지 않는 경우를 찾아볼 수 있었는데, <표 14>을 중심으로 살펴 볼 경우 오히려 귀부자체로 읍격상승을 가져온 예보다 훨씬 많은 것으로 파악이 되었다. 이는 읍격상승의 주된 원인이 귀부 그 자체에 있는 것이 아니라 귀부 이후의 활동상황 및 고려정부에 대한 기여도, 그리고 고려의 지방경영책과 관련한 필요성에 의하였음을 의미한다고 할 수 있다. 또한 후삼국통일을 위한 후백제와의 쟁패라는 당시의 시대적 상황은 양국의 입장에서 보다 많은 지역의 지지와 확보가 절실하였을 것임은 자명한 사실이다. 그런데 일정지역에 세력기반을 가진 호족이 귀부해 오는 경우에 있어서도 명지성의 성달(923. 3.),[33] 매조성 능현(925. 9.),[34] 永安·河曲·直明·松生 등 30여군현(930. 1.),[35] 신라

설치와 더불어 고려의 직접 지배하에 놓이게 된 것이 아닌가 한다.
31) 註4)와 같음.
32) 한편 김갑동은 고려초의 州와 태조대에 설치된 府의 성격을 궁예·태조의 경략과정에서 귀부 내지 협조한 지역이라는 측면에서 동일시 하였으나 검토의 여지가 있다고 여겨지며, 이에 대해서는 다음 절에서 상론할 것이다(김갑동, 앞의 책, 107쪽 참조).
33) 『고려사절요』 卷1, 태조 6년 3월조.

동쪽 연해 주군 부락 등 명주에서 興禮府(울산)까지 총 110여성[36] 등의 경우에 있어서는 사료상 읍격의 변화가 확인되지 않는다.[37] 특히 상주의 경우 다음의 자료에서 확인되듯이

> 23. 尙州帥 阿字蓋가 사자를 보내어 來附하여 왔다. 왕이 儀式을 갖추어 이를 맞아들이도록 명하였다. 毬場에서 의식을 익히려고 文武가 반열에 나아갔는데, 廣評郞中 柳問律이 直省官 朱瑄길과 더불어 位次를 다투었다 …(『고려사절요』 卷1, 태조 원년 9월).

상주의 아자개가 대리인을 보내어 귀부의사를 전하였을 때, 문무관 모두를 그 사신의 영접행사에 동원하는 등 굉장한 환영의례를 베풀었던 것 같다.[38] 이러한 대대적인 환영에도 불구하고 타 지역의 호족에게 주어졌던 녹읍이나 관직, 사성 등의 혜택은 물론 읍격의 변화 또한 보이지 않고 있다. 특히 이 상주지역은 927년 후백제가 경주를 침공할 때 먼저 공격을 받은 것으로 보아[39] 고려의 경상도 진출을 위한 지리적 요충에 위치해 있었다고 볼 수 있는데,

---

34) 위의 책, 卷1, 태조 8년 9월조.
35) 『고려사』 卷1, 태조 13년 정월 경인조.
36) 위의 책, 卷1, 태조 13년 2월 을미조.
37) 한편 김갑동은 후삼국의 쟁패과정에서 전쟁을 통하여 점령한 지역이나 자진하여 귀부한 지역의 경우를 대체로 읍격변화의 계기로 파악하고 있으며(김갑동, 앞의 책, 93~116쪽 참조), 박종기 또한 『고려사』 지리지에 읍격이나 읍호의 변화시기를 '고려초'라고 표현한 경우의 시기적 검토를 사례별로 하면서 김갑동과 마찬가지의 입장을 보이고 있다(박종기, 앞의 논문). 그러나 하지현의 경우에서 살필 수 있듯이 복속 또는 귀부 그 자체를 읍격상승의 일률적 기준으로 파악한다든지, 또는 읍격변화의 시기로 파악하는 것은 검토의 여지가 있다.
38) 물론 타 지역의 귀부시에도 이와 같은 의전행사를 베풀었을 개연성을 배제할 수 없다.
39) 『고려사』 卷1, 太祖 10년 9월조. 이때의 전투와 관련하여서는 柳永哲, 1997, 앞의 글 참조.

이러한 중요성에도 불구하고 아자개 및 상주지역에 대한 구체적 반대급부를 확인할 수 없다는 것은 귀부 그 자체보다는 귀부 이후 이 지역과 고려와의 관계에 주목해야 함을 의미하는 것은 아닐까 여겨진다.

Ⅱ. 府의 성립과 그 의미

1) 경산부의 사례 분석

(1) 경산부 호족의 분석

후삼국 정립기에는 각 지방마다 독자적인 세력을 형성한 호족이 있었으며, 성주지역 또한 예외는 아니었다. 성주지역에 있어서 호족들의 존재양태를 검토하기 위하여 우선 관련 사료들을 일별해 보기로 한다.

24. 7년 7월에 命旨城將軍 城達과 京山府將軍 良文등이 (고려)태조에게 항복하였다(『삼국사기』卷12, 경명왕 7년 7월).

25. 6년 가을 8월에 벽진군장군 양문이 그의 甥 圭奐을 보내어 항복하니 규환을 元尹에 제수하였다(『고려사』卷1, 태조 6년 8월).

26. 都頭索湘이 星山陣아래에서 손이 묶였다(『삼국사기』卷50, 열전 10 견훤전).

27. 11월에 벽진군의 곡식을 불사르니, 正朝 索湘이 싸우다가 죽었다(『고려사』卷1, 태조 10년 11월).

28. 이총언은 사기에 그 世系가 전하지 않으나 신라말에 벽진군을 지키고 있었다. 당시 도적의 무리가 충만하였으나 총언이 성을 견고히 하고 굳게 지키니, 백성들이 의지하여 안정하였다. 태조가 사람을 보내어 손을 잡고 협력하여 화란을 평정할 것을 권유하였는데, 총언이 글을 받고서 심히 기뻐하여 그 아들 永을 보내어 군사를

거느리고 태조를 따라 정벌에 참가케 하였다. 당시 永은 18세였는데, 태조는 大匡 思道貴의 딸로서 그의 처를 삼게 하고 총언을 本邑의 장군으로 삼았으며, 거하여 이웃 읍의 丁戶 229戶를 주었다. 또 忠州, 原州, 廣州, 竹州, 堤州의 창고 곡식 2천2백석과 소금 천7백85석을 주고 친필로 편지를 써서 金石의 믿음을 표하였다. 그 글에 이르기를 "후대 자손에 이르도록 이 마음 변치 않으리라" 고 하였다. 총언은 이에 감격하여 軍丁을 단결하고 資糧을 저축하여 백제와 신라의 必爭의 곳인 외로운 성에서 엄연히 東南을 위하여 성원하였다. 태조 21년에 81세의 나이로 卒하였다(『고려사』 卷92, 열전 5, 왕순식 부 이총언전).

29. 京山府將軍인 李能一, 裴申乂, 裴崔彦은 고려태조의 통합삼한시인 天授 乙酉(925년)에 6백인을 거느리고 태조를 도와 백제를 이긴 공로로 후한 상을 받았으며, 살던 지역인 星山, 狄山, 壽同, 褵山, 本彼의 5縣을 합하여 京山府로 승격하였으며, 모두 벽상공신 삼중대광에 봉해졌다(『경상도지리지』 상주도 성주목관).

위의 사료들에서 우선 현재의 성주군역에 포함되는 지역의 호족들로서는 良文과 索湘, 李岌言, 李能一, 裴申乂, 裴崔彦 등을 찾아볼 수 있는데,[40] 우선 이들에 대한 개별적 검토를 간략히 해보기로 한다.

① 良文

우선 양문과 관련한 자료는 위의 사료 24와 25외에는 보이지 않는다.[41] 우선 사료 24에서 양문이 경산부장군이라고 표현된 것은

---

40) 이외에도 이들의 활동 및 존재와 관련된 내용을 담은 여타의 사료가 있으나, 우선 이들의 존재를 알려주는 대표적 사료들만 제시하였으며, 서술의 필요에 따라 관련 사료에 대한 추가적 언급이 있을 것이다. 다만 관련 문중의 족보에 서술되어 있는 내용의 경우에는 객관성을 기한다는 측면과 관련하여 사료로서의 활용은 자제하였다.

41) 이 두 사료는 다음 장에서 상술하겠지만, 한달간의 시기적 차이는 있으나 양문이 고려에 귀부한 시기가 구체적으로 언급되고 있어 성주지역이 고려 지지 입장내지는 그 영향력하에 놓이게 된 시점을 살피는데

당시에 경산부장군이라고 자칭 혹은 타칭되었을 가능성과 신라정부로 부터 경산부의 장군직을 수여받은 사실이 있었을 가능성 및 『삼국사기』찬자에 의한 후대적 표현일 가능성이 상존하고 있다. 경산부라는 지명과 관련하여서는 우선 이능일, 배신예, 배최언 등의 공로와 관련하여 논공행상적 측면에서 이루어졌으며, 성산현, 적산현, 수동현, 유산현, 본피현 등의 5현이 합쳐져 형성되었다는 것을 사료 6을 통해서 살펴 볼 수 있다.『신증동국여지승람』의 성주목 건치연혁에서도 경산부라는 명칭이 고려 태조대에 이르러 나타나고 있음을 보여주고 있다.[42] 물론 고려 태조가 성주지역을 경산부로 개칭할 때, 경산부라는 용어를 새로이 개발한 것인지, 아니면 그 지역과의 어떠한 관련성 속에서 이미 사용되고 있던 京山이라는 용어를 성주지역의 읍격상승과 관련하여 준용토록 한 것인지는 자세하지 않지만 신라 중앙정부에서 하사한 관명으로 보기는 어려우며, 오히여 경산부가 성립하고 나서 그 지역에서 성주장군으로 행세하던 양문을 후대에서 경산부장군으로 칭하게 된 것이 아닌가 한다. 그래서 사료 25에 나타난 벽진군장군이란 표현이 당시의 시대상황과 관련하여 사실에 가까운 보다 적합한 표현으로 여겨진다. 이렇게 전제할 때 양문의 성주지역에서의 주된 활동무대는 벽진지역이었으며, 특히 그의 甥인 규환을 보내었을 때, 고려 조정이 규환에게 준 관직이 元尹이었다는 것은 벽진지역에서 양문의 존재비중이 결코 가볍지 않았음을 의미한다.[43] 즉, 당시에 있어

참고가 된다.

42) 한편『신증동국여지승람』의 성주목 건치연혁조에 의하면 고려 태조대에 벽진군을 경산부로 고쳤다고 하여 표현상의 차이를 보이고 있는데, 이에 관해서는 본절의 후반부에 구체적으로 살피고자 한다.

43) 元尹은 6품직으로 성종 14년 이전까지는 향직이 아닌 官階로서 사용되었는데, 三重大匡·重大匡의 1품직에서 軍尹·中尹의 9품직에 이르는 16단계 중 10단계에 해당한다. 922년 6월에 하지현 장군 원봉이 고려에

서 '귀부' 또는 '항복'으로 나타나는 사료상의 표현이 구체적으로
어떠한 형태로 적용되는지에 대해서는 자세하지 않으나 벽진장군
양문이 항복하였다는 표현은 그 개인에 한정된 표현이 아니라 벽
진군을 중심으로 그의 세력이 미치는 주변지역까지 고려의 지지입
장 내지 세력권으로 속하게 되었다는 의미로 해석하는 것이 자연
스러우며, 따라서 양문은 당시 후삼국정립기의 와중에서 벽진지역
의 태도를 결정지울 수 있는 위치에 있었던 것이 아닌가 한다. 다
만 양문에 대한 그 이후의 행적이나 활동상황을 알려주는 자료가
없어 아쉬움으로 남는다.

다음으로는 양문의 활동시기에 대해 검토해 보고자 한다. 양문
이 고려 태조에게 귀부한 시기는 신라 경명왕 7년(고려 태조 6년,
923년)으로서 918년의 상주(아자개)와 골암성(윤선), 920년의 강주,
922년 하지성(원봉), 명주성(순식), 진보성(홍술) 및 923년의 명지성
(성달)을 제외하고서는 여타지역에 비해 이른 시기였으며,[44] 920년

귀부해오자 하지현을 순주로 승격시키는 특단의 조치를 취하면서 원봉
에게 준 관직이 원윤이었으며, 그 해 11월에 진보성성주 홍술이 귀부해
왔을 때 그의 아들이 받은 관직 또한 원윤이었다.

<고려초기의 관계>

1품	1	삼중대광(三重大匡)
	2	중대광(中大匡)
2품	3	대광(大匡)
	4	정광(正匡)
3품	5	대승(大丞)
	6	좌승(佐丞)
4품	7	대상(大相)
	8	원보(元甫)
5품	9	정보(正甫)
6품	10	원윤(元尹)
	11	좌윤(佐尹)
7품	12	정조(正朝)
	13	정위(正位)
8품	14	보윤(甫尹)
9품	15	군윤(軍尹)
	16	중윤(中尹)

44) 고려의 입장에서는 강주(경남 진주지역)의 독자적 특수성을 제외하고

10월에 있은 후백제의 군사적 행동으로 고려와 후백제 간에 불화
가 싹트기 시작한[45]지 얼마 지나지 않은 시점이었다. 고려와 후백
제는 920년의 양국불화 이후 925년 10월에 서로 質子교환을 통한
화의를 맺기전까지는 상호간에 세력확장을 위한 전투가 빈번히 이
루어지고 있다는 측면에서 이 시기에 벽진지역이 고려를 지지하였
다는 것은 고려의 입장에서는 큰 힘이었던 것이다. 즉 925년 10월
의 질자교환을 통한 화의성립 이전까지 고려와 후백제 간의 군사
적 대결양상은 대체로 고려가 우세한 입장이었으며,[46] 고려의 이
러한 활발한 활동에는 고려에 귀부한 벽진지역의 존재가 어느 정
도 도움을 주었을 것으로 짐작된다.

② 索湘

색상과 관련된 자료는 앞의 사료 26과 27외에는 전무한 실정이
어서 과연 그를 성주지역의 호족으로 볼 수 있는지, 또는 호족일
경우 성주지역에서 그의 위치가 어느정도였는지는 추론에 의존할
수 밖에 없는 형편이다. 우선 앞의 사료 26에서는 색상의 관명이
'都頭'로 나타나있고, 사료 27에서는 '正朝'로 나타나고 있는데 주
목해 보자. 도두라는 직명의 성격은 잘 알 수 없으며, 삼국시대부
터 고려말까지 병제의 공식적 관명으로 사용된 흔적을 찾아보기는
어렵다.[47] 그래서 견훤이 왕건에 보내 국서에서 표현한 都頭라는

서는 가장 남쪽지역이었다는 측면에서 그 지역적 중요성이 크다고 할
수 있다.
45)『고려사』卷1, 太祖 3년 10월조. "冬十月 甄萱侵新羅大良仇史二郡 至
于進禮郡 新羅遣阿粲金律來求援 王遣兵救之 萱聞之引退 始與我有
隙"
46) 이 시기 고려와 후백제간의 쟁패상황은 대체는 류영철, 1995,「공산전
투의 재검토」『향토문화』9·10합집 109～110쪽 참조.
47) 都頭는 원래 무관의 이름으로 唐末과 五代때 神策軍의 일부를 통솔하

직명은 당시 병력을 이끌고 견훤에게 대항하였던 집단의 우두머리 즉, 군사지휘관의 범칭으로 사용한 것이 아닌가 한다. '正朝'는 앞의 註43)의 도표에도 보이듯이 태봉때 마련되어 고려초기 일정기간동안 적용된 관계에 포함되어 있으며, 비록 7품으로 16단계 중 12위에 해당하여 앞서 양문의 甥인 규환이 받았던 元尹이나 그 이상의 대우를 받았을 것이 분명한 양문에 비해서는 비록 품계가 낮다고는 하나 고려조정에서 수여한 공식 직명일 것으로 보인다. 그리고 색상이 고려 조정에서 파견된 무관일 가능성을 배제할 수는 없으나 이 시기에 고려가 경상도지역에 지방관리를 파견한 흔적을 찾을 수 없다는 것과 후에 살펴 볼 이총언의 경우처럼 그 이후에도 역시 그 지역출신이 벽진지역의 지배권을 행사하고 있어 색상 역시 벽진지역 출신으로 이해하는 것이 보다 타당해 보인다.[48] 따라서 그 역시 벽진지역에서 일정한 세력내지는 지배권을 갖고 있었던 존재였으며, 양문의 휘하에서 활동한 것인지, 양문의 死後 활동한 것인지는 명확하지 않으나, 다른 곳에 원정하여 싸운 것이 아니

는 都將을 말하며, 宋代에는 禁軍의 지휘사 아래에 都頭와 副都頭를 두기도 하였다. 『삼국사기』의 兵志에는 都頭라는 명칭은 보이지 않으며, 다만 유사명칭으로 侍衛府에 隊頭 15인을 두었다는 기록이 보인다. 그러나 都頭와 隊頭를 연결시킬 근거는 없으며, 都頭가 단순한 군사지휘관의 범칭이 아니라 국가에서 임명하는 무관직명일 가능성을 배제할 수 없음을 느끼게 한다.

48) 金福姬, 1990, 「高麗 初期 官階의 成立基盤」『釜大史學』14, 54～55쪽. 金福姬는 正朝의 구성원은 대부분이 태조 휘하에서 통일전쟁을 수행했던 자들로 파악하여 색상 또한 왕건 휘하의 무장으로 인식한 바 있다. 그러나 색상이 전사한 벽진전투는 대구의 공산전투 직후에 이루어진 것으로 만약 색상이 고려 조정에 의해 파견된 경우라고 할 때, 공산전투에 참여하여 왕건을 직접 도우는 것이 순리라고 여겨지며, 색상을 벽진지역의 호족으로 상정할 경우 그 지역의 보호와 고려에 대한 후방기지 역할을 수행한다는 측면에서 이해해 볼 수 있지 않을까 한다.

라 바로 벽진지역에 온 후백제군을 맞아 싸웠음에도 양문의 존재가 드러나지 않고 색상의 이름만 대표적으로 거론된 것으로 보아 양문 이후의 벽진지역을 주도했던 것으로 보인다. 따라서 추론컨데 색상은 양문이 고려에 귀부한 923년 이후 927년 사이의 어느 시점에서 양문의 뒤를 이어 벽진지역의 지배권을 승계한 것이 아닌가 하며,[49] 비록 고려에 대한 지지입장을 계속 견지했다고는 하나 처음으로 고려에 귀부해 온 양문의 功과 비교하여 상대적으로 낮은 正朝의 관계를 받은 것이 아닌가 한다.[50]

이 색상은 앞의 사료 26 즉, 『삼국사기』에서는 '束手'라 하여 '손이 묶였다'로 직역되는데, 이 '束手'의 의미가 곧 戰死의 상징적 표현임은 사료 27 즉, 『고려사』의 기록에서 확인이 된다. 이 색상이 전사한 벽진전투는 바로 대구지역에서 있었던 공산전투의 연장선상 속에서 이루어진 것으로 공산전투에서 패한 왕건이 성주지역으로 도망함으로써 그에 대한 고려로의 도주로 차단이나 왕건의 도주를 도운데 대한 보복의 차원에서 이루어진 것이었다.[51] 벽진지역에 대한 후백제의 공격이 이미 왕건이 고려로 귀환한 후인지

---

49) 양문의 경우 고려에 귀부할 때 그 자신이 가지 않고 甥을 보낸 것으로 미루어 당시에 이미 고령의 나이였을 가능성을 배제할 수 없다. 또한 양문이 고려에 귀부한 것과 색상이 후백제에 대항하여 싸운 것을 고려해 볼 때 두 사람 다 고려에 우호적 입장이었으며, 따라서 이들간의 승계관계는 벽진지역내의 권력다툼의 결과라기 보다는 자연스럽게 이루어진 것으로 여겨진다.

50) 물론 색상은 양문이 벽진지역의 지배권을 확보하고 있을 때, 그 휘하에 있었을 가능성이 크며, 비록 자료상으로 확인할 수는 없으나 규환이 고려에 가서 元尹이라는 관계를 받은 후, 양문을 비롯하여 그 휘하의 사람들에게도 그 공에 상응하는 官階를 주었을 가능성이 있다. 따라서 색상 역시 이때에 이미 正朝라는 관계를 수여받았을 가능성을 배제할 수 없다.

51) 柳永哲, 1995, 앞의 논문, 21~22쪽 참조.

는 명확하지 않으나 결국 왕건이 목숨을 부지하고 다시 전열을 정
비하여 3년후 고창전투를 승리로 이끌게 된 데에는 성주의 벽진지
역의 도움이 일정한 기여를 하였던 것으로 여겨진다.

③ 李忩言

이총언은 벽진지역의 대표적 호족으로 널리 알려져 있으며 그의
활동과 관련해서는 앞의 사료 28에 전하고 있다. 앞의 사료의 내용
이 다른 호족들에 비해서 상대적으로 풍부하기는 하나 구체적 활
동상황을 살피기에는 역시 한계가 있다. 예로서 그의 卒年은 나타
나고 있으나 구체적 활동시기는 명확하지 않으며, 왕건이 그에게
많은 하사품을 주는 등의 극진한 예우를 하였고, 비록 왕순식열전
에 부기되어 있으나 앞의 두사람과 달리『고려사』의 열전에 입부
된 중요한 존재임에도 불구하고 그의 世系를 파악하지 못하고 있
다는 점 등이다. 또한 旗田巍는 "양문과 이총언은 다른 사람 같지
만 존재시기・지점 등이 같고 태조와의 관계・행동도 유사하다.
이 시대에는 동일인이 전혀 다른 이름을 갖는 사람이 있었기 때문
에 이름의 차이만으로 서로 다른 사람이라고 할 수는 없다. 시기・
지점・태조와의 관계・행동에서 보아 동일인이었다고 생각된다"
고[52] 하여 양문을 이총언과 동일인으로 파악한 바 있으며, 그후 이
러한 견해에 대한 구체적 검증은 거의 이루어지지 않았다고 할 수
있다. 과연 양문과 이총언이 동일인이었는지 旗田巍가 제시한 기
준을 중심으로 살펴보고자 한다.

우선 이총언의 활동과 당시 성주지역의 상황에 대한 이해를 돕
기 위한 서술의 편의상 비록 후대의 자료이긴 하나 벽진이씨의 보

---

52) 旗田巍, 1972,「高麗王朝成立期の「府」と豪族」『韓國中世社會史の硏
究』27쪽.

책에 나오는 다음의 자료를 같이 살펴보기로 한다.

> 30. 王太祖 통합할 때에 이총언이 벽진태수가 되어서 단독으로 強하게
> 항복치 않으니 東南聲勢가 서로 의뢰하여 평안하였다. 태조가 전
> 부 무찌르고자 하였으나 총언으로 더불어 舊識이 있어서 차마 加
> 兵치 못하였고 총언도 또한 천명과 인심이 이미 왕씨에게 돌아간
> 줄 알고 그 아들 永을 보내 태조를 도우게 하니 태조가 즐겨하여
> 총언을 봉해 本郡將軍을 삼고 소금 2천석을 주고 혼인을 맺고 帶
> 礪之盟을 이루고 百子千孫에 이르도록 이 마음을 고치지 말자고
> 약속함이 있었다. 이 말은 後孫 洗馬 屹의 家記에서 나왔다.[53]

이 자료의 내용에 따르면 이총언이 초기에는 고려 태조와 대립
하는 입장에 있었다는 것으로 표현하고 있어 기존의 여타 사료에
서는 잘 나타나지 않는 새로운 시각을 보여주고 있다. 즉, 위의 사
료 28을 포함한 여타의 자료에서는 이총언이 벽진군의 호족으로서
벽진지역을 지켰는데 그 대상이 도적의 무리라는 측면과 태조 왕
건에 협조하여 공을 세웠다는 측면만이 나타나고 있어 위의 자료
가 주는 의미는 결코 소홀하지 않다고 할 수 있다.[54]

우선 위의 자료와 관련하여 이총언의 활동시기부터 유추해 보고
자 한다. 그가 언제부터 벽진지역의 호족으로서 기능했는지는 명
확하지 않으나, 자료 30에서 '王太祖의 통합할 때'라는 표현과 "천

---

53) 위의 글을 썼다는 이흘(1557, 명조 12~1627, 인조 5)은 조선조의 학자로
서, 그의 백부인 喜生의 문하에서 공부한 후, 曹植의 문하에서 수학하
여 1588년 진사시에 합격하였으며, 桐溪 鄭蘊의 천거로 世子翊衛司洗
馬에 임명된 바가 있었다. 따라서 이 글은 그가 세자익위사세마에 임명
된 후 쓰여진 것으로 여겨진다.

54) 특히 위의 자료에 의하면 벽진지역이 후백제에 대한 지지입장이었는
지, 또는 신라에 대한 지지입장이었는지, 아니면 독자적 선택의 차원이
었는지 명확하지는 않지만, 일정기간동안 고려에 대립하는 입장에 있
었다는 것을 보여준다.

명과 인심이 이미 왕씨에게 돌아간 줄 알았다"는 표현 및 사료 28의 내용들은 그의 활동기가 대체로 후삼국정립기의 말기로서 최소한 양문이나 색상의 활동 이후로 추정된다. 색상의 전사 직후 벽진지역의 주도권을 장악했을 가능성과, 색상 사후 일정기간의 공백기를 가졌을 가능성, 그 공백기 동안 다른 호족이 존재했을 가능성 등을 상정해 볼 수 있으나, 다른 호족의 존재를 살필 만한 자료가 없으며, 굳이 공백기를 설정해야 할 근거 또한 뚜렷하지 않다. 따라서 이총언은 색상의 사후 만년의 나이로 벽진지역의 주도권을 장악했을 것으로 추정된다.

그런데 위의 자료 26과 27에서 색상이 전사한 전투를 묘사하고 있는데, 이 전투는 공산전투와 연계된 것으로 공산전투에서 패한 왕건이 성주지역으로 도주한 직후, 벽진지역과 대목, 소목군을 후백제가 공격하였을 때 이를 막다가 색상이 전사하였던 것이다. 따라서 공산전투에 패한 왕건은 일정기간 경상도의 서부지역 진출에 한계를 가졌을 것이며, 공산전투 직후 앞서 언급한 벽진지역에 대한 후백제의 공격은 벽진지역이 계속 고려에 대한 지지입장을 견지하기 어려운 측면을 초래하였을 것이다. 자료 30에 나타난 벽진장군 이총언의 입장은 설사 고려를 지지하고 싶어도 그 지지에 따른 보상을 기대할 수 없는 상황이었을 것으로 여겨지며, 결국 후백제의 지지 내지는 독자적 입장을 표명하였던 것이 아닌가 한다.

이러한 이총언이 고려의 왕건에게 협력하게된 시기 또한 자세하지 않다. 다만 그가 아들 永을 보내어 토벌에 참가케 한 것으로 보아 최소한 930년의 고창전투를 전후한 시기 또는 그 이후가 아닐까 한다. 즉. 고려는 930년의 고창전투를 계기로 경상도지역의 주도권을 장악하였으며, 자료 30에서 "천명과 인심이 이미 왕씨에게 돌아간 줄 알았다"는 표현이 대체로 합치되기 때문이다.

한편 이총언이 고려에 귀부하였을 때 고려 태조가 그에게 준 반대급부는 여타 호족들의 귀부때에 비해 상당히 이례적인 것이었다. 즉, 이총언을 本邑의 장군으로 삼고, 이웃 읍의 丁戶 229戶를 주었으며, 아울러 각지의 창고 곡식 2천2백석과 소금 천7백85석을 주었고, 후대 자손에 이르기까지 마음이 변치 않으리라는 내용을 담은 친필의 편지를 내렸다는 것이 그것이다. 물론 자료상에는 잘 보이지 않으나 여타의 고려에 귀부한 호족들에게도 적잖은 반대급부가 주어졌을 것을 감안하더라도 극히 이례적인 것만은 틀림이 없다. 더구나 사료 28에 보이듯이 이총언이 고려 태조 21년에 81세의 향년이었다는 것은 고려 건국때인 918년에 이미 還甲의 노령이었으며, 그의 활동기로 추정되는 시기는 이미 7旬을 넘긴 때인 관계로 그의 활동이 주로 벽진지역을 수성하고 민심을 안돈시키는 일에 주력하였음에도 이처럼 두터운 상훈이 이총언에게 주어진 것은, 고려의 입장에서 경상도 진출을 위해서는 벽진지역의 확보가 긴요하였으며, 더구나 그 지역이 과거 양문의 귀부 이후 고려의 지지 입장이었다가 이총언이 이 지역의 주도권을 잡은 후, 일정기간 고려에 대립적이었다는 측면을 고려할 때, 그 중요성이 더해졌던 것으로 여겨진다. 그리고 이러한 맥락에서 왕건이 여타의 호족들에는 잘 보이지 않는 帶礪之盟의 뜻을 담은 친필 서신의 의미도 이해될 수 있을 것이다.

또한 이상의 분석과 관련하여 이총언을 양문과 동일인으로 파악한 기존의 견해는 재검토의 여지가 있다고 여겨진다.

④ 李能一, 裵申乂, 裵崔彦

성산지역의 호족로는 이능일과 배신예,[55] 배최언 등이 앞의 사

---

55) 본문의 사료6)은 아세아문화사에서 영인하여 출판한『경상도지리지』의

료 29에 보이며, 그 외의 인물들은 보이지 않는다. 따라서 이들 3인 은 성산지역의 대표적 호족였으며, 또한 같은 시기에 활동을 했던 것으로 보인다. 그리고 사료 29의 내용을 신빙한다고 할 때, 이들 이 모두 삼중대광에 봉해졌다는 것은[56] 이들의 활동 및 지역적 중 요성이 고려의 통합에 적지 않은 기여를 하였으며, 또한 이들이 당 시 성산지역에서 지녔던 位次의 차이가 뚜렷하지 않았을 가능성을 보여준다. 그러나 이능일의 경우 그와 관련된 유적들이 현재도 전 해지고 있는 반면, 배신예와 배최언의 경우는 관련 자료가 남아있 지 않아 아쉬움을 준다.[57]

한편 이능일의 경우는 비록 후대의 것이긴 하지만 아래의 자료 에서 처럼 그의 족적이 산견되고 있는데,

> 31. 李公神井; 司倉의 뜰 가운데 星山君 이능일이 물을 마시던 우물이 있는데 廢棄된 지 여러해가 되었다. 목사 신학의 꿈에 白頭翁이 나와 이르기를 "원컨데 그대가 나의 우물을 수리해 달라"고 하였 다. (신학이) 깨어나서 이를 기이하게 여겨 古老들을 방문하여 그 우물터를 찾아 다시 우물을 파고 보호각을 지었으며[築室], 현판에

상주도 성주목관조를 참고한 것인데, 본문의 "京山府將軍李能一裵申 义裵崔彦"라고 기록된 부분 중 裵申义의 '义'字가 명확하지 않아 '又' 로 읽힐 가능성도 있다. 그럴 경우는 이름이 '裵申'이 될 것이다.

56) 이들 3인이 수여 받은 三重大匡은 앞의 註43) 표에 나타나 있듯이 1품 의 1관등에 해당하는 최고의 관직으로서 여타의 호족들이 고려에 귀부 하거나 공을 세운 후 수여 받은 관직과 비교할 때, 예로서 공산전투, 일 리천전투 등과 더불어 후삼국정립기 대표적 쟁패전의 하나인 930년의 고창전투에서 공을 세우고 또한 고려에 귀부한 김선평, 권행, 장길 등 이 각각 2품 3관등인 大匡과 4품 7관등인 大相에 보해졌던 것과 비교 할 때, 만약 자료를 신빙하는 입장에서 본다면 상당히 이례적인 厚待라 할 수 있다.

57) 특히 이능일의 경우는 성산이씨의 시조로 추숭되어 있는데 비하여, 배 신예와 배최언의 경우 이 지역 토성의 하나인 성주배씨와 그 世係를 연 결시킬 근거가 없어, 그 族勢와 後孫 등에 대해서도 상고할 길이 없다.

李公神井'이라 題하였다(『星州牧邑誌』 고적).

32. 高麗李能一; 고려 태조의 개국을 보좌하여 관직이 司空에 이르렀
   다. 본명은 能으로서 統一三韓의 공이 있어 '一'字를 하사 받았다.
   지금 성주의 사창은 곧 神井의 터이며, 주민들이 성황사에서 (이능
   일을) 향사하고 있다(『星州牧邑誌』 인물).

33. 성황사는 성주의 성내에 있다. 邑人들이 고려 司空 이능일의 목상
   을 만들어서 향사하였는데, 巫覡으로 이를 주관하였다. 목사 김윤
   제가 淫祠라 하여 그 목상을 불태웠는데, 관아 내에 질병이 돌고
   많은 사람들이 죽었다. 그래서 齊潔致祭하고 글로서 사죄를 하였
   으며, 성황사를 다시 세웠다(『京山志』 2, 사묘).

　이들 사료외에도 『京山誌』나 『嶺南邑誌』 등에는 사창이 이능일
의 옛집터였음을 언급하는 등의 서술들이 나타나고 있다. 이처럼
이능일에 대한 자료가 배신예나 배최언에 비해서 상대적으로 풍부
한 것은 그 후손들의 族勢繁盛에 기인한 부분도 있겠으나, 관련 유
물들이 이능일과 직접 관련되는 것이어서 당시 성산지역에서 그의
위치가 결코 소홀하지 않았음을 반영해주고 있다. 특히 읍민들이
城隍祠에서 그를 향사했다는 것은 당시 그가 이 지역에서 지녔던
정치적 비중이나 신망 등을 짐작케 해준다.

　앞의 사료 29에 의하면 이능일을 비롯한 배신예와 배최언이 고
려 태조를 도와 활동한 시기는 天授 乙酉 즉, 고려 태조 8년인 925
년으로 되어 있다. 이들이 이 시기에 비로소 왕건을 돕기 시작한
것인지 아니면 그 이전에 고려에 귀부하였는지는 확실치 않으나,
굳이 추론을 해 본다면 아마 그 이전에 이미 고려에 귀부했을 가능
성이 크다고 여겨진다. 이는 앞의 사료 29에서 "6백인을 거느리고
태조를 도와 백제를 이긴 공로로 후한 상을 받았으며"라는 표현을
자세히 음미해 볼 때, 일반적으로 다른 호족들이 귀부할 때에는 주
로 귀부의사만 표현하고 군사적 원조는 그 후에 이루어지고 있다
는 측면과 6백인을 거느리고 태조를 도왔다고 했을 때, 이는 성산

지역에서 태조를 도운 것이 아니라 타지로 병력을 이끌고 출동한 것을 의미하기 때문에[58] 귀부 즉시 이러한 타지로의 병력동원은 쉽지 않았을 것이다.[59] 이렇게 전제할 때 성산지역이 고려에 귀부한 시기는 앞서 살펴 본 벽진지역의 양문이 고려에 귀부한 923년을 전후한 시기에서 앞의 사료 29에 나타난 925년 이전의 어느 시점일 것으로 추론해 볼 수 있지 않을까 한다.

다음으로 이능일과 배신예, 배최언 등이 고려 태조를 도운 상황에 대하여 살펴보자. 『삼국사기』와 『고려사』, 『고려사절요』 등에 나타난 925년의 기록은 9월에 매조성의 능현이 귀부한 사실, 10월에 고울부의 능문이 귀부한 사실,[60] 같은 달에 유검필이 후백제의 燕山鎭을 공격하여 장군 길환을 죽이고 임존군을 공격하여 3천여 명을 죽이고 사로잡은 사실, 역시 같은 달에 왕건이 직접 조물군에서 견훤과 교전하였는데 유검필이 이끄는 응원병의 합세로 서로 인질을 교환하고 화의를 맺은 사실 등이 찾을 수 있는 기록의 전부이다. 이들 기록 중 후백제와의 교전은 연산진과 조물군에서 행해진 두번의 전투인데 그중 관심이 가는 것은 조물군전투이다. 우선

---

58) 그 지역에서 태조를 돕는다고 했을 경우 6백인이라는 동원병력의 구체적 숫자가 표현되기 어려울 것이다.

59) 물론 고려 태조가 후백제와의 전투를 위해 지리적으로 관련이 있는 성산지역의 호족(이능일 등)에게 협조를 요청하고, 이능일 등이 이를 수락하였다고 가정할 때, 그와 같은 병력동원이 귀부 또는 협조의사를 밝힘과 동시에 이루어졌을 가능성을 전혀 배제할 수는 없다. 그러나 6백인이라는 적지 않은 규모의 병력동원은 명분적 귀부라기 보다는 전력상승에 실질적으로 큰 도움이 될 만한 것이라 할 수 있다. 따라서 고려와 처음 교분을 맺으면서 그러한 병력을 동원했다는 가정은 부담스런 해석으로 여겨진다.

60) 『고려사』卷1, 태조 8년 10월 기사. "이때에 왕건은 고울부(영천지역)이 신라 수도에 가깝다는 이유로 신라와의 관계를 고려하여 위로하여 돌려보냈다"

연산진전투는 고려군의 병력을 이끈 장수가 유검필인데 비하여 조물성의 전투는 왕건이 견훤과 직접 조우한 전투로서 전투의 비중면에서 일정한 차이가 느껴진다. 또한 연산진전투는 유검필이 파죽지세로 몰아 부쳐 쉽게 승리를 한 전투인 반면 조물군 전투는 유검필의 합세로 겨우 호각을 이루고 화의를 맺은, 고려의 입장에서는 고전한 전투라는 사실이다. 다음으로 충북 燕岐郡으로 비정되는 연산진과[61] 금오산을 중심으로 한 인근지역에 비정되는 조물군의 지리적 위치를 감안할 때, 성산지역의 6백명이나 되는 병력이 참여한 전투는 조물성전투일 것으로 추정하는 것이 보다 자연스런 해석이다. 따라서 아마 이능일 등이 이끌었던 성산지역의 병력은 조물군에서의 전투 당시에 유검필의 원병이 합세할 때까지 고려의 입장에서 어려운 전세를 그나마 지탱하는데 큰 도움을 준 것이 아닌가 여겨진다.

(2) 경산부 건치연혁의 분석

이상에서 후삼국정립기에 성주지역에서 활동했던 호족들에 대하여 개별적 분석을 간략히 해보았다. 물론 사료의 부족이라는 측면도 있지만 여기서 주목되는 것은 벽진지역과 성산지역의 이 시기 활동양상이 뚜렷이 구분되며, 이들 양지역 간에 상호 교류나 연계를 확인해 볼 만한 근거를 찾아 볼 수 없었다는 점이다. 벽진지역의 경우 양문에서 색상을 거쳐 이총언에 이르는 지배층의 변화구도를 상정해 볼 수 있었고, 성산지역의 경우 이능일과 배신예, 배최언 등이 같은 시기에 활동하였다는 외에 다른 호족을 찾아볼

---

61) 『新增東國輿地勝覽』 卷18, 연기군 건치연혁조.

수는 없으나, 이능일의 경우 후대에 이르도록 그가 성산지역에서
받은 예우(성황사에서의 향사 등)나, 후삼국 통합후 고려 조정으로
부터 받은 예우로 미루어 대략 후삼국의 통합시까지 그 지배력을
유지하였다는 해석이 가능해 진다. 그래서 벽진지역과 성산지역의
호족들이 서로 시기적으로 중첩되게 활동했을 것임에도 불구하고
상호간의 관련성을 유추해 볼 만한 근거를 찾을 수 없다는 것은 최
소한 경산부 설치이전까지는 벽진지역과 성산지역이 서로 독자적
생활권역을 형성하여 온 것이 아닌가 한다. 이러한 측면과 관련하
여 이들 양 지역의 건치연혁을 검토해 보기로 한다.

34. 星山郡은 본래 一利郡(또는 里山郡)으로, 경덕왕이 이름을 고쳤는
    데, 지금의 加利縣이다. 영현은 4개로서 수동현은 본래 사동화현
    으로 경덕왕이 이름을 고쳤는데 지금은 未詳이다. 계자현은 본래
    대목현으로 경덕왕이 이름을 고쳤는데 지금의 약목현이다. 신안현
    은 본래 본피현으로 경덕왕이 이름을 고쳤는데 지금의 경산부이
    다. 도산현은 본래 적산현으로 경덕왕이 이름을 고쳤는데 지금은
    미상이다(『삼국사기』卷34, 지리 1 성산군).
35. 경산부는 본래 신라 본피현으로 경덕왕이 신안현으로 이름을 고쳐
    성산군의 영현으로 삼았다. 후에 벽진군으로 고쳤으며 태조 23년
    에 지금의 이름으로 고쳤다. 경종 6년에 광평군으로 강등되었으며,
    성종 10년에 대주도단련사라 칭하였고 현종 3년에 단련사를 폐하
    고 9년에 지경산부사로 고쳤다. 충렬왕 21년에는 흥안도호부로 승
    격되었으며, 34년에는 또 성주목으로 승격되었다. 충선왕 2년에 여
    러 목을 격하할 때 경산부로 강등되었다. 가야산이 있으며, 속군이
    1이고 속현이 14이다(『고려사』卷57, 지리 2 상주목 경산부).
36. (성주목) 예전에 칭하기를 벽진국이라 하였는데, 이는 謬傳이다. 신
    라때에 성산군은 본래 일리군(또는 이산군)이었는데 경덕왕때 가
    리현으로 고쳤다. 고려 태조의 (후삼국)통합시에 성산군 적산현 수
    동화현 본피현 경산군 유산현을 합하여 경산부로 하였다(『경상도
    지리지』상주도 성주목관).

여타의 지리지에도 위의 사료와 유사한 내용이 기록되어 있는

데, 우선 위의 내용 중 성산과 벽진에 대한 언급들을 재정리해 보기로 한다. 사료 34의『삼국사기』지리지에서는 성산군은 본래 일리군이라 하였는데 신라 경덕왕때 성산군으로 하였으며,『삼국사기』를 편찬할 당시에는 가리현이었고 영현이 4개 있는데, 그 중 신안현 즉, 본피현이 포함되어 있음을 적고 있다. 사료 35의『고려사』지리지에서는 성산군의 영현이었던 본피현이 고려 태조 23년에 경산부가 되었음을 기록하고 있다. 사료 36은 성산과 본피 등을 합하여 경산부를 설치했음을 밝히고 있다. 물론 경산부로의 승격 원인이 이능일 등의 활동에서 기인하였다는 앞의 사료 29의 표현은 벽진지역에서 활동한 이총언의 존재와 관련하여 그대로 신빙하기에는 검토의 여지가 있으나, 이총언의 사후인 태조 23년에 성산과 벽진지역을 비롯한 인근의 5개현이 합하여 경산부가 설치된 것은 확실하다 하겠다. 그런데『삼국사기』지리지와『고려사』지리지에서는 성산지역(가리현)과 벽진지역(본피현)을 구분해서 언급하고 있다. 즉『삼국사기』에서는 성산군이 지금은 가리현이라 하고 있고, 성산군의 영현이었던 본피현은 지금의 경산부라 하고 있는 것이 그것이다. 이는 두 지역이 비록 영속관계에 있었는지는 자세하지 않으나『삼국사기』가 편찬된 인종 23년(1145년)의 시점에서는 이미 행정편제상으로는 구분되어 있음을 의미한다. 또한 위의 사료 35『고려사』지리지에는 벽진지역이 현종 9년에 다시 경산부가 되었음을 언급하고 있고, 그 이후 충렬왕 21년까지는 특별한 변화를 보이지 않고 있어 인종대에는 읍격이 경산부였음을 보여주고 있다.

이상의 내용 검토를 통하여 추론컨데 후삼국정립기에는 서로 별개의 행정구역으로 편제되어 있었던 성산지역과 벽진지역이 고려 태조 23년의 행정구조 개편시에는[62] 성산과 벽진지역을 비롯한 인근지역을 포함하여 경산부로 확대 개편되었으며, 그 후 『삼국사기』가 편찬되었던 인종대 또는 벽진지역이 경산부라는 읍격을 지니게 된 현종 9년 이전의 어느 시점에선가 성산지역은 경산부에서 분리되어 가리현이 되었으며, 대읍중심의 군현제하에서 경산부(혹은 광평군이나 대주도단련사)의 속현으로 기능한 것이 아닌가 여겨진다.

2) 각 부의 성립

앞 절에서는 경산부를 사례로 그 호족의 활동과 건치연혁을 분석해 보았다. 본 절에서는 여타의 각 부의 성립에 대한 사료들을 간략히 분석해보고, 이러한 분석의 결과와 앞장에서 논급한 읍격의 변화에 대한 나름의 견해를 중심으로 고려전기 태조의 지방경영 양상을 검토해 보기로 한다.

(1) 천안부

천안부의 성립과 관련된 자료를 제시하면 다음과 같다.

37. 가을 8월에 대목군에 행차하여 東·西兜率을 합쳐서 天安府라 하고 都督을 두었으며, 大丞 弟弓으로 使를 삼고, 元甫 嚴式으로 副使를 삼았다(『고려사절요』 卷1, 태조 13년 8월).[63]

---

62) 김윤곤, 1983, 『고려군현제도의 연구』 경북대 박사학위논문. 고려 태조 23년의 주부군현에 대한 명칭 개편이 단순한 명칭의 개편만이 아니라 행정조직의 구조적 변화까지 수반하고 있음은 이미 지적된 바 있으며, 이는 성주지역의 경우에서도 확인된다고 할 수 있다.

38. 본래 東西兜率 땅으로 고려 태조 13년에 합하여 천안부라 하고 도독을 두었다. (細註) 李詹集에 王氏始祖가 倪方의 말을 듣고서는 이에 湯井・大木・蛇山의 땅을 분할하여 천안부를 설치했다고 하였는데, 이는 의문이다(『신증동국여지승람』 卷15, 천안부 건치연혁).

39. 三國中心; 고려사 諺傳에 術師 倪方이 태조에게 밝혀 이르기를 三國 中心의 五龍爭珠之勢로서 만약 三千戶의 邑을 설치하고 그곳에서 병사를 훈련한다면 곧 (후)백제 스스로가 태조에게 항복할 것이라 하였다. 이에 태조가 산에 올라 주위를 살피고서 비로소 천안부를 설치하였다(『신증동국여지승람』 卷15, 천안부 형승).

위의 사료를 통하여 천안부의 성립시기가 태조 13년(930)이며, 또 東西兜率을 합하여 설치하였음을 확인할 수 있다. 그리고 사료 39에서는 비록 諺傳이기는 하지만 천안부의 설치 이유가 술사의 충고와 관련한 지리적 중요성에 있음을 밝히고 있다. 태조 13년은 그해 정월에 있었던 고창전투에서 승리한 것을 계기로 후백제와의 세력쟁패에서 우세를 점했던 시기였다. 즉 고창전투 직후 永安・河曲・直明・松生 等 30여 군현이 來降하였으며,[64] 곧이어 명주로부터 흥례부에 이르기까지 총 백십여 성의 신라 동쪽의 沿海 주군부락이 항복하는 등[65] 고려가 후백제와의 주된 쟁패지였던 경상도지역을 완전히 장악한 시기였던 것이다. 그래서 사료 37에 보이는 것처럼 대목군까지의 행차가 가능했으며, 천안부 지역이 고려의 세력권 아래에 있었을 것임은 자명하다 하겠다.

그런데 사료상 이 지역의 호족의 존재는 보이지 않는다. 더욱이 大丞 弟弓을 使로, 元甫 嚴式을 副使로 삼은 것으로 미루어 이 지역의 읍격상승은 호족의 활동과는 무관한 것으로 보아 틀림없다고

---

63) 한편 各 府의 성립과 관련한 자료 중 그 내용이 같을 경우 중복을 피하기 위해 자료 모두를 예시하지는 않는다.

64) 『고려사』 卷1, 太祖 13년 정월 경인조.

65) 『고려사』 卷1, 太祖 13년 2월 을미조.

여겨진다. 따라서 천안부로의 읍격상승 원인은 이 지역의 지리적 중요성과 관련한 것으로 이해된다.[66] 즉 천안부는 위의 사료 39에서 다섯룡이 구슬을 다투는 형세로서 三國의 中心이란 표현과, 또한 같은 條의 계속된 내용에서 姜好文의 大召院記를 인용한 '一方要衝之地'[67] 라는 표현에서 알 수 있듯이 그 지리적 위치 자체가 우리나라의 중심이었으며, 후삼국 상호간의 역학관계 속에서는 고려의 경상도지역 진출을 위한 군사적 요충지로서 그 중요성이 더욱 부각되었을 것으로 여겨진다.[68]

한편 앞 절의 경산부의 경우에서도 살폈듯이 이 천안부의 경우도 東·西兜率의 두 현을 합하여 설치하였는데, 사료 38의 細註에 湯井·大木·蛇山의 땅을 분할하여 설치하였다고 한『李詹集』의 내용을 제시하면서 의문을 표시하였다. 湯井은 현재의 온양지역이며, 蛇山은 현재의 稷山지역이다.[69] 그리고 大木은 현재의 목천지역으로서[70] 이들 세지역이 대체로 인접해 있다. 따라서『李詹集』의 내용을 전혀 근거 없는 것으로 여기기는 어려우며, 현재로서는 천안지역에 포함되어있는 지역이라는 것 외에는 정확한 위치비정이 어려운 동·서도솔 외에 湯井·大木·蛇山의 일부 지역을 천안부의 관할하에 포함시켰을 개연성이 있다고 여겨진다. 특히 천

---

66) 李樹建, 1984,『韓國中世社會史硏究』, 63쪽.

67)『신증동국여지승람』卷15, 천안부 형승조.

68)『고려사절요』卷1, 太祖 19년 9월조. "이는 후에 후백제와의 마지막 전투인 일리천전투시 고려의 모든 전투병력이 이곳에 집결하였던데서도 알 수 있다"

69)『신증동국여지승람』卷16, 稷山縣 건치연혁. "本慰禮城 百濟溫祚王 自卒本扶餘 南奔開國建都于此 後高句麗取之爲蛇山縣 新羅因之爲白城郡領縣 高麗初改今名 顯宗九年屬天安府 後置監務 …"

70) 같은 책, 卷16, 木川縣 건치연혁. "本百濟大木岳郡 新羅改大麓郡 高麗改木州屬淸州 明宗二年置監務 …"

안지역이 아닌 대목지역에 와서 천안부를 설치했다는 데서 대목지
역과의 관련성을 짐작케 하며, 다만 이들 세 지역의 경우는 邑域의
일부가 포함된 관계로 전체가 포함된 동·서도솔의 경우와 달리
사료의 서술에서 탈락되거나 생략된 것이 아닌가 한다.

(2) 고울부

고울부의 성립관련 기사는 아래와 같다.

40. 永州; 高麗初에 신라 臨皐郡에 道同 臨川의 두 縣을 합하여 이를
    두었다(一云 高鬱府라 한다). 성종 14년에 永州刺史가 되었다(『고
    려사』卷57, 지리 2, 동경유수관 속현 永州).
41. 永川郡; 경덕왕이 切也火郡을 고쳐 臨皐郡으로 하였다. 또한 冬火
    현을 고쳐 도동현으로, 骨火현을 고쳐 임천현으로 하여 모두 임고
    군의 영현으로 하였다. 고려때에 이르러 세 현을 합하여 永州로 하
    였다. … 고려태조의 본기에 이르기를 고울부는 지금의 영주이다
    (『세종실록지리지』경상도 안동대도호부 영천군).
42. 三國時에 臨皐郡이라 하였는데, 본래는 切也火郡이었다. 高麗太
    祖의 統合時에 郡人인 金剛城將軍 皇甫能長의 輔佐之功으로 骨
    火縣 苦也火郡 道同縣 史丁火縣을 합하여 永州로 하였다. 임고군
    은 골화현을 합하여 지금의 郡邑이며, 苦也火는 지금의 郡村인 珍
    村里이다 (『경상도지리지』안동도 영천군 연혁).
43. 高鬱府將軍 能文이 병사를 거느리고 來投하였다. 그 성이 新羅王
    都에 가까운 까닭에 노고를 위로하고 돌려보내었으며, 다만 摩下
    의 侍郞 孟近과 大監 明才 相述 弓式 등만 머물게 하였다(『고려
    사』卷1, 태조 8년 10월 기사).

위의 사료들을 보면 우선 영주와 고울부의 명칭이 혼효되어 있
으며, 그 성립시기 또한 고려초 또는 태조통합때 등으로 표현되는
등 구체성이 결여되어 있다. 이러한 측면과 관련하여 旗田巍는 태

조 초년의 명칭을 고울부로 보고 영주는 성종 14년의 刺史 설치 후
로 보았으며, 태조 초년을 구체적으로 능문이 고려 태조에 귀부한
시기인 태조 8년(925)로 보았다.[71] 또한 김갑동과 박종기는 영주와
고울부를 동일시하면서 그 성립시기와 성립원인에 대해서는 하다
다의 견해와 마찬가지로 태조 8년(925)의 능문의 고려 귀부와 관련
시키고 있다.[72] 한편 황선영은 후삼국의 쟁패와 관련한『삼국사
기』의 기사에 이미 고울부라는 표현이 나타나고 있으며, 당시 이
지역의 지리적 중요성과 관련하여 이미 고울부가 신라시대부터 존
재하였을 것이라고 하였다.[73] 우선 황선영의 견해의 경우 신라시
대에 고울부를 설치하였다는 기록이 없으며,『삼국사기』의 기사에
나타나는 고울부라는 읍호의 표현이 후대적 표현일 가능성이 있다
는 측면과 관련하여 고려초에 설치되었다는『고려사』지리지 등 위
사료의 기록을 굳이 부정할 필요가 있을까 하는 의문이 든다. 특히
府의 성립이 수개의 군현지역을 합하여 이루어지고 있고, 그러한
사실이 각 史書의 건치연혁 등에 구체적으로 표현되고 있다는 측
면도 고려되어야 할 것이다. 또한 그는 "그런데 고려 태조는 경순
왕이 귀순해 올 때까지 형식적이라 하더라도 신라 조정을 받들었
을지언정 어떠한 위협이나 적대행동도 하지 않았다. 그러한 양국
관계하에서 고려가 일방적으로 신라 도성 주변에 군사기지라 할
수 있는 府를 설치했다고는 생각할 수 없는 일이다. 이러한 정황에
비추어 보더라도 경주 주변의 부들은 대개 신라의 부들이었다고

---

71) 旗田巍, 앞의 글, 7～8쪽 참조.
72) 김갑동, 앞의 글, 99쪽 및 박종기, 앞의 글, 168～169쪽 참조.
73) 黃善榮, 1994,「新羅下代의 府」『한국중세사연구』창간호. 18쪽 참조.
   한편 황선영은 고울부 외에도 경산부, 의성부, 흥례부, 김해부 등이 모
   두 신라 왕도를 감싸고 있다는 맥락에서 신라시대부터 성립되었던 것
   으로 보고 있다. 따라서 관련 府의 성립시기를 살필 때 황선영의 견해
   를 일일이 소개하지는 않는다.

믿어진다"[74) 고 하였다. 그런데 고려와 신라와의 관계가 후백제와 의 관계에 비해 상대적으로 우호적인 것은 사실이라 하더라도 오 히려 당시의 신라 국세와 정황은 위 사료 43에 보이듯이 경주의 바 로 지척에 있는 고울부 조차 고려에 귀부할 정도였으며, 비록 신라 왕도에 가깝다는 이유로 돌려보내기는 했지만, 일부의 고울부 소 속 관료들을 억류하는 안전장치를 마련하고 있음을 보게 된다. 또 한 '경주 주변의 부는 신라의 부'라는 그 범위가 모호한 표현과 관 련하여, 후삼국정립기 고려의 활동무대는 경상도의 전역에 걸친 것으로 이러한 군사활동이 혹 명목상 신라의 권역이라 하여 일일 이 신라의 허락과 요청하에 이루어진 것이라고는 볼 수 없다. 따라 서 고울부의 성립이 고려 태조대에 와서 이루어졌을 것으로 보는 견해가 보다 사실에 가깝다고 여겨진다.

한편 위의 각 지리지에서 모두 고려초의 군현개편에 따른 영천 지역의 읍격이 영주로 나타나고 있으며, 이 영주를 고울부라고도 칭한다고 하고 있어, 영주라는 읍격을 성종 14년의 刺史설치 이후 로 파악한 旗田巍의 견해에 선뜻 동의하기는 어렵다. 그리고 고울 부와 영주를 동일시하면서 그 성립시기를 태조 8년(925)으로 파악 한 견해 또한 문제는 있다. 즉, 우선 영주나 고울부라는 읍격이 고 려의 중앙정부에 의해 책정된 것으로 전제할 경우 두가지 모두 같 은 시기에 책정된 것으로 보기는 더욱 어렵다. 또한 능문이 귀부의 사를 표하였을 때, 신라의 수도인 경주와 가깝다는 이유로 완곡히 사양한 내용으로 보아 이때의 고려는 영천지역을 아직 신라의 세 력권에 두는 것이 민심의 획득이나 신라와의 차후 관계 등을 고려 할 때, 유리하다는 판단을 했다고 볼 수 있다. 따라서 공식적으로 고려의 세력권에 포함하지 않은 이 지역을 인근의 여러 군현을 통

---

74) 黃善榮, 앞의 글, 20쪽.

합하면서까지 고울부 또는 영주로 개편한다는 것은 논리에 맞지 않는 것으로 여겨진다.

이러한 전제와 관련하여 우선 사료상에 이 지역의 호족으로 나타나는 능문과 황보능장에 대해 소략히 살펴보고자 한다. 이들 2인에 대해서는 旗田巍가 동일인으로 파악한 이후[75] 별 이견이 없이 수용되어 왔었다. 능문의 경우 위의 사료 43에서 925년(태조 8)에 고려에 래투하여 귀부의사를 밝혔음을 보여주고 있다. 이는 비록 신라와 가깝다는 이유로 그 의사가 완곡히 반려되기는 하였으나 이 시기 능문으로 표징되는 고울부의 동향이 이미 신라의 통제를 벗어난 독자적 입장이었음과[76] 고려에 우호적인 입장이었음을 보여준다. 이러한 고울부의 귀부의사 표시 이후 이 지역과 관련하여 주목되는 것은 2년 후 후백제의 고울부 침공이다. 즉, 후백제가 근품성(상주지역)을 공략한 후, 경주를 침공하면서 그 길목에 위치해 있는 영천지역을 먼저 함락한 것이다. 귀부를 요청한 시기와 고울부의 침공시기가 2년 정도의 기간을 격하고 있어 이 짧은 기간에 고울부지역의 호족의 변화를 상정하기 어렵고 또한 그럴만한 근거도 찾아지지 않는다. 따라서 후백제의 고울부 침공시 이 지역의 호족은 능문이었을 것이며, 경주와 영천간의 그 짧은 거리에도 불구하고 고울부의 함락 후 다급해진 신라의 구원요청이 있었던 것으로 보아, 그리고 고려에 의한 만병의 병력파견이 이루어지고 이들의 도착 전에[77] 후백제의 경주침공이 있었던 것으로 보아 후백제의 고울부 침공시에도 이 지역민들의 대항이 일정기간 진행되었던

---

75) 旗田巍, 앞의 글, 11쪽.
76) 또한 고려에 귀부의사를 전달하러 가서 머물게 된 侍郞 盂近과 大監 明才 相述 弓式 등의 존재로 보아 고울부지역 내에서 나름의 독자적 통치질서를 갖추었음을 보여 준다.
77) 『삼국사기』 卷12, 경애왕 4년 9월조 및 『고려사』 卷1, 태조 10년 9월조.

것으로 여겨진다. 그런데 이러한 영천지역에서의 전투시 능문의
존재는 보이지 않는다. 또한 경주를 유린한 후백제군이 고려 태조
가 이끄는 구원병과 조우하기 위해 대구의 공산지역으로 향할 때
도 그 중로인 영천지역을 아무런 저항없이 거친 것으로 보아 영천
지역은 후백제의 침공 당시 철저히 유린된 것으로 여겨진다. 따라
서 후백제의 영천지역 함락 이후 능문이 여전히 이 지역에서 세력
적 기반을 갖고 활동했다고는 보기 어렵다. 위의 사료 42에서 영주
로의 읍격상승 원인이 황보능장의 '輔佐之功'이라 하였는데, 과연
패한 전투 특히 고려 태조가 신라의 구원에 실패하고 공산전투에
서 겨우 목숨만 부지할 정도의 참담한 결과를 가져왔음을 전제할
때, 그러한 표현이 가능하였을까 하는 의문이 든다. 즉, 황보능장이
고려 조정에 공을 세웠다면 결코 927년 경주침공을 전후한 후백제
와의 전투시기는 아닐 것으로 여겨진다.

황보능장과 관련해서는『경상도지리지』에만 주로 언급이 되고
있는데, 위의 사료 42외에도 같은 책의 인물조에

> 44. 신라시대에 骨火縣의 金剛城將軍皇甫能長이 고려태조의 발흥을
> 보고 천명과 인심이 돌아가는 바를 알아 드디어 擧衆助順하였는
> 데, 태조가 嘉賞하고 在丞을 제수하였다. 그리고 능장의 고향(所歸
> 之地)인 骨火 등 4현을 합하여 永州로 하였다. 土姓인 皇甫가 이
> 로 말미암은 바 되었다(『경상도지리지』 안동도 영천군 인물).

라고 기록하고 있다. 우선 고려에 래투한 사실은 능문에 대한 기록
과 같지만 상과 관직의 하사 및 영주로의 읍격상승은 능문에게서
는 찾을 수 없는 측면들이다. 물론 소략한 능문의 래투관련 기록만
가지고 단순비교를 하는데서 오는 오류일 가능성도 배제할 수 없
다. 그러나 앞 사료 43의 능문의 래투관련 기록은 단순히 래투사실

만 기록한 것이 아니라 신라의 수도 경주와 가깝기 때문에 위로하여 돌려보냈다고 한 표현은 아마도 당시의 정황에 대한 구체적 사실을 전해주는 것이라 여겨지며, 이렇게 전제할 때 황보능장의 경우와는 사뭇 다른 결과를 보여주고 있는 것이다. 이러한 추론처럼 능문과 황보능장이 동일인이 아닐 경우 황보능장의 활동시기는 능문 이후일 것으로 판단된다. 추론을 더한다면 부의 성립이 인근 군현을 통합하여 이루어진 사실과 관련하여 고려의 입장에서 경상도 지역에까지 행정편제가 가능하게 된 이후일 것으로 여겨지며, 이는 아마 고려가 후백제와의 쟁패에서 우위를 확보하게 되는 고창전투의 승리 이후가 아닐까 한다.

이제 앞서 언급한 영주와 고울부가 동시에 성립될 수 없다는 전제하에 양자의 관계를 간략히 추론해 보면, 우선 고울부는 황보능장의 귀부 또는 '輔佐之功'에 의한 것으로 생각된다. 그리고 영주는 태조 23년의 전국 군현개편시 경주를 대도독부로 삼으면서 지역적으로 인접한 이 지역을 고울부에서 영주로 개편한 것이 아닐까 한다. 태조대에 이러한 두 번의 변화를 겪은 것이 혹 후대의 자료에서 영주와 고울부를 구분하는데 혼란을 가져온 것은 아닌지 억측해 본다.

(3) 홍려부

홍려부의 성립관련 기사는 아래와 같다.

45. 蔚州. 본래 屈阿火縣으로 신라 파사왕이 이를 취해 현을 설치했다. 경덕왕이 河曲(河西라고도 한다)으로 고쳐 臨關郡의 영현으로 삼았다. 고려초에 지금의 이름으로 고쳤다. 현종 9년에 防禦使를 두었다 (細註;경덕왕이 于火縣을 고쳐 虞風縣으로, 栗浦縣을 東津縣

으로 하였는데 모두 합속하였다. 태조때에 郡人 朴允雄이 큰 공이
있어 이에 하곡과 동진 우풍 등 현을 합하여 興禮府를 설치하였다.
후에 恭化縣으로 강등되었다가 또 知蔚州事로 고쳤다(『고려사』
卷57, 지리2, 동경유수관 울주조).

46. … 고려때에 郡人 박윤웅이 태조를 보좌하여 고려국을 흥하게 하
였는데, 그 공으로서 동진현(일명 失浦縣)과 河曲縣(일명 屈火縣
)ㆍ洞安縣(일명 西生良縣)ㆍ虞風縣(일명 亏火縣)을 합하여 이름을
흥려부로 내렸다. 고려가 흥함을 이른 것이다. 성종때의 淳化2년
신묘에 강등하여 恭化縣으로 고쳤다. 統和9년 공신 박윤웅의 고향
이라 하여 흥려부로 복호되었다. 후에 知蔚州로 고쳤는데 연대는
미상이다 (『경상도지리지』 경주도 울산군 건치연혁).

47. 박윤웅은 鶴城의 吏이다. 고려 태조가 남정할 때에 큰 공을 세워
좌명공신 평장사가 되었으며, 흥려백에 봉해져 농소의 채지와 유
포의 곽암을 수수받았다(『연조귀감』 卷2, 관감록).

위 사료들에서 흥려부는 東津縣과 河曲縣ㆍ洞安縣ㆍ虞風縣을
합하여 성립되었으며, 그 성립원인이 박윤웅이라는 이 지역 호족
의 공에 의한 것임을 확인할 수 있다. 박윤웅이 이 지역에서 차지
하는 비중은 경제적 측면을 중심으로 구산우에 의해 검토된 바 있
다.[78] 즉, 박윤웅은 신학성을 근거지로 하여 경주의 외항으로서 활
발히 펼쳐지던 울산항의 무역을 장악하면서 동시에 농업생산을 영
위하였으며, 또한 蔚山郡 農所面 達川里의 달천광산을 중심으로
한 鐵所의 관리, 그리고 공을 세운 후 흥려백에 봉해지면서 받았다
는 農所의 采地와 柳浦의 藿巖 등의 운영을 통하여 적잖은 부를
축적한 존재였다.

사료 47은 사료 자체가 후대의 2차사료인 관계로 그 내용이 후
대에 杜撰되었을 가능성이 크다. 즉, '興麗伯'이라는 훈작이 주어
진 점과, 녹읍이나 식읍이라는 표현과는 다른 특정 경제적 이권을
받았다는 것은 다른 귀부세력의 경우에서는 확인할 수 없는 포상

---

78) 具山祐, 1992,「羅末麗初의 蔚山地域과 朴允雄」『韓國文化硏究』 5.

으로서, 농소의 채지와 곽암의 경우, 박윤웅이 이미 소유권을 행사하고 있었던 부분에 대한 후대의 공인의 의미가 강하다고 여겨진다. 그리고 지방세력의 존재가 보이지 않는 천안부를 제외한 여타의 경산부·고울부·안동부·보성부·의성부 등은 귀부 사실과 귀부 후의 활동 등이 구체적으로 확인이 되는데, 홍려부의 경우 그 내용이 자세하지 않다. 홍려부의 성립이 박윤웅의 공에 의해서라고 전제할 때, 그가 공을 세웠다는 태조의 南征이 구체적으로 어느 시점을 지칭하는지는 알 수 없으며, 그 활동 내용 또한 자세하지 않다. 우선 그가 공을 세웠다는 시기는 고려가 930년에 고창전투에서 승리한 후 명주에서 홍례부에 이르기까지 110여성이 귀부하였다는 시점보다는 앞선 것으로 여겨진다. 즉, 그의 공에 의해 홍려부로의 읍격 변화가 이루어졌다는 것은 고려의 입장에서 그의 활동이 큰 도움이 되었다는 것을 의미하는데, 고창전투 이후는 경상도지역에 대한 주도권을 고려가 장악하였으며, 이 지역에서의 군사활동도 그 만큼 빈번하지 못했던 관계로, 이 지역 지방세력의 고려에 대한 기여도 또한 축소될 수밖에 없었을 것이다. 그리고 고창전투 이전은 후백제와의 접전이 치열했던 시기였으며, 이 시기에 있어서는 경상도지역의 주도권에 변화가 많았던 관계로 고려가 울산지역에 대한 행정편제를 시도하였다고는 여겨지지 않는다.

위의 내용을 전제로 추론컨데, 고창전투 이전 고려의 남정시에 이를 도운 후, 울산지역은 고려의 지지입장이었으며, 박윤웅의 공과 아울러 울산지역의 지리적 중요성은 고려가 고창전투를 계기로 경상도지역의 주도권을 장악한 후, 원활한 지방행정 운용의 필요성을 도모하는 과정에서 홍려부로의 승격을 가져오게 한 것이 아닌가 한다. 그리고 이후 홍려부로 존재하였던 울산지역은 사료 45의 고려초에 蔚州로 개칭되었다는 표현으로 미루어 태조 23년의 전국적인 군현개편시 흥려부에서 울주로 읍격이 변화한 것으로 여겨진다.

⑷ 안동부

안동부의 성립과 관련한 내용은 아래의『고려사』지리지에서 살펴볼 수 있는데,

> 안동부. 본래 신라 古陁耶郡으로 경덕왕이 古昌郡으로 고쳤다. 태조 13년에 후백제의 견훤과 더불어 郡地에서 싸워 이를 격패시켰다. 郡人인 金宣平·權幸·張吉이 태조를 보좌한 공이 있어 선평은 大匡에, 권행과 장길은 大相에 拜하고 군을 안동부로 승격시켰으며, 후에 永嘉郡으로 고쳤다. 성종 14년에 吉州刺史로 칭하고 현종 3년에 按撫使로 하였다. 9년에 知吉州使로 고치고 21년에 지금의 이름으로 고쳤다(『고려사』卷57, 지리2 경상도 안동도호부조).[79]

위의 사료에 의할 것 같으면, 930년의 고창전투에서 김선평·권행·장길 등이 이끄는 향군의 활동이 안동부 승격의 원인이었고, 그 시기도 고창전투에서의 승리 직후라는 것이다. 고창전투는 고려가 경상도지역으로의 진출로를 확보하기 위해서 반드시 승리하여야 하는 전투였고,[80] 이때의 승리 이후 안동 주위의 30여 군현이 귀부하는 등, 경상도지역은 물론 전체적인 정국운영의 주도권을 고려가 쥐게 되었던 것이다. 이러한 중요한 전투에서 고창성주인 김선평과 권행·장길 등이 이끄는 안동지역 향군들의 활동은 고려

---

79) 이러한 내용은『세종실록지리지』와『신증동국여지승람』에서도 확인이 된다.
80) 고창전투의 의미와 진행과정에 대해서는 柳永哲, 1999,「古昌戰鬪와 後三國의 정세변화」『한국중세사연구』7, 한국중세사학회, 참조.

가 승리할 수 있었던 토대가 되었으며, 승리 후의 포상 또한 각별한 것이었다. 즉 성주인 김선평은 大匡에 제수되고, 권행과 장길은 대상에 제수되었는데, 이는 귀부시 지방세력에 준 관직으로서는 최고위직이었다. 그리고 안동지역의 읍격도 고창군에서 안동부로 승격시켰던 것이다. 이러한 포상은 당시 김선평 등 향군의 공이 컷다는 의미와 아울러 당시 전투의 중요성을 역설적으로 보여주는 예라고도 할 수 있다. 또한 안동부는 그 지리적 중요성에도 불구하고 고창전투 이전까지는 고려에 귀부하였다는 기록을 찾아볼 수 없다. 그래서 종래 귀부의사를 표시하지 않은 안동지역이 고창전투시에는 고려의 승리에 큰 기여를 하였다는 것이 고려의 태조를 더욱 고무시킨 측면이 되었을 것이며, 향후 이들의 계속적인 지지와 충성을 기대하는 측면에서도 타 지역에 비해 이례적인 논공행상이 이루어졌다고 여겨진다.

이 안동부의 성립에서는 다른 부의 성립에서 보이는 군현의 통합현상은 사료상 나타나고 있지 않다. 이는 안동부가 여타지역의 통합을 필요로 하지 않는 巨邑이었을 가능성이나 인근 군현을 통합했음에도 사료상에 나타나지 않았을 가능성, 그리고 고창전투가 있은 직후의 논공행상 과정에서 이루어진 관계로 타 지역을 통합할 여건이 되지 못했을 가능성 등 어떠한 이유가 있었을 것이나 확실하지 않다. 다만 안동부는 그 성립시기가 구체적으로 명기된 여타의 府와 비교할 때 그 성립시기가 가장 빠르며, 어쩌면 고창군을 안동부로 승격시키면서 이후 지리적으로 중요한 거읍을 중심으로 지방행정 운용의 편의를 도모하기 위해 부를 설치 설치한 것이 아닌가 한다.

(5) 보성부와 의성부

보성부와 의성부를 같이 논급하게 되는 것은 양부의 성립이 보성부지역에서 활동한 홍술과 선필이라는 지방세력과 관련이 있다는 측면 때문이며, 이러한 입장은 이미 旗田巍에 의해서 표출된 바 있다.81)

먼저 보성부와 의성부의 성립관련 기록은 아래에서 설펴볼 수 있다.

48. 보성부(載岩城이라고도 함). 신라 경덕왕때 柒巴火縣을 고쳐 眞寶縣으로, 고구려 助攬縣을 고쳐 眞安縣으로 하였다. 고려초에 두 현을 합하여 府를 설치하였다. 현종 9년에 래속하였다(『고려사』卷57, 지리2 禮州의 속부 보성부조).

49. 삼국사 內에 진보현은 본래 칠파화현이었는데 신라 경덕왕이 개명하였다. 지금의 甫城으로 聞韶郡의 영현으로 실려있다. 진안현은 본래 조람현으로 경덕왕이 개명하였다. 지금의 보성부로 野城郡의 영현으로 실려 있다. 연대는 모두 미상이다. 고려때에 인하여 甫城이라 칭하였다(『경상도지리지』 안동도 진보현조).

50. 의성현. 본래 召文國으로 신라가 이를 취하였다. 경덕왕때 聞韶郡으로 고쳤다. 고려초에 의성부로 승격하였으며, 현종 9년에 래속하였다(『고려사』 지리지2, 경상도 안동부 속현 의성부조).

51. 삼국사에 이르기를 경덕왕이 仇火縣을 고쳐 高丘縣으로 하였다. 혹은 高近縣이라 한다. 지금은 의성에 합속되었다(『세종실록지리지』 경상도 의성현조 할주).

위의 사료에 의하면 보성부는 진보현과 진안현을 합하여 설치하였다는 것을 알 수 있으며,『삼국사기』『세종실록지리지』『신증동국여지승람』 등에서도 다르지 않는 내용이 기술되어 있다. 그리고 주지하다시피 이 지역에는 선필과 홍술이라는 지방세력의 존재

---

81) 旗田巍, 앞의 책, 15~22쪽.

가 확인이 된다. 즉 선필은 재암성의 성주로서 930년 1월에 고려에
귀부하였으며, 귀부 이전에 이미 고려와 신라와의 교통을 주선하
였고,[82] 왕건이 고창전투에서 승리한 후 신라의 도성을 방문할 때,
선발대로 먼저 경주에 입성한 바가 있다. 그리고 홍술은 진보성의
성주로서 922년 11월에 고려에 귀부하였으며,[83] 이듬해 11월에는
그 아들인 왕립을 보내어 鎧 30개를 바친 사실이 있고,[84] 929년 견
훤의 의성부 공격시 이 곳을 지키다가 전사하게 되었다.[85] 이들의
출신지역이 모두 보성부인 측면과 관련하여서 旗田巍는 재암성성
주인 선필의 出自를 진안현으로 추론하여, 진보성의 홍술과 그 활
동무대를 구분 정리한 바 있다. 그리고 선필의 래투와 관련하여 진
안지역에 진보지역을 합하여 보성부가 성립된 것으로 보았다. 선
필과 홍술의 출자지역을 진안과 진보로 구분하여 파악한 전자의
견해는 동의를 하나, 旗田巍가 다른 府의 경우에도 일관되게 적용
하고 있는 부의 성립원인을 지방세력의 래투에서 찾는 견해에는
이견을 가지고 있음을 앞 절에서 언급한 바 있다.

의성부의 성립시기는 잘 알 수가 없으며, 다만 아래의 사료에서

> 52. 견훤이 甲卒 5천으로 의성부를 치니 성주장군 洪術이 전사하였다.
> 왕이 통곡하여 말하기를 "나는 左右手를 잃었다"라고 하였다(『고
> 려사』卷1, 태조 12년 추7월 신사조).

홍술이 의성부의 성주장군으로 나오는 것과 관련하여, 의성부의
성립 역시 홍술의 존재와 관련시켜 이해하는 것이 대체적 경향이
다.[86] 앞의 공산전투에 대한 서술과정에서 언급하였듯이 진보성주

---

82) 『고려사절요』卷1, 太祖 13년 정월.
83) 『고려사』卷1, 太祖 5년 11월 신사.
84) 『고려사』卷1, 太祖 6년 11월 무신.
85) 『고려사』卷1, 太祖 12년 추7월 신사.

였던 홍술이 의성부로 옮겨 온 시기와 경위는 명확하지 않다. 그러나 홍술이 의성부로 옮겨왔다는 것은 당시 의성지역이 뚜렷한 지방세력이 없이 고려의 지배하에 들어갔음을 의미하며, 후백제와의 쟁패에 있어 지리적으로 중요한 위치를 점하고 있는 의성지역을 관리하기 위한 방안으로서 홍술의 이주가 있었던 것으로 생각할 수 있다. 그리고 홍술이 전사한 후 의성부를 운용하는 대체세력이 보이지 않는 것은, 이미 성립한 의성부를 어떠한 형태로든 운영하였을 것이며 운영을 위한 관리자 또한 있었을 것임은 명백하다고 전제할 때, 이 지역을 고려가 직접 관장했을 개연성을 보여주는 것으로서, 이 또한 홍술의 역할이 의성지역에 대한 관리자적인 성격이었음을 나타내는 것이라 할 수 있다. 따라서 홍술의 의성지역 이주는 고려정부의 선택이었을 개연성이 크고, 의성부의 성립이 홍술의 이주와 더불어 이루어졌다 하더라도 그 성립 원인은 홍술 개인에게서 찾기보다는 고려의 이 지역 관리의 필요성에서 이루어졌다고 보아야 할 것이다.

이상에서 각 부의 성립에 대한 관련 사료들을 간략히 분석해 보았다. 그 과정에서 찾아지는 특징은 우선 천안부를 제외한 각 부에는 지방세력의 존재가 보이는데, 이는 각 부의 지리적 중요성과 호족의 귀부 및 고려를 위한 공로 등을 참작하여 고려의 지방운영 필요성에 따라 이들에게 그 지역을 관리토록 한 것으로서, 국가 초기 관료의 부족과 그 지역사정에 밝다는 측면, 귀부와 공로에 따른 일정한 반대급부 제공의 필요성이 고려되었을 것이다.

또한 각 부는 지방세력의 활동 근거지만이 아니라 인근지역의 군현을 통합하여 설치되었으며, 이는 고려가 그 지역에 대한 통치

---

86) 旗田巍, 앞의 책, 21쪽 참조. 이러한 旗田巍의 견해는 보편적으로 수용되고 있다.

권을 행사한 것이라 할 수 있다. 고려나 후백제가 그들이 확보했던 지역은 어떠한 형태로든 적극적인 관리를 하였을 것이며, 지리적으로 부의 설치가 필요한 지역에 대해서는 그 지역에 기존의 지방세력이 있을 경우 인근지역을 통합해 부를 설치하여 그 관리를 맡김으로서 이들의 사기 앙양은 물론 그 주변지역까지 효율적으로 통제할 수 있는 효과를 기하였을 것이다.

다음으로 홍술이나 선필 또는 이능일·배신예·배최언의 예에서 처럼 단순히 귀부에서 그친 것이 아니라 고려에 臣屬하여 활동한 경우가 확인되는데, 이는 앞 절에서 살핀 바 읍격의 상승원인이 결코 귀부 그 자체만으로 이루어지지 않았다는 측면과 관련하여, 부의 성립 원인도 이들의 이후 활동 및 그 지역의 지리적 조건에 기인한다고 보아지는 것이다. 특히 부의 경우는 지방세력이 확인되지 않는 천안부와 뒤에 홍술이 이주해 온 의성부의 경우에서 확인되듯이 지방세력의 귀부나 활동보다는 그 곳에 부가 설치될만한 지리적 조건이 오히려 우세하였다고 보아진다. 천안부의 경우 그 지리적 중요성은 '삼한의 요충'이라는 측면에서 앞서 언급한 바 있으며, 안동부 또한 죽령로와 연계되어 고창전투에서 필쟁의 요충이었다. 그리고 보성부는 경상도의 동쪽 동해안 방향으로 경주와 연결되는 길목이고, 의성부는 경상도 중부지역을 통하여 경주와 연결되는 요충지며, 경산부는 추풍령로를 넘어 경상도 서부지역을 통하여 경주로 연결되는 요충지라 할 수 있다. 그리고 고울부는 곧 경주의 관문에 위치해 있다. 이러한 지리적 조건은 굳이 경주를 기준삼지 않더라도 경상도에 있어서 각 방면의 전략적 요충이라 할 수 있다. 그래서 이러한 지리적 조건은 고려에 귀부해 온 여타 지역의 예와 비교하여 특별히 부가 설치된 주요 원인이 아닌가 한다.

이렇게 전제할 때, 각 부의 대체적 설치시기는 고창전투의 승리를 통하여 경상도지역의 주도권을 장악한 이후가 아닐까 여겨지며,[87] 태조 23년(940)의 전국적인 군현제 개편시 부로 존속 또는 폐지되거나 신설되는 등의 변화를 겪게 된 것으로 생각된다. 그리고 앞서 언급한 바 있는 高鬱府와 永州라는 표현의 혼효라든지, 지리지 등에서 읍격의 변화시기를 '高麗初' '高麗' '至高麗' 심지어는 '未詳'이라 표현되는 예 등은 이러한 짧은 기간동안의 변화가 제대로 정리되지 못한 결과로 이해된다.

이처럼 부의 설치가 고려의 지방행정 운영의 필요성에 의해서 후삼국의 정립기에 설치되었다고 할 때, 관료가 부족하고 확보한 지역의 지방세력에게 일정한 기득권을 인정할 수밖에 없었던 현실적 상황과의 타협속에서 그 운용이 이루어질 수밖에 없었던 것이 아닌가 한다. 즉, 고려는 국초부터 지방행정의 운용에 적극적으로 개입하여 왔으며, 대읍중심 군현조직의 구성과 그 지역에 토착해 있는 인적자원의 활용은 당시의 현실상황에서 불가피한 선택이자 최선의 선택이라 볼 수 있다. 따라서 고려 초기의 국정운영을 '호족연합정권'이라는 표현에 한정시킨 후, 상주외관의 존재를 기준으로 성종초까지를 지방행정의 공백기로 이해한 논의는 재고되어야 하리라 생각된다.

---

87) 923년에 양문이 귀부하였을 때, 그를 경산부장군이라 표현하였으며 (『삼국사기』卷12, 경명왕 7년조), 공산전투 직후인 927년 12월 왕건이 후백제에 보낸 국서에서 '京山含璧'이라 표현하여 고창전투가 있기 전에 '京山'이란 표현이 나오고 있다. 그리고 929년에 홍술이 전사하였을 때도 그를 '의성부의 성주장군'이라 칭한 바 있어 고창전투 이전에도 설치된 부가 있었을 개연성이 있다. 다만 사료가 후대적 표현이었을 가능성과 아울러, 그럴 가능성이 희박한 국서에서의 '京山'이란 표현의 경우 당시 성주지역이 부가 성립되기 이전에 그렇게 불리웠을 가능성 또한 완전히 배제할 수는 없다. 특히 경산부의 경우 부의 설치시기를 태조 23년이라고 구체적으로 언급한 지리지의 표현을 단순한 오기로 단정하기는 망설여진다.

參 考 文 獻

* 기본자료

三國史記	三國遺事	高麗史
高麗史節要	高麗名賢集	朝鮮金石總覽
韓國金石遺文	韓國金石全文	東文選
慶尙道地理誌	世宗實錄地理誌	新增東國輿地勝覽
東史綱目	海東繹史	大東地志
邑誌	增補文獻備考	

* 단행본

경북대학교・대구직할시편, 1987,『八公山』.

具山祐, 1995,『高麗前期 鄕村支配體制 硏究』, 부산대학교 박사학위논문.

金甲童, 1990,『羅末麗初의 豪族과 社會變動 硏究』, 고려대학교 민족문화연구소.

金庠基, 1961,『高麗時代史』, 동국문화사.

金潤坤, 1983,『高麗郡縣制度의 硏究』, 경북대학교 박사학위논문.

金哲埈, 1975,『韓國古代社會硏究』, 지식산업사.

柳永哲, 1997,『高麗와 後百濟의 爭覇過程 硏究』, 영남대 박사학위논문.

文暻鉉, 1983,『新羅史硏究』, 경북대학교 출판부.

文暻鉉, 1987,『高麗太祖의 後三國統一硏究』, 영남대학교 박사학위논문.

朴恩卿, 1996,『高麗時代鄕村社會硏究』, 일조각.

白南雲, 1933, 『朝鮮社會經濟史』, 개조사.

白南雲, 1937, 『朝鮮封建社會經濟史 上』, 개조사.

서영일, 1999, 『신라 육상 교통로 연구』, 학연문화사.

申虎澈, 1993, 『後百濟 甄萱政權硏究』, 일조각.

禹樂基, 1961, 『歷史地理』 上, 동국대학교 출판부.

李丙燾, 1961, 『韓國史』, 中世編(震檀學會) 을유문화사.

李丙燾, 1980, 『高麗時代의 研究－特히 圖讖思想의 發展을 中心으로－』, 亞細亞文化社.

李樹健, 1984, 『韓國中世社會史研究』, 일조각.

李純根, 1992, 『新羅末 地方勢力의 構成에 관한 研究』, 서울대학교 박사학위논문.

李仁哲, 1993, 『新羅政治制度史研究』, 一志社.

李智冠, 1993, 1994, 『校監譯註 歷代高僧碑文』 신라편·고려편 1, 가산문고.

全基雄, 1993, 『羅末麗初의 文人知識層 研究』, 부산대학교 박사학위논문.

鄭淸柱, 1996, 『新羅末高麗初 豪族研究』, 일조각.

蔡雄錫, 1995, 『高麗時期 本貫制의 施行과 地方支配秩序』, 서울대학교 박사학위논문.

崔永俊, 1990, 『嶺南大路』, 고려대 민족문화연구소.

추만호, 1992, 『나말려초 선종사상연구』, 이론과 실천.

河炫綱, 1988, 『韓國中世史研究』, 일조각.

黃善榮, 1988, 『高麗初期 王權研究』, 동아대학교 출판부.

旗田巍, 1972, 『韓國中世社會史の研究』, 법정대학 출판국.

* 연구논문

具山祐, 1992, 「羅末麗初의 蔚山地域과 朴允雄－藿所의 기원과 관련하여」 『韓國文化研究』 5.

具山祐, 1998,「高麗 太祖代의 地方制度 개편양상－『高麗史』地理志를 중심으로」『釜大史學』22.

具山祐, 1999,「高麗前期 鄕村支配體制 연구의 현황과 방향」『釜大史學』23.

具山祐, 2000,「고려초기 향촌지배층의 사회적 동향－금석문 분석을 통한 접근」『釜山史學』39.

權悳永, 1993,「新羅 遣唐使의 羅唐間 往復行路에 對한 考察」『歷史學報』149.

權進良, 1993,「甁山大捷考」『安東文化研究』7.

金甲童, 1985,「高麗建國期의 淸州勢力과 王建」『韓國史研究』48.

金甲童, 1990,「羅末麗初 地方勢力의 動向」『羅末麗初의 豪族과 社會變動 研究』.

金甲童, 1990,「豪族聯合政權說의 檢討」『羅末麗初의 豪族과 社會變動 研究』.

金甲童, 1992,「고려시대 불교와 개태사지」『개태사지』.

金甲童, 1994,「고려 태조 왕건과 후백제 신검의 전투」『박병국교수 정년기념논총』.

金光洙, 1972,「羅末麗初의 地方學校問題」『韓國史研究』7.

金光洙, 1973,「高麗太祖의 三韓功臣」『史學志』7.

金光洙, 1977,「高麗建國期의 浿西豪族과 對女眞關係」『史叢』21・22 합집.

金南允, 1984,「新羅中代 法相宗의 成立과 信仰」『韓國史論』11.

金杜珍, 1981,「王建의 僧侶結合과 그 意圖」『韓國學論叢』4.

金福姬, 1990,「高麗 初期 官階의 成立基盤」『釜大史學』14.

金庠基, 1934,「古代의 貿易形態와 羅末의 海上發展에 就하여」『震檀學報』1.

金庠基, 1959,「고려 태조의 건국과 경륜 (1)・(2)」『국사상의 제문제』1・2.

金庠基, 1974,「甄萱의 家鄕에 對하여」『東方史論叢』.

金相潡, 1994,「新羅末 舊加耶圈의 豪族勢力」, 한림대학교 석사학위논문.

金成俊, 1958,「其人의 性格에 대한 고찰」上,『震檀學報』10.

金成俊, 1959,「其人의 性格에 대한 고찰」下,『震檀學報』11.

金壽泰, 1989,「高麗初 忠州地方의 豪族」『충청문화연구』1.

金蓮玉, 1982,「高麗時代 慶州金氏의 家系」『淑大史論』11·12합집.

金潤坤, 1988,「羅·麗 郡縣民 收取體系와 結負制度」『民族文化論叢』9.

金日宇, 1996,「高麗 太祖代 地方支配秩序의 形成과 國家支配」『史學研究』52.

金貞淑, 1984,「金周元世系의 成立과 變遷」『白山學報』28.

金周成, 1988,「高麗初 淸州地方의 豪族」『韓國史研究』61·62합집.

金周成, 1983,「新羅下代의 地方官司와 村主」『韓國史研究』41.

金周成, 1990,「신라말·고려초의 지방지식인」『湖南文化研究』19.

金哲埈, 1964,「後三國時代의 支配勢力의 性格에 대하여」『李相伯博士回甲記念論叢』.

金哲埈, 1968,「羅末麗初 社會轉換과 中世知性」『創作과 批評』3-4.

金哲埈, 1969,「韓國古代政治의 性格과 中世政治思想의 成立過程」『東方學志』10.

金哲埈, 1970,「韓國古代社會의 性格과 羅末麗初의 轉換期」『韓國史時代區分論』.

金哲埈, 1975,「韓國古代政治의 性格과 中世政治思想의 成立過程」『韓國古代社會研究』.

나말려초호족연구반, 1991,「나말려초 호족의 연구동향」『역사와 현실』5.

盧明鎬, 1992,「羅末麗初 豪族勢力의 경제적 기반과 田柴科體制의 성립」『震檀學報』74.

柳永哲, 1995,「공산전투의 재검토」『향토문화』9·10.

柳永哲, 1999,「古昌戰鬪와 後三國의 정세변화」『한국중세사연구』7.

柳永哲, 2000,「曹物城싸움을 둘러싼 高麗와 後百濟」『國史館論叢』92.

柳永哲, 2001,「一利川戰鬪와 後百濟의 敗亡」『大丘史學』63.

柳永哲, 2001,「후삼국정립기 고려의 지방경영과 府의 성립－邑格의 변화를 중심으로」『韓國中世社會의 諸問題』.

文秀鎭, 1987, 「高麗建國期의 羅州勢力」『成大史林』 4.

朴敬子, 1986, 「淸州豪族의 吏族化」『원우논총』 4.

朴宗基, 1987, 「『高麗史』地理志의「高麗初」年紀實證」『李丙燾博士九 旬紀念』.

朴宗基, 1988, 「高麗 太祖 23年 郡縣改編에 관한 硏究」『韓國史論』 19.

朴菖熙, 1984, 「高麗初期 '豪族聯合政權'說에 대한 檢討」『韓國史의 視覺』.

朴春植, 1987, 「羅末麗初의 食邑에 관한 一考察」『史叢』 32.

朴漢卨, 1965, 「王建世系의 貿易活動에 對하여—그들의 出身究明을 中心으로」『史叢』 10.

申虎澈, 1982, 「弓裔의 政治的 性格—특히 佛敎와의 관계를 中心으로」 『韓國學報』 29.

申虎澈, 1994, 「豪族勢力의 成長과 後三國의 鼎立」『新羅末 高麗初의 政治・社會變動』.

申虎澈, 1995, 「신라말 고려초 歸附豪族의 정치적 성격」『忠北史學』 8.

嚴成鏞, 1986, 「高麗初期 王權과 地方豪族의 身分變化」『高麗史의 諸 問題』.

尹龍爀, 2004, 「936년 고려의 통일전쟁과 개태사」『韓國學報』 114.

尹熙勉, 1982, 「新羅下代의 城主・將軍」『韓國史硏究』 39.

魏恩淑, 1985, 「나말여초 농업생산력발전과 그 주도세력」『釜大史學』 9.

李慶喜, 1995, 「高麗初期 尙州牧의 郡縣編成과 屬邑統治의 實態」『한 국중세사연구』 2.

李基東, 1978, 「羅末麗初 近侍機構와 文翰機構의 擴張—中世的 側近 政治의 志向」『歷史學報』 77.

李基白, 1957, 「新羅私兵考」『新羅政治制度史硏究』.

李基白, 1958, 「高麗太祖時의 鎭에 대하여」『震檀學報』 10.

李基白, 1981, 「高麗初期 五代와의 關係」『高麗光宗研究』.

李相瑄, 1984, 「高麗時代의 隨院僧徒에 대한 考察」『崇實史學』 2.

李樹健, 1976, 「後三國時代 支配勢力의 姓貫分析」『大丘史學』 10.

李樹健, 1984, 「高麗前期 支配勢力과 土姓」『韓國中世社會史研究』.

李樹健, 1989,「高麗時代「邑司」研究」『國史館論叢』3.

李純根, 1987,「羅末麗初 '豪族' 용어에 대한 연구사적 검토」『聖心女大論文集』19.

李龍範, 1977,「高麗와 契丹과의 關係」『東洋學』7.

李貞信, 1984,「弓裔政權의 成立과 變遷」『鄭在覺紀念 東洋學論叢』.

李泰鎭, 1977,「金致陽 亂의 性格－高麗初 西京勢力의 推移와 관련하여－」『韓國史研究』17.

李惠玉, 1982,「高麗初期 西京勢力에 대한 考察」『韓國學報』26.

李弘樱, 1968,「羅末의 戰亂과 緇軍」『史叢』12·13합집.

全基雄, 1987,「羅末麗初의 地方社會와 知州諸軍事」『慶南史學』4.

全基雄, 1993,「高麗初期의 新羅系勢力과 그 動向」『釜大史學』17.

전덕재, 1994,「신라하대의 농민항쟁」『한국사』4.

鄭淸柱, 1986,「弓裔와 豪族勢力」『全北史學』10.

鄭淸柱, 1988,「新羅末·高麗初 豪族의 形成과 變化에 대한 一考察」『歷史學報』118.

趙仁成, 1994,「新羅末 農民反亂의 背景에 대한 一時論」『新羅末 高麗初의 政治·社會變動』.

趙仁成, 1986,「弓裔政權의 中央政治組織」『白山學報』35.

蔡雄錫, 1986,「高麗前期 社會構造와 本貫制」『高麗史의 諸問題』.

秋萬鎬, 1986,「羅末 禪師들과 社會諸勢力과의 關係」『史叢』30.

崔圭成, 1987,「弓裔政權의 性格과 國號의 變更」『祥明女子大學論文集』19.

崔柄憲, 1978,「新羅末 金海地方의 豪族勢力과 禪宗」『韓國史論』4.

河炫綱, 1969,「高麗太祖와 開城」『李弘稙回甲紀念論叢』.

河炫綱, 1974,「高麗王朝의 成立과 豪族聯合政權」『한국사』4.

河炫綱, 1988,「後三國關係의 展開와 그 實態」『韓國中世史研究』.

韓基汶, 1983,「高麗太祖의 佛教政策」『大丘史學』22.

洪淳昶, 1982,「變革期의 政治와 宗教－後三國時代를 中心으로」『人文研究』2.

黃善榮, 1994,「新羅下代의 部」『한국중세사연구』창간호.

金鍾國, 1961,「高麗王朝成立過程の研究」『立正史學』25.

內藤雋輔, 1928,「新羅人の海上活動について」『岡山史學』1.

今西龍, 1933,「慈覺大師入唐求法巡禮行記を讀んで」『新羅史研究』.

池內宏,「高麗太祖の經略」『滿鮮史研究中世』2책, 27쪽.

武田幸男, 1962,「淨兜寺五層石塔造成形止記の研究」『朝鮮學報』25.

江原正昭, 1964,「新羅末・高麗初期の豪族－學說史的 檢討」『歷史學
　　　　　研究』287.

旗田巍, 1972,「高麗王朝成立期の「府」と豪族」『朝鮮中世社會史の研究』.

A Study on the Strife Process between Koryo and Hubaekje

Ryu, Young－cheol

This study is to investigate the mutual strife process,－matters of frequent occurrences－in the period of Husamguk(後三國). The main subject is divided into five chapters, the contents of which are as follow:

In chapter one, the relationship between Hubaekje(後百濟) and Taebong(泰封) is considered, centering around the antagonistic feature and its process. Above all, the two nations had had showdown with each other and had showed incessant confrontation scenes, from their foundation till the time when Taebong(泰封) was destroyed. The definite relationships between the two nations were the mutual attacks and responses, the periods of which are divided into four.

In chapter two was investigated the mutual relationship between Koryo(高麗) and Hubaekje(後百濟) in the early period of the foundation of Koryo－from the establishment till the time prior to Gongsan(公山) battle in 927. The mutual military conflicts had been restrained before Jomulseong(曹物城) battle in 925, but the mutual relationship had grown worse after that, according to the change of foreign policies in Koryo. To put it concretely, as in

Wanggeon's(王建) admonition in August, 918, Koryo expressed the friendly relations to all the powers, including Hubaekje. Hubaekje, after dispatching the emissaries in celebration of Wanggeon's(王建) coronation in the 11th of August, 918, escaped military conflicts, if possible, with Koryo. And in the 13th of September, 920, A-chan(阿粲) and Gong-dal(功達) were dispatched, with the presents of Jukjeon(竹箭) and Gongjakseon(孔雀扇), expressing the friendly intention outwardly.

But, the foreign conditions of Hubaekje changed for the worse, according as Hojok(豪族) swore allegiance to Koryo. To find a way out of the unfavorable conditions and to retrieve the military advantage in Kyungsang-do(慶尙道) area, Hubaekje attacked Jomul-gun(曹物郡) in June, 924.

Due to the two battles at Jomul-gun, the relationship between the two nations becames that of military confrontation. The negotiation for peace and exchange of hostages became meaningless, because the hostages were dead and, accordingly, the military actions of Hubaekje were taken. And according to the violation against the negotiation and the frequent attacks by the army of Hubaekje, the countermove of Koryo against Hubaekje became more aggressive.

In chapter three, the relationship between the two nations is scrutinized, centering around Gongsan(公山) battle in 927. The battle was caused by the encounter of Hubaekje that attacked Kyungju(慶州), with the army of Koryo that intended to rescue Kyungju. And the attack of Kyungju by Hubaekje originated from the intention of restoring the initiative in the Kyungsang-do area.

The cause of Gongsan battle is studied from the regional viewpoint, in connection with the initiative for power between the two nations. So in the period of Husamguk(後三國), the sphere of influence of Hubaekje was from Hapcheon(陜川), through Koryung(高靈), Taegu(大邱) and Kunwi(軍威), to Yuiseong(義城), in the central area of Kyungsang-do, while Jinbo(眞寶), Youngcheon(永川) in the east area, Seongju(尙州), Munkyung(聞慶) in the west, and Pungsan(豊山), Punggi(豊基), Youngju(榮州) in the north, were influenced by the power of Koryo for a long time. The full details of strife process are examined, centering around the folklores in section two.

In chapter four, the relationship between the two nations is investigated, and, in section one, the developments of Koryo, from the period of defeat at Gongsan battle to the time prior to Gochang(古昌) battle, are analized, centering around the construction of castles and the records of royal tours and military activities. The process of Gochang battle is dealt with in section two. the battle originated in reinforcing the army that was intended to reclaimGochang area, besieged by the army of Hubaekje. As a result, the vanguard of Koryo defeated the army of Hubaekje at Jeosubong(猪首峰) and Koryo gained the final victory at Hapjeon(合戰) bridge battle. After that, Koryo took the leadership in the period of Husamguk, as a result of its victory. On the contrary, Hubaekje, as its situations grew worse due to the defeat at Gochang(古昌) battle and Unju(運州) battle, went through the process of annihilation, because of the inner disorders.

In chapter five, the process of annihilation of Hubaekje, due to the decline of national power and the defeat at Illicheon(一利川) battle, is examined.

In the above relationships between the two nations, the concrete process and meaning of the unification of Husamguk can be established.

찾아보기

ㅂ

入

류 영 철(柳永哲)

대구 출생
영남대학교 문과대학 국사학과
동 대학원 국사학과 수료(문학박사)
현 영남대학교 한국학부 객원교수

주요 논문
「공산전투의 재검토」「古昌戰鬪와 後三國의 정세변화」
「曹物城싸움을 둘러싼 高麗와 後百濟」「一利川戰鬪와 後百濟의 敗亡」
「후삼국정립기 고려의 지방경영과 府의 성립－邑格의 변화를 중심으로」외
다수

저 서
『한국사』(공저)『한국중세사회의 제문제』(공저)『대구시사』(공저) 외 다수

高麗의 後三國 統一過程 研究

정가 : 17,000원

2004년 02월 12일	초판 인쇄
2004년 02월 21일	초판 발행

저　　자 : 柳永哲
회　　장 : 韓相夏
발 행 인 : 韓政熙
발 행 처 : 景仁文化社
편　　집 : 李美珍
　　　　　서울특별시 마포구 마포동 324-3
　　　　　전화 : 718-4831～2, 팩스 : 703-9711
　　　　　E－mail : kyunginp@chollian.net
등록번호 : 제10－18호(1973. 11. 8)

ISBN : 89-499-0285-0 94910

＊ 파본 및 훼손된 책은 교환해 드립니다.